Heinz-Günter Vester

Kompendium der Soziologie I: Grundbegriffe

Heinz-Günter Vester

Kompendium der Soziologie I: Grundbegriffe

VS VERLAG FÜR SOZIALWISSENSCHAFTEN

Bibliografische Information der Deutschen Nationalbibliothek
Die Deutsche Nationalbibliothek verzeichnet diese Publikation in der
Deutschen Nationalbibliografie; detaillierte bibliografische Daten sind im Internet über
<http://dnb.d-nb.de> abrufbar.

1. Auflage 2009

Alle Rechte vorbehalten
© VS Verlag für Sozialwissenschaften | GWV Fachverlage GmbH, Wiesbaden 2009

Lektorat: Frank Engelhardt

VS Verlag für Sozialwissenschaften ist Teil der Fachverlagsgruppe Springer Science+Business Media.
www.vs-verlag.de

Das Werk einschließlich aller seiner Teile ist urheberrechtlich geschützt. Jede Verwertung außerhalb der engen Grenzen des Urheberrechtsgesetzes ist ohne Zustimmung des Verlags unzulässig und strafbar. Das gilt insbesondere für Vervielfältigungen, Übersetzungen, Mikroverfilmungen und die Einspeicherung und Verarbeitung in elektronischen Systemen.

Die Wiedergabe von Gebrauchsnamen, Handelsnamen, Warenbezeichnungen usw. in diesem Werk berechtigt auch ohne besondere Kennzeichnung nicht zu der Annahme, dass solche Namen im Sinne der Warenzeichen- und Markenschutz-Gesetzgebung als frei zu betrachten wären und daher von jedermann benutzt werden dürften.

Umschlaggestaltung: KünkelLopka Medienentwicklung, Heidelberg
Druck und buchbinderische Verarbeitung: Krips b.v., Meppel
Gedruckt auf säurefreiem und chlorfrei gebleichtem Papier
Printed in the Netherlands

ISBN 978-3-531-15805-1

Für Mariagnes und Heinz

Inhaltsverzeichnis

	Vorwort	11
1	**Was ist Soziologie?**	15
1.1	Soziologisches Denken, soziologische Imagination und Perspektive	15
1.2	Soziologisches Wissen und die Entstehung der Soziologie	18
1.3	Was und wozu (Grund-)Begriffe gut sind	20
2	**Der Mensch als soziales Wesen – zwischen Gemeinschaft und Gesellschaft, Natur und Kultur**	25
2.1	Individuum und Gesellschaft	25
2.2	Soziale und biologische Einbettung des Menschen	26
2.3	Soziale Organisation, gesellschaftliche Ordnung	28
2.4	Gesellschaft	31
2.5	Gemeinschaft und Gesellschaft, Vergemeinschaftung und Vergesellschaftung, mechanische und organische Solidarität	34
2.6	Kultur	37
3	**Verhalten, Handeln, Interaktion, Kommunikation**	45
3.1	Verhalten und Handeln	45
3.2	Soziale Interaktion, Kommunikation	48
3.3	Eine Begegnung (*encounter*) und das Problem der doppelten Kontingenz	49
3.4	Soziale Rollen	51
3.5	Werte und Normen	55
3.6	Rollenkonflikt, Rollendistanz und Rollenwandel	56
4	**Sozialisation und das Selbst**	59
4.1	Die Theorie von George Herbert Mead	59
4.2	Die Präsentation des Selbst (Erving Goffman)	62
4.3	Sozialisation und Sozialität	64
4.4	Sozialisationsinstanzen	65
4.5	Dimensionen der Sozialisation	65
4.6	Primäre und sekundäre Sozialisation	68
4.7	Desozialisation und Resozialisation	69
4.8	Sozialisation im Lebenslauf	70

5	**Mikrostrukturen des Sozialen: Bindung, Beziehung, Gruppe, Netzwerk**	73
5.1	Soziale Bindung	73
5.2	Soziale Beziehungen und sozialer Austausch	75
5.3	Vier Typen sozialer Beziehungen	77
5.4	Nichts als Beziehung: *pure relationship*	79
5.5	Soziale Gruppe	80
5.6	Führung in Gruppen	81
5.7	Primäre und sekundäre Gruppen, *in-* und *out-groups*	84
5.8	Bezugsgruppen	85
5.9	Soziale Netzwerke	87
6	**Abweichendes Verhalten**	91
6.1	Normierung und Sanktionierung	91
6.2	Soziale Kontrolle	92
6.3	Erklärungen abweichenden Verhaltens	93
6.4	Konsequenzen der Devianz – positive und negative Funktionen	100
7	**Institutionen und Organisationen**	105
7.1	Institutionen	105
7.1.1	Institutionalisierung	107
7.1.2	De-Institutionalisierung	108
7.2	Organisationen	109
7.2.1	Bürokratie – Idealtypus, Modelle und Wirklichkeit der Organisation	110
7.2.2	Formale und informelle Organisation	113
7.2.3	Organisationskultur	114
7.2.4	Organisationsumwelt, Organisationswandel	115
7.2.5	Organisationsgesellschaft	116
8	**Makrostrukturen der Gesellschaft – soziale Diversifikation, Stratifikation und Mobilität**	119
8.1	Makrosoziologie und Sozialstruktur	119
8.2	Diversifikation: Auffächerung der Gesellschaft nach Geschlecht, Alter, ethnischer und regionaler Herkunft	120
8.3	Stratifikation: Klassen und Schichten	122
8.4	Status(in)konsistenz	126
8.5	Schichtungsmodelle, alte und neue soziale Ungleichheiten	127
8.6	Soziale Mobilität	131
8.6.1	Arten der Mobilität	131
8.6.2	Soziale Mobilität im internationalen Vergleich	135
9	**Macht, Herrschaft, Konflikt**	139
9.1	Definitionen und Quellen der Macht	139
9.2	Der Staat als Machtkonstellation und die Legitimierung von Herrschaft	140

9.3	Mikromacht und die Macht der Diskurse	142
9.4	Machtdiffusionen	145
9.5	Konflikte	146
10	**Sozialer Wandel**	**151**
10.1	Drei „Erzählungen" vom sozialen Wandel	151
10.1.1	Die Modernisierungsgeschichte	152
10.1.2	Die Krisengeschichte der Moderne	152
10.1.3	Die Geschichten von postindustrieller und postmoderner Gesellschaft	153
10.2	Strukturen des sozialen Wandels	154
10.2.1	Sozialer Wandel als Mehrebenenproblem	155
10.2.2	Mechanismen des sozialen Wandels	156
10.2.3	Dynamik des sozialen Wandels: Tempo und Rhythmen	157
10.2.3.1	Oszillationen	158
10.2.3.2	Fluktuationen	158
10.2.3.2.1	Diffusionen	159
10.2.3.2.2	Soziale Bewegungen	159
10.2.3.3	Katastrophische Formen des sozialen Wandels	161
10.2.3.3.1	Revolutionen	161
10.2.3.3.2	Katastrophen	164
10.2.3.3.3	Kriege	166
10.2.3.4	Zyklen	167
10.2.4	Evolution	169

Schluss 175

Literaturverzeichnis 177
Personenregister 187
Sachregister 195

Vorwort

In meiner Studienzeit in den siebziger Jahren des letzten Jahrhunderts und seit meinen Anfängen als Lehrender in den achtziger Jahren habe ich ein deutschsprachiges Lehrbuch der Soziologie, wie ich es mir vorstelle und wünsche, vermisst. In den letzten Jahren hat die Anzahl der verfügbaren Werke zugenommen. Es gibt Einführungen, Überblicke, Textsammlungen für die Allgemeine Soziologie sowie für mehrere Spezielle Soziologien. Gleichwohl würde ich diesen Werken noch immer so manches Lehrbuch amerikanischer oder britischer Provenienz vorziehen.

Mein schon seit langem gefasster Plan, selbst zur Feder bzw. in die Tastatur zu greifen und ein Lehrbuch nach meinen Vorstellungen zu schreiben, ist nicht obsolet geworden. Zeitweise etwas in den Hintergrund gerückt, doch auf Grund der wiederkehrenden und bereitwillig eingegangenen Verpflichtung, in die Soziologie einführende und Überblick gewährende Lehrveranstaltungen anzubieten, nicht in Vergessenheit geraten, hat sich mein Lehrbuchprojekt im Laufe der Jahre entwickelt. Dass es nun Realität geworden ist, verdanke und danke ich herzlich der prompten, überaus positiven Reaktion, die mein Vorhaben von Seiten des VS Verlags, in persona seines Lektors Frank Engelhardt, erfahren hat.

Mein Kompendium der Soziologie besteht aus drei Bänden. Der erste Band behandelt die Grundbegriffe der Soziologie, der zweite ihre Klassiker, der dritte widmet sich prominenten Vertretern der „postklassischen" Ära der Soziologie oder, profaner, der Zeit seit etwa 1960 bis heute. Die Materie des Lehrbuchs ist die Allgemeine Soziologie, ihre wichtigsten Begriffe, Themenstellungen und Theorien. Bei aller, heute immer weiter gehenden, Spezialisierung auch der Soziologie stellt die Allgemeine Soziologie Grundlage und Zentrum des Faches dar, von dem aus sich Wege zu den Spezialthemen und -theorien, zu den Speziellen Soziologien eröffnen, auf die in diesem Lehrbuch zur Allgemeinen Soziologie hier und da hingewiesen wird, die auszuschreiten aber nicht zum Plan gehört.

Selbstverständlich lassen sich die Grundbegriffe nicht ohne Hinweis auf klassische und heutige Theoretiker darstellen, und umgekehrt wird die Präsentation der Klassiker und zeitgenössischen Theoretiker der Soziologie auch deren grundlegende Konzepte, also auch Grundbegriffe der Soziologie, beinhalten. Doch während es im ersten Band um den systematischen Zusammenhang der grundlegenden Problemstellungen und Begriffe der Soziologie geht, behandeln die Bände zwei und drei den systematischen Zusammenhang der Gedankengebäude maßgeblicher (Vor-)Denker der Soziologie, ihre historischen – problemgeschichtlichen, gesellschaftlichen und z.T. auch biographischen – Hintergründe und Wirkungszusammenhänge. Die Grundbegriffe wie auch – mehr oder weniger – die Arbeit der großen Soziologen haben den Zweck, Gesellschaft zu beschreiben, zu verstehen, zu erklären. Wie dies geschieht, stellt das Lehrbuch dar.

Somit zeigt es, wie Gesellschaft und Gesellschaftliches in der Soziologie gedacht wird, bietet aber keine eigenständige aktuelle Diagnose oder detaillierte Analyse der heutigen Gesellschaft. Es wird gezeigt, was etwa Organisationen, Institutionen oder Klassen sind; doch erfolgen keine Beschreibungen einzelner Organisationen unserer Gesellschaft, keine Institutionengeschichte, keine Sozialstrukturanalyse. Das wären andere Bücher oder weitere Bände eines noch umfassenderen Kompendiums der Soziologie.

Ein Kompendium ist laut Wörterbuch ein „kurzes Lehrbuch". „Kurz" ist ein relativer Begriff, erst recht bei einer so umfassenden Materie wie der vorliegenden. Manche Lehrbücher sind zu knapp, zu oberflächlich geraten, andere zu weitschweifig. Ein Lehrbuch sollte den Einstieg in die Materie nicht durch Jargon und unnötige Kompliziertheit verstellen, darf den Lernwilligen aber auch nicht unterfordern. Es darf die „persönliche Handschrift" des Autors erkennen lassen, sollte aber nicht ein durch persönliche Vorlieben oder Abneigungen verzerrtes Bild der Materie vermitteln. Ein Lehrbuch sollte aktuell sein, ohne den historischen Rahmen der Thematik aus dem Auge zu verlieren. Dabei kann es weder darum gehen, sich auf irgendwann einmal „Festgestelltem" auszuruhen, noch der Betriebsamkeit des Wissenschaftsbetriebes um ihrer selbst willen hinterher zu hecheln und der jüngsten Veröffentlichung zu einem Thema das letzte Wort zu überlassen. Ein Lehrbuch hat die Kontinuität des Faches, aber auch dessen Wandel bis in die Gegenwart hinein abzubilden. Nur so vermag es eine verlässliche Grundlage und Orientierung für die Zukunft des Faches zu sein. Es versteht sich von selbst, dass dies nicht in den Grenzen allein eines Sprachraumes, hier der deutschsprachigen Soziologie gelingen kann, sondern nur, wenn der Anschluss an die schon allein quantitativ maßgebliche, d.h. amerikanische Soziologie hergestellt wird.

Ein Lehrbuch sollte einen unterrichteten, informierten und formierten Überblick vermitteln. Bei einer umfassenden und vielschichtigen Materie kann kein Autor für deren sämtliche Bereiche, Aspekte und Facetten die gleiche Informiertheit und Kompetenz in Anspruch nehmen. In Spezialgebieten ist allemal der Spezialist kompetenter als der Generalist. Dem tragen Lehrbuchkonzepte Rechnung, die sich einer Mehrzahl von Autoren bedienen. Viele Köche aber verderben mitunter den Brei; bzw. wenn zu viele Köpfe am Werke sind, mag es dem Gesamtwerk an Form fehlen. Demgegenüber haben Bücher aus einer Hand den potentiellen Vorzug, dass sie wie aus einem Guss erscheinen, gegenüber dessen möglichen Charme das Erscheinungsbild des aus verschiedenen Federn stammenden Werkes stückwerkartig ist. „Wie aus einem Guss" meint – bei aller Vielfalt und Unterschiedlichkeit einzelner Themen, Begriffe und Theorien – eine gewisse Einheitlichkeit der Darstellung. Auf „Guss" reimt sich „Fluss", und so sollte auch die Sprache eines Lehrbuchs „flüssig" sein. Das heißt durchaus nicht simpel, aber eben auch nicht – wie das ja in der Soziologie nicht selten der Fall ist – unnötig kompliziert. Die Darstellung sollte anschaulich sein, was keineswegs durch eine Vielzahl an graphischem oder Bildmaterial gewährleistet wird. Wenn die Sprache auf anschauliche Weise Inhalte transportiert, so trägt das mehr zu deren Verstehbarkeit bei als ein Zuviel an didaktischen Mitteln, auf die ich als Autor wie als Leser gerne verzichte.

Mit diesem Vorwort habe ich Vorstellungen von einem idealen Lehrbuch skizziert. Für viele der genannten Punkte gilt die berühmte Formel vom „goldenen Mittelweg", den es in vielen Bereichen des Lebens klugerweise anzustreben gilt, ohne sich mit Mittelmaß zu begnügen. Doch wer könnte gewiss sein, diesen goldenen Mittelweg, der manchmal der Quadratur des Kreises zu gleichen scheint, gefunden zu haben! Was dem einen glanzvoll erscheint, mag sich der anderen matt darstellen. Zu bemessen, ob und wie mein Kompendium der Soziologie nun „glänzt", bleibt berufenerem Urteil vorbehalten. Ich hoffe, dass die Lektüre meines Lehrbuchs die Leserinnen und Leser nicht ermattet. Sein Studium verhilft hoffentlich vielen Studentinnen und Studenten zu glänzenden Studien- und Prüfungsergebnissen. Manchen Kolleginnen und Kollegen mag das Kompendium die Unterrichtshilfe sein, die ich mir immer gewünscht habe. Lehrenden und Lernenden, auch soziologischen Laien möge die Lektüre des Kompendiums ein (Glanz-)Licht aufgehen lassen – über die Soziologie oder, noch besser, über die Dinge, mit denen sich die Soziologie beschäftigt und die uns alle – mehr oder weniger – doch betreffen.[1]

---

1 Um mögliche Missverständnisse von vornherein auszuräumen, sei an dieser Stelle die – erste und letzte – Fußnote angebracht. Wenn nicht aus sachlichen Gründen ausdrücklich zwischen männlichen und weiblichen Menschen zu unterscheiden ist, bzw. zwischen Soziologinnen und Soziologen, Kolleginnen und Kollegen, Studentinnen und Studenten oder anderen Vertreterinnen und Vertretern einer menschlichen Subspezies, werde ich im Folgenden darauf verzichten, mich der doch umständlichen Nennung der maskulinen und weiblichen Repräsentanten der Subspezies zu bedienen.

Kapitel 1:
Was ist Soziologie?

1.1 Soziologisches Denken, soziologische Imagination und Perspektive

In Einführungsveranstaltungen und -texten spricht bzw. schreibt man gern vom sogenannten *soziologischen Denken*. Nun dürften sich die Gehirne von Soziologinnen und Soziologen nicht von denen anderer Menschen unterscheiden. Doch so wie man vom geschichtlichen Denken des Historikers oder vom naturwissenschaftlichen des Naturwissenschaftlers spricht und damit eine besondere Art, die Dinge zu sehen und sich über sie Gedanken zu machen, meint, so kann man auch den Soziologen eine bestimmte Art und Weise, auf die Dinge zu blicken und über sie nachzudenken, zugestehen.

Eine bestimmte Sicht- und Denkweise oder Perspektive ergibt sich zum einen aus der „Natur der Dinge", der „Beschaffenheit der Welt", die – zumindest nach Auffassung der respektablen und legitimen Erkenntnis- und Wissenschaftstheorie des *Perspektivismus* – perspektivisch organisiert ist bzw. sich in Perspektiven uns darstellt. Zum anderen werden Sicht- und Denkweisen eben auch ausgebildet, geschult, gepflegt und weitergegeben. Und so hat auch die Soziologie durch ihre Texte, Diskussionen und Traditionen so etwas wie das „soziologische Denken" entwickelt.

Klänge es im Deutschen nicht etwas zu sehr nach Phantasterei, wäre es schön, statt vom soziologischen Denken von der soziologischen *Imagination* zu sprechen. Imagination steht für Vorstellungskraft, meint Vorstellungen und Bilder, beinhaltet Phantasie und Kreativität. Und weit davon entfernt, sich aufs Sehen und Denken im strengen Sinne zu beschränken, gehört Imagination in diesem Sinne zur guten soziologischen Arbeit.

Unter dem (Buch-)Titel *Sociological Imagination* (1959) hat C. Wright Mills (1916-1962), der viel zu früh verstorbene, in der amerikanischen Soziologie dennoch unvergessene kritische Geist, kluge Ausführungen zur Eigenart soziologischen Denkens und Fragens gemacht. Die soziologische Imagination, so Mills, bestehe darin, individuell Biographisches und kollektiv Historisches aufeinander zu beziehen. Soziologisches Denken gehe der Frage nach, wie sich Biographie und Geschichte im Rahmen der Gesellschaft zueinander verhalten. Die Beziehung von „individual troubles" und „public issues" gelte es auszuloten. Man sollte darüber nachdenken, wie das, was die einzelnen Menschen beschäftigt und berührt, mit den öffentlichen Angelegenheiten und Auseinandersetzungen in Verbindung steht.

Konkret kann das beispielsweise heißen, etwas scheinbar doch so Persönliches wie Beziehungsprobleme im gesellschaftlichen und historischen Rahmen zu sehen und etwa zu zeigen, wie die individuellen Vorstellungen von einer glücklichen Beziehung und die Möglichkeiten und Vorgehensweise, eine solche herzustellen, von den in der Gesellschaft vorfindbaren Werten, Normen, Vorbildern abhängen, wie auch von den Strukturen der Gesellschaft, die überhaupt die Beziehungsaufnahme und -gestaltung ermöglichen oder behindern.

Bei einem anderen Beispiel, der Arbeitslosigkeit, die individuell zweifelsohne als Stress oder Katastrophe erlebt wird, aber von der Struktur und Entwicklung der Gesellschaft, von der Verteilung von Arbeit und der Organisation der Wirtschaft abhängt, liegt es auf der Hand, dass „individual troubles" und „public issues" miteinander verwoben sind. Um diese Verwebungen zu erkennen, muss man sich nicht unbedingt an den „großen" Soziologen Max Weber (oder dessen „kleinen" Bruder Alfred) erinnern, aber eben doch soziologisch denken, d.h. das Gesellschaftliche im Biographischen, das Kollektive im Individuellen sehen, und umgekehrt sich vorstellen können, wie sich Gesellschaft aus einer Vielzahl individueller Entscheidungen und Schicksale aufbaut und durch sie verändert.

In *Sociological Imagination* behandelt Mills (1959 bzw. 1961: 6f./ 1963: 43) drei Fragenkomplexe, die harmlos erscheinen mögen, tatsächlich aber Forschungsprogramme ins Leben rufen könnten, die ganze Kohorten von Soziologen beschäftigen würden:

1. Wie ist die Struktur einer Gesellschaft beschaffen? Wodurch unterscheidet sich diese Struktur von denen anderer Gesellschaften? Dabei versteht Mills unter der „social structure" einer Gesellschaft das Funktionsgefüge ihrer Institutionen – „the combination of institutions classified according to the functions each performs" (Mills 1961: 134).
2. Welchen Platz nimmt die Gesellschaft in der Weltgeschiche ein? Inwiefern ist die in Frage stehende Gesellschaft Teil einer historischen Epoche? Inwiefern trägt sie zur Gestaltung oder Veränderung dieser historischen Epoche bei?
3. Welche Typen von Frauen und Männern sind für diese Gesellschaft und diese Epoche charakteristisch? Wie ist die „menschliche Natur" in dieser Gesellschaft, in dieser Epoche beschaffen, und in welche Richtung entwickelt sich die „menschliche Natur"?

Die Fragen, die Mills stellt, wirken einfach, sind aber doch ambitioniert. Ihre Beantwortung erfordert eine gehörige Portion soziologischer Imagination (Vorstellungsvermögen und Kreativität) beim Bemühen, die nötigen Informationen aufzuspüren. Dem Studium der Struktur ihrer – oder einer anderen – Gesellschaft widmen sich Soziologen auf verschiedene Weise. Dabei zeigt sich, näher betrachtet, dass schon die Vorstellungen davon, was die Struktur – oder die Strukturen – der Gesellschaft ausmacht, sehr unterschiedliche sein können. Die Suche nach der oder den Strukturen der Gesellschaft kann je nach Begriffsverständnis von „Struktur" und „Gesellschaft" in verschiedene Richtungen erfolgen.

Der zweite von Mills angesprochene Fragenkomplex wird, wenn überhaupt, eher von Historikern als von Soziologen behandelt. Eine gewisse Geschichtsblindheit der Soziologie führt zu einer Fixierung auf die Gegenwart, die aber doch immer schon beinahe vorüber ist und die man nicht begreifen kann, wenn man sich nicht auch die Vergangenheit und die Zukunft vorstellt. Soziologische Imagination à la Mills macht es erforderlich, die Vergangenheit zu überdenken und die Zukunft gedanklich vorwegzunehmen.

Die Fragen der dritten Gruppe dürften am interessantesten und schwierigsten sein. Ihre Beantwortung erfordert in hohem Maße soziologische Imagination. Der Versuch, die „menschliche Natur" oder *conditio humana* zu beschreiben, ihren in der Abfolge der historischen Gesellschaftsformationen konstanten Gehalt einerseits und ihre im Wandel der Gesellschaften und Zeiten sich verändernde und verzweigende Vielfalt andererseits zu erfassen, ist ein anspruchsvolles Unterfangen. Und noch schwieriger ist es, die Wegrichtung aufzuzeigen, die die Menschheit beschreitet oder in der sie sich entwickeln könnte. An dieser spekulativen, die Grenzen der Wissenschaft sprengenden und doch reizvollen Aufgabe darf soziologische Imagination sich abarbeiten und bewähren.

Gemessen an den von Mills aufgeworfenen drei Fragen ist das alltägliche Geschäft der Soziologie weniger anspruchsvoll. Es mag da um überschaubarere Probleme und Aufgabenstellungen gehen. Soziologische Imagination – Vorstellungskraft und Phantasie – ist aber auch dort gefragt. Die soziologische Imagination richtet eine *soziologische Perspektive* ein. Dabei ist *Perspektive* in einem zweifachen Sinne zu verstehen. Zum einen meint man damit die Perspektive, die der Betrachter einnimmt. Der Soziologe schaut auf die Dinge in einer bestimmten – soziologischen – Weise. Er stellt bestimmte Fragen und gebraucht bestimmte – eben soziologische – Begriffe. Zum anderen kann man Perspektive in dem Sinne verstehen, dass in ihr die Dinge in einem besonderen Licht erscheinen bzw. dass besondere Aspekte („Ansichten") der Dinge aufscheinen. Im Falle der soziologischen Perspektive wären dies die „sozialen Aspekte" der Welt. „Perspektive" ist also zum einen vom betrachtenden Subjekt aus, zum anderen vom betrachteten Objekt her zu verstehen. Dabei sind die beiden Seiten dieses Doppelcharakters der Perspektive nicht unabhängig voneinander, stehen vielmehr in einem Verweisungszusammenhang.

Die sozialen Aspekte werden in der soziologischen Perspektive durch die Verwendung soziologischer Begriffe sichtbar. Man kann sich das an einem einfachen Beispiel verdeutlichen. Im Sinne der zweiten Bedeutung von „Perspektive" lässt sich die Situation in einem Vorlesungshörsaal (oder im Theater oder im Parlament) unter ihren sozialen Aspekten darstellen bzw. als soziale Situation beschreiben. Der erste Sinn von „Perspektive" wird angesprochen, wenn der Beobachter der sozialen Situation bestimmte Begriffe benutzt, etwa der Rollentheorie oder Konzepte der Gruppensoziologie. Die soziologische Perspektive ermöglicht, die soziale Situation im Hörsaal facettenreich zu beleuchten und vielschichtig zu analysieren. Man kann das Verhalten der Beteiligten als Rollenverhalten, Strategie der Selbstdarstellung oder als gruppendynamische Konstellation darstellen. Man kann die Situation auch in ihren organisationalen und institutionellen Zusammenhängen begreifen (d.h. im Rahmen der Organisation von Studium und Hochschule und im Kontext des Bildungssystems) oder in gesamtgesellschaftliche Zusammenhänge stellen, indem man sie mit sozialen Phänomenen bzw. soziologischen Begriffen wie Macht oder Schichtung in Verbindung bringt.

1.2 Soziologisches Wissen und die Entstehung der Soziologie

Soziologisches Sehen und Denken, soziologische Imagination und die Übernahme einer soziologischen Perspektive sind nicht den professionellen Soziologen vorbehalten. Als soziales Wesen ist jeder Mensch gewissermaßen Laiensoziologe. Mehr oder weniger hat jedermann einen Blick für Soziales, erahnt oder erfasst soziale Zusammenhänge, beobachtet sie, denkt über sie nach. Während dies beim Laiensoziologen intuitiv und unzusammenhängend geschehen mag, bemüht sich der professionelle Soziologe um die Systematik des soziologischen Denkens. Der soziologische Blick wird geschärft und geschult, die Denkweise wird kontrolliert und reflektiert, Überlegungen und Beobachtungen werden methodisch gesammelt, verglichen und kritisch überprüft. Das soziologische Wissen des Laien weist Lücken und Widersprüche auf. Es ist vor allem ein Gebrauchswissen, das sich im Alltag bewährt. Demgegenüber stellen die professionellen Soziologen und die Soziologie den Anspruch der Wissenschaftlichkeit. Ihr Wissen muss bestimmten, d.h. wissenschaftlichen Kriterien entsprechen, die allgemein von der Wissenschaftstheorie aufgestellt und spezifischer gemäß den Erfordernissen, Ansprüchen und Spielregeln des Faches entwickelt werden.

Soziologisches Denken, Imagination und Perspektive finden sich also auch außerhalb des wissenschaftlichen Faches Soziologie und vor seiner Entstehung – so wie es philosophisches, psychologisches oder wirtschaftliches Denken auch vor und außerhalb der entsprechenden Fachdisziplinen gibt. Nicht nur in der Fachliteratur, sondern auch in der sogenannten schönen Literatur gibt es hervorragende Beispiele für scharfsichtige Analysen sozialer Zusammenhänge. Romanciers wie Honoré de Balzac, Gustave Flaubert und Marcel Proust, Alexander Puschkin, Fjodor Dostojewski und Lew Tolstoi, William Faulkner, John Updike und Philip Roth, Thomas Mann, Robert Musil, Günter Grass u.v.a. haben Gesellschaftsanalysen vorgelegt, die zwar nicht den Anspruch auf Wissenschaftlichkeit erheben, aber mit den Mitteln und Ansprüchen der Literatur Bilder vom Sozialen entwerfen und Einblicke in die *condition humaine* gewähren, mit deren Anschaulichkeit und Scharfsichtigkeit die wissenschaftlichen Analysen der Soziologie kaum konkurrieren können. Künstler und andere „Laiensoziologen" haben mitunter mehr psychologische Sensibilität und soziologische Imagination als die professionellen Psychologen und Soziologen. Doch während das soziologische Wissen des Laiensoziologen pragmatischen Anforderungen der Lebensbewältigung genügen mag und die soziologische Imagination von Schriftstellern und anderen Künstlern ästhetischen Ansprüchen verpflichtet ist, muss das soziologische Fachwissen den Maßstäben der Fachdisziplin entsprechen.

„Disziplin" meint zum einen das Fach selbst, zum anderen die Unterrichtung und Schulung in der Tradition des Faches. Die „Disziplin" ist zugleich eine Ordnung, Ein- und Unterordnung, und „Zucht", der sich der Schüler (lat.: „discipulus") unterwirft. Anders als das soziologische Laienwissen ist das soziologische Fachwissen „disziplinert"; d.h., es besteht aus begrifflichen, sachlichen und fachlichen Ordnungen, die es sich zu erarbeiten gilt. Soziologisches Denken und soziologische Erkenntnisse sind in der Lehre systematisch zu vermitteln. In fachlicher Unterweisung und Unterrichtung wird die „Fachdisziplin" angeeignet, sie wird erarbeitet und weiterentwickelt.

Wie gezeigt findet soziologisches Denken nicht allein in den Grenzen der soziologischen Disziplin oder der Wissenschaft der Soziologie statt. Gelehrtes Nachdenken über Gesellschaft und Gesellschaftliches oder über das soziale Wesen des Menschen hat es auch schon vor der Existenz der Soziologie als wissenschaftlicher Disziplin gegeben. Über das Zusammenleben der Menschen in der *polis* und die Gestaltung des Staates haben die Philosophen der Antike ebenso nachgedacht wie die mittelalterlichen und neuzeitlichen Denker über die menschliche Natur und das Zusammenleben der Menschen. Das Auftreten dieses soziologischen oder *proto*soziologischen Denkens (d.h. erstes und anfängliches und im Sinne der Fachdisziplin *vor*soziologisches Denken) ist auch keineswegs auf den abendländischen Kulturkreis beschränkt. Arabische Denker wie Ibn Khaldoun (1332-1406) oder chinesische Meister wie Konfuzius (551-479 v. Chr.) wären beispielsweise als Vertreter oder Vorreiter eines im weiteren Sinne soziologischen Denkens zu nennen.

Soziologie im engeren, d.h. fachdisziplinären, wissenschaftlichen Sinne aber ist ein Kind der Moderne. Die Entstehung der Soziologie ist an einige große historische Entwicklungen und Umwälzungen in Europa gebunden: an Reformation und Aufklärung und an drei sogenannte „Revolutionen": die kommerzielle, die industrielle und die wissenschaftliche. Die Soziologie kristallisierte sich heraus, als die modernen Veränderungen in der Gesellschaft besonders drastisch erlebt wurden. Vor allem die industrielle Revolution und der Geist (und Erfolg) von Aufklärung und wissenschaftlich-technischer Revolution haben das Nachdenken über die Gesellschaft und ihre Veränderungen angeschoben. Werden diese eher langfristig sich entwickelnden Prozesse (weshalb der Begriff „Revolution" hier irreführend ist) von rapiden Vorgängen begleitet und beschleunigt, verschärft sich die Notwendigkeit, über die sozialen Veränderungen und ihre Grundlagen nachzudenken. Wohl nicht zufällig vollzog sich die Entwicklung der Soziologie in Frankreich forciert in der Situation des gesellschaftlichen Umbruchs nach der Französischen Revolution. So lassen die „Geschichten der Soziologie" die Historie des Faches meist mit Claude Saint-Simon (1760-1825) oder bei dessen Sekretär und „Nachfolger", Freund und Rivalen, Auguste Comte (1798-1857) beginnen. Letzterem wird auch die „Urheberschaft" an der Wortschöpfung „Soziologie" zugebilligt.

Die Geschichte der Soziologie soll an dieser Stelle (bzw. im ersten Band dieses Lehrbuchs) nicht weiter nachgezeichnet werden. (Der zweite Band wird anhand der Darstellung der Klassiker der Soziologie die Fachgeschichte aufrollen; der dritte Band wird sie anhand neuerer soziologischer Theoretiker bis in die Gegenwart hinein verfolgen.) Statt dessen ist hier zu zeigen, was die Soziologie als Wissenschaft nun ausmacht bzw. worin das Wissenschaftsverständnis der Soziologie besteht.

Wie in jeder Wissenschaft findet man auch in der Soziologie – und dort als einer relativ jungen Wissenschaft vielleicht in besonderem Maße – unterschiedliche, auch gegensätzliche Wissenschaftskonzepte und -verständnisse. Gleichwohl kann eine Art kleinster gemeiner Nenner konstruiert werden, eine Ansammlung von Minimalaussagen, auf den sich zumindest eine große Mehrheit von Fachvertretern einigen können dürfte. Für die Soziologie sind das etwa folgende Aussagen bzw. Prämissen:

1. Die sozialen Phänomen sind real *(Realismus)*.
2. Die Soziologie handelt von dieser Wirklichkeit. D.h., sie geht davon aus und zeigt, dass sie erfahrbar ist. Und man hat sich zu überlegen, wie man diese Wirklichkeit in Erfahrung bringen kann *(Empirismus)*.
3. Es sind wissenschaftliche Methoden zu entwickeln, mit deren Hilfe man sich den realen Phänomenen nähern kann, mit denen man sie beschreiben, beobachten, begreifen kann. Es werden Schritte und Ziele des wissenschaftlichen Weges (griechisch *methodos* = Weg, etwas zu erreichen) erörtert und überprüft. Als Ziele der Wissenschaft können etwa das Verstehen, die Erklärung und Prognose von Phänomenen gelten. Weitere mögliche Zielorientierungen der Wissenschaft, die aber eigentlich schon jenseits des streng wissenschaftlichen Bereichs liegen, wären Kritik, Beratung und Veränderung der Wirklichkeit.

Über die wissenschaftlichen Ziele, Regeln und Methoden im allgemeinen oder bezogen auf die Einzelwissenschaften im besonderen sind zahlreiche Bücher geschrieben worden. Die Erörterung des Charakters von Wissenschaft(lichkeit) geschieht in *Erkenntnistheorie*, *Wissenschaftsphilosophie* und *Wissenschaftstheorie*. Es gibt allgemeine und fachspezifische *Methodologien* bzw. Lehrbücher zu den Methoden und Techniken des jeweiligen Faches, so auch der Soziologie. Bei dem vorliegenden Lehrbuch handelt es sich allerdings nicht um eine solche Methodenlehre. Mit den Grundbegriffen wird aber das inhaltliche Fundament für das soziologische Denken gelegt. Begriffe sind Werkzeuge des Denkens, und das wissenschaftliche Denken benötigt Begriffe. Was sind nun (Grund-)Begriffe?

1.3 Was und wozu (Grund-)Begriffe gut sind

Erkenntnis arbeitet mit Begriffen. Den Fluss der Eindrücke, dem das Bewusstsein ausgesetzt ist, versuchen Begriffe vorübergehend „anzuhalten". Mit den Mitteln der Sprache lässt sich etwas „festhalten" und „feststellen", und je präziser die Begriffe sind, desto klarere „Feststellungen" lassen sich machen. Mit Begriffen kann man etwas „begreifen", d.h. etwas gedanklich festhalten und abtasten. Begriffe dienen der Beschreibung der Welt, ihrer Erklärung und ihrem Verständnis. Jede Wissenschaft versucht einen Teil der Wirklichkeit zu erfassen und so auf ihre Weise einen Beitrag zur Erkenntnis der Welt zu leisten. Begriffe sind auch dazu da, das Gebiet zu „umgreifen", das erkannt werden soll, und sie sind zugleich die Werkzeuge, mit deren Hilfe Erkenntnis überhaupt möglich ist. So wie Grenzsteine und Zäune ein Gelände markieren und zugleich die Orientierung auf ihm ermöglichen, so umgrenzen und umschreiben Begriffe einen Erkenntnisgegenstand, „definieren" ihn. Und so wie die Instrumente der Landvermessung der Orientierung auf dem Gelände und seiner Erkundung dienen, so kann man sich mit Begriffen auf ein Forschungsgebiet begeben und es begrifflich zu erkunden versuchen.

So stellt dann auch die Soziologie mit Begriffen ihren Gegenstand her, konstituiert begrifflich ihr Untersuchungsobjekt. Eine erste allgemeine Bestimmung des Aufgabengebiets der Soziologie ist schon in dem sprachlich eigentlich unschönen Wort ‚Soziologie' zu erkennen. Auguste Comte, der als Urheber dieser Wortschöpfung angesehen wird, bediente sich gleich zweier Sprachen, indem er dem lateinischen „socius" (=Bundesgenosse) den griechischen „logos" (=Wort, Geist) zugesellte, bzw. eine „Logik" des „Sozialen" ins Auge fasste. Dabei stellte sich Comte diese Sozio-Logik als eine nach naturwissenschaftlichem Vorbild geformte soziale Physik, mit einer sozialen Statik und einer sozialen Dynamik, vor.

Definiert man Soziologie als die Wissenschaft, die sich mit Gesellschaft, dem Gesellschaftlichen oder dem Sozialen befasst, dann wird mit dem Sozialen der Bereich der Welt benannt, den diese Wissenschaft untersuchen will. Und zugleich stellt der Begriff des Sozialen (des Gesellschaftlichen, der Gesellschaft) eine gedankliche Stütze dar, um gewisse Phänomene zu benennen, auf den Begriff zu bringen, zu begreifen. Wie weit ein einzelner Begriff dann taugt, Sachverhalte auszuleuchten, oder ob er weitere Begriffsdifferenzierungen und -nuancen erfordert, um den Gegenstand präziser zu „begreifen", dies zu klären ist dann schon Teil der wissenschaftlichen Begriffsarbeit.

In der Soziologie herrscht mitunter babylonische Sprachverwirrung. Auch wenn Soziologen meinen, mit Engelszungen aufeinander einzureden, so scheint es dem Nichtsoziologen doch oft, als handelte es sich hier um Fachchinesisch. Die Soziologie, so mag es den Anschein haben, spricht nicht mit einer Sprache; oft scheint es, als bedienten sich die Soziologen **unterschiedlicher Idiome und redeten aneinander vorbei**. Um so notwendiger ist es, in die Grundbegriffe, in ihre Struktur und Semantik, eine gewisse Ordnung und Verbindlichkeit zu bringen. Bei der Verwendung der soziologischen Grundbegriffe gibt es Konventionen und Konsens, sind Übereinkünfte und Vereinheitlichungen zu erzielen. Doch auch hier lassen sich Differenzen nicht ausschließen. Die Differenzierung der Begriffe, d.h. die Herausarbeitung von Unterschieden zwischen den Begriffen wie auch die Verdeutlichung von Unterschieden in der Vewendung einzelner Begriffe, gehört selbst zur Begriffsarbeit und damit zum wissenschaftlichen Denken.

Für eine Wissenschaft, die sich wie die Soziologie als **empirische** versteht, ist die Begriffsarbeit nicht Selbstzweck. Das Hantieren mit Begriffen hat den Zweck, die **erfahrbare (empirische) Welt zu „begreifen"** und sich über die Welt mit den Gesprächspartnern **im wissenschaftlichen Diskurs** zu verständigen.

Die Begriffe der Soziologie entstammen teils der (erweiterten) Alltagssprache, sind zum Teil aber auch artifizielle, mitunter manierierte Sprachschöpfungen. Mit der Künstlichkeit von Begriffen kann sich der Vorzug verbinden, dass die Begriffe durch Vorverständnisse und Missverständnisse, wie sie der keineswegs einheitliche Alltagssprachgebrauch mit sich bringt, nicht „verdorben" werden. Anderseits läuft ein zu künstlicher, technischer Begriff Gefahr, dass er dem Gegenstand zu fern und fremd ist. Das kann dazu führen, dass sich die so „begriffenen" Objekte (bei denen es sich im Falle der Soziologie ja oft um sprachmächtige „Subjekte" handelt) im Begriff nicht selbst wieder erkennen können. Anderseits erleben bestimmte Begriffe, die in der Wissenschaft eine mehr oder weniger klare Bedeutung haben (z.B. „Frustration", „Stress"), im populären Sprachgebrauch Karrieren und werden Teil von Sprachmoden oder pseudowissenschaftlichen Palavers.

In der großen, unüberschaubaren Menge von Begriffen stellen „Grundbegriffe" eine besondere und kleinere Teilmenge dar. Mit ihren Grundbegriffen schafft sich eine Wissenschaft Themenfelder. Grundbegriffe sind somit grundlegend, d.h., sie schaffen die „Jagdgründe", auf denen die Streifzüge der Erkenntnis erfolgen. So gesehen ist die Soziologenschaft eine Gemeinschaft von Jägern und Sammlern, die mit (im Vergleich zu den stammesgeschichtlich fortgeschritteneren Gemeinschaften der Naturwissenschaften) relativ bescheidenem begrifflichen und finanziellen Rüstzeug ungesicherte Territorien durchstreifen. (Hier und da scheint in der Soziologie aber auch schon das frühe Jäger- und Sammlerstadium überwunden und das des wissenschaftlichen Gartenbaus und der intensiveren Bewirtschaftung von Forschungsfeldern erreicht zu sein.)

Grundbegriffe sind grundlegend auch in dem Sinne, dass sie allgemeine Begriffe sind; d.h., sie dienen der Erfassung eines jeweils breiteren Spektrums von Phänomenen, während speziellere Begriffe für spezifischere, enger umrissene Problemstellungen geeignet sind. Zugleich bilden die Grundbegriffe eine Grundlage für weitere begriffliche Differenzierungen. Von Grundbegriffen ausgehend lassen sich weitere Begriffe entwickeln. So lässt sich z.B. der Grundbegriff *Verhalten* um Begriffe für speziellere Verhaltensaspekte erweitern (z.B.: Entscheidung, Wahlverhalten, Spielen, Ritualisierung, Kompensation u.a.).

Sowohl im alltagssprachlichen als auch im wissenschaftlichen Gebrauch verweisen Begriffe aufeinander. Begriffe sind denotativ (d.h., sie bedeuten, bezeichnen etwas) und konnotativ (d.h., in ihnen schwingen Nebenbedeutungen mit, sie verweisen auf weitere Vorstellungen). So bezeichnet ‚Stern' einen Himmelskörper, erweckt aber auch Vorstellungen von Glanz und Strahkraft oder lässt – je nach Zusammenhang – an Prominenz, Autos, Zeitschriften oder Gastronomie und Hotellerie denken. Die konnotativen und assoziativen Zusammenhänge, in denen wisschaftliche Begriffe stehen, sind durch Theorien hergestellt. Wissenschaftliche Begriffe sind mehr oder weniger theoriehaltig oder theorie-imprägniert. So verweist beispielsweise der soziologische Begriff ‚Rolle' auf die Rollentheorie. Was ‚Rolle' und ‚Rollenverhalten' meinen, erschließt sich aus dem Zusammenhang der Rollentheorie. Ein scheinbar so schlichter und durchaus alltagsnaher Begriff wie ‚Handeln' verweist in der Soziologie auf die Handlungstheorie(n). Was mit ‚Handeln' gemeint ist, hängt von dem jeweiligen handlungstheoretischen Verständnis ab. Der Begriff ‚Klasse' ist beispielsweise in den Sozialwissenschaften stark von der marxistischen (Klassen-)Theorie geprägt.

In soziologischen Theorien tauchen soziologische Grundbegriffe auf, bzw. maßgebliche soziologische Theoretiker haben diese Begriffe mitgeformt, geprägt oder mitunter auch erfunden. Das Arbeiten mit den Grundbegriffen ist daher theoriegeleitet, von theoretischen Überlegungen beeinflusst oder auch „beeindruckt", in dem Sinne, dass Theorien oder Theoriebestandteile (*Theoreme*) in den Begriffen ihre „Abdrücke", „Spuren" hinterlassen haben. Und mitunter ist ein Begriff eng mit dem Namen eines Theoretikers verbunden. So denken Soziologen bei dem Begriff ‚soziales Handeln' fast reflexhaft an Max Weber.

Die Präsentation der soziologischen Grundbegriffe in diesem ersten Band des Lehrbuchs wird auf die Begriffsschöpfer bzw. auf die für das Begriffsverständnis relevanten Theoretiker hinweisen. Die Theoriegebäude selbst und ihre Zusammenhänge, an denen die klassischen Theoretiker und ihre Nachfolger gearbeitet haben, werden dann eingehender in den Bänden zwei und drei dargestellt.

Kapitel 2:
Der Mensch als soziales Wesen – zwischen Gemeinschaft und Gesellschaft, Natur und Kultur

Begriffe:

Individuum, Gemeinschaft, Gesellschaft
Individualismus, Individualität, Sozialität, Kreuzung sozialer Kreise
Soziale und biologische Einbettung des Menschen, Soziobiologie
Soziale Organisation, gesellschaftliche Ordnung, Anomie
Vergemeinschaftung und Vergesellschaftung
Mechanische und organische Solidarität
Kultur, Zivilisation, Natur, Ko-Evolution
Ideelle und materielle Kultur, Subkultur, Gegenkultur, Weltkultur

2.1 Individuum und Gesellschaft

Individuum und *Gesellschaft* – diese Begriffe bezeichnen fundamentale Einheiten, aus denen sich das soziale Geschehen zusammensetzt. Oder anders ausgedrückt: sie sind Träger des sozialen Lebens. Menschen sind Einzelwesen und soziale Wesen zugleich. Das heißt, als Individuen befinden sie sich immer auch in einem (potentiellen oder tatsächlichen) Bezug zu Gemeinschaft(en) und Gesellschaft(en). Als Einzelwesen sind Menschen durch ihre Besonderheiten und Eigenarten ausgewiesen, haben eine unverwechselbare Charakteristik, Individualität, eine individuelle Existenz. In dieser seiner Eigenschaft, eine besondere Einheit („in-dividuum" = ungeteilt) zu sein, wird der einzelne Mensch als Individuum verstanden.

Soziologisch betrachtet wäre es aber völlig unangemessen, das Individuum in einem Gegensatz zur Gesellschaft zu denken. Menschen sind soziale und biologische Wesen, und ihre „Individualität" steht keineswegs im Widerspruch zur „Sozialität". Individualität und Individualisierung sind nur auf der Folie von Sozialität, d.h. auf der Grundlage von Gemeinschaftlichkeit und Gesellschaftlichkeit möglich. Die Soziologie begreift den Menschen als soziales Wesen. Gesellschaft bzw. Sozialität ermöglicht überhaupt erst Individualität. Individuen und Individualität sind erst auf Grund sozialer Wechselwirkungen möglich. Georg Simmel (1858-1918), Klassiker der Soziologie, zeigt das in seinen Ausführungen über die *Kreuzung der sozialen Kreise*. Das Individuum nimmt an mehreren sozialen Kreisen teil, „bewegt sich in verschiedenen sozialen Kreisen", und kann daher als Kreuzungspunkt oder, besser, als Schnittmenge sozialer

Kreise bestimmt werden. „Die Gruppen, zu denen der Einzelne gehört, bilden gleichsam ein Koordinatensystem derart, daß jede neu hinzukommende ihn genauer und unzweideutiger bestimmt" (Simmel 1992: 466). Und „...so bilden wir aus den einzelnen Lebenselementen, deren jedes sozial entstanden oder verwebt ist, dasjenige, was wir die Subjektivität (...) nennen, die Persönlichkeit, die die Elemente der Kultur in individueller Weise kombiniert" (Simmel 1992: 467).

Menschen werden von Müttern in eine soziale Welt hinein geboren, sie leben und wachsen auf in gemeinschaftlichen und gesellschaftlichen Bezügen. Dabei kommt das Soziale nicht irgendwann zum Individuellen hinzu. Schon pränatal (vorgeburtlich) existiert zwischen Mutter und Fötus ein soziales Band. In diesem Sinne ist die Sozialität des Menschen auch von vornherein eine „natürliche" Gegebenheit, d.h. durch biologische Prozesse vorgegebene und ermöglichte Sozialität.

Individuen sind komplexe Organismen, die aus einer langen biologischen Evolution hervorgegangen sind und in einer soziokulturellen Umwelt existieren. Hervorgegangen aus und eingebettet in die Evolution haben sich Menschen als soziale Wesen so weit entwickelt, dass sie sich als Individuen wahrnehmen. Wie andere Organismen auch, beziehen sich Menschen auf eine Umwelt, nehmen ihre Umwelt wahr, reagieren auf sie und werden von ihr beeinflusst. Als natürliche Organismen essen und trinken, lieben und hassen Menschen, stehen in Kontakt miteinander und bilden Gemeinschaften. Im Sinne ihres Selbstverständnisses als Individuen unterscheiden sich Menschen auch, heben sich voneinander ab, gestalten sich und ihre Umwelt „individuell".

Individuum und *Individualismus* sind nicht dasselbe. Die abendländische Kultur und die Gesellschaften, die in der Tradition dieser Kultur stehen, haben das Individuelle hochgeschätzt, günstige Bedingungen für Individualität geschaffen und den Individualismus vielleicht sogar ideologisch überhöht. Im Zuge der abendländischen Philosophie – und hier wiederum insbesondere im Rahmen des Deutschen Idealismus und des Liberalismus – hat sich ein Kult des Individualismus ausgeprägt. Das Individuum gilt viel, wenn nicht alles. Das Individuum wird als autonomes, denkendes und handelndes Subjekt vorgestellt, das gewissermaßen „selbstherrlich" schalten und walten kann. Die Welt der Objekte wird dann zu einer manipulierbaren Außenwelt herabgestuft, und der Status der „Mit-Subjekte" wird prekär, da im Extremfall (wie bei René Descartes' [1596-1650] „cogito ergo sum" – „ich denke, also bin ich") nur noch das eigene Denken gewiss ist. Dabei wird dann übersehen, wovon dieses Subjekt „objektiv" abhängt und wodurch es „inter-subjektiv" bestimmt wird.

2.2 Soziale und biologische Einbettung des Menschen

Anders als in dieser „individualistischen", „subjektivistischen" Vorstellung ist für die Soziologie grundlegend, dass die individuellen Subjekte *sozial eingebettet* sind. Das heißt, sie sind situiert in sozialen und kulturellen Bezügen, stehen in gesellschaftlichen und gemeinschaftlichen Kontexten. Diese soziale Situiertheit des Individuums erfolgt ihrerseits wiederum in einem *biologischen Rahmen* – wobei dieser von der Soziologie oft ausgeblendet, mitunter gar negiert wird. Daher ist es an dieser Stelle wichtig, nicht nur auf die soziale, sondern auch auf die biologische Bedingtheit von Individuen und Individualität hinzuweisen.

Menschen sind keine naturlosen oder im Gegensatz zur Natur stehenden Wesen. Wir teilen mit den Primaten ein großes biologisches Erbe, was sowohl die genetische Ausstattung als auch das Verhaltensrepertoire betrifft. Hinsichtlich Körperaufbau, vitalen Bedürfnissen wie Nahrungsaufnahme, Sexualität und Sozialkontakten bestehen Gemeinsamkeiten zwischen dem Menschen und seinen nächsten Verwandten, den Menschenaffen. Ähnlichkeiten lassen sich beobachten im Paarungsverhalten, in der Mutter-Kind-Bindung, im Dominanzverhalten und in weiteren Verhaltensweisen und Strukturen des Gruppenlebens. Gewiss sind auch die Unterschiede augenfällig und beträchtlich. Als Grundmerkmale menschlicher Gesellschaften und des menschlichen Sozialverhaltens listet der bedeutende Soziobiologe Edward Wilson (2000: 108) die folgenden auf:

„(1) die Zahl der Mitglieder der Kerngruppe schwankt, beträgt aber normalerweise höchstens hundert;
(2) es gibt ein gewisses Mindestmaß an Aggressions- und Territorialverhalten, aber seine Intensität schwankt, und seine konkreten Formen lassen sich nicht exakt von einer Kultur zur anderen vorhersagen;
(3) erwachsene Männchen sind aggressiver als Weibchen und dominant;
(4) verlängerte Brutpflege der Mutter und lang anhaltende Beziehungen zwischen Müttern und Kindern sind wesentliche Strukturmerkmale der Gesellschaften; und
(5) Spielverhalten einschließlich zumindest leichter Formen von Wettstreit und Scheinkämpfen ist weit verbreitet und vermutlich unabdingbar für eine normale Entwicklung."

Haben diese Grundmerkmale Parallelen in Tiersozietäten, so nennt Wilson (2000: 108) als typisch menschlich den Spracherwerb, die Beachtung des Inzesttabus und „die schwächere, aber noch immer ausgeprägte Tendenz durch sexuelle Beziehungen miteinander verbundener Frauen und Männer, sich auf bestimmte Arbeitsaufgaben zu spezialisieren".

Die *Soziobiologie*, Grenzgebiet wie auch Bindeglied zwischen Biologie und Soziologie, hat auf Parallelen zwischen dem Sozialverhalten des Menschen und seiner nächsten Verwandten im Tierreich hingewiesen. „Die Soziobiologie befasst sich vor allem mit dem Vergleich von Gesellschaften unterschiedlicher Tierarten und des Menschen, weniger um Parallelen zu ziehen (was oftmals zu gefährlichen Fehlschlüssen führte, etwa wenn aggressives Verhalten bei Wölfen direkt mit menschlicher Aggression verglichen wird), als vielmehr um Theorien über die erbliche Grundlage des Sozialverhaltens zu erstellen und zu überprüfen" (Wilson 2000: 89).

Die Evolution der Arten ist einem Mechanismus unterworfen, den Charles Darwin (1809-1882; 1859) als *natürliche Selektion* bezeichnet hat: Die lebensnotwendigen Ressourcen sind begrenzt und diejenigen Organismen bzw. Arten, die sich ihrer Umwelt am besten anpassen, d.h. einen Vorteil in der Aneignung der Ressourcen erlangen, sind auch in einer besseren Position, sich zu erhalten und fortzupflanzen. Dabei kommt es nicht auf das Überleben des Individuums an, sondern auf die Erhaltung und Weiterentwicklung der Spezies. Letztlich kann sich auch der Mensch nicht aus diesem Kontext der Evolution ausklinken.

Im Vergleich zur Biologie hat die Soziologie, mit Ausnahme ihrer soziobiologischen Ausrichtung, einen kürzeren Zeithorizont. Wenn sie sich nicht gar auf Momentaufnahmen beschränkt, betrachtet die Soziologie doch weniger die Evolutionsgeschichte als vielmehr vergleichsweise übersichtliche Zeiträume von einigen Jahrzehnten oder wenigen Jahrhunderten. Gerade aber auch bei einer Beschränkung des Zeithorizonts auf die Gegenwart oder eine wie auch immer datierte Moderne sollten die biologischen oder naturgeschichtlichen Grundlagen des Menschseins, die auch noch für die modernen oder postmodernen Ausprägungen der Sozialität und Individualität gelten, nicht ignoriert werden.

2.3 Soziale Organisation, gesellschaftliche Ordnung

Das soziale Leben wird von Individuen gelebt, doch man kann das soziale Leben nicht verstehen, wenn man nur Individuen betrachtet. Die Soziologie interessiert sich daher auch nicht so sehr für Individuen – im Gegensatz zur Psychologie –, sondern für Assoziationen und Aggregate von Individuen, für die *soziale Organisation*, die sich in Form von *Gemeinschaften* und *Gesellschaften* ereignet und herauskristallisiert. *Soziale Organisation* meint erstens die Prozesse, die sich zwischen Menschen abspielen, und zweitens die aus den Prozessen hervorgehenden Strukturen. Menschen verhalten sich zueinander; sie tauschen sich aus, kooperieren oder bekämpfen sich; streben nach Dominanz oder neigen dazu sich zu unterwerfen; sie fühlen sich von anderen angezogen oder abgestoßen, schließen sich zusammen oder grenzen sich gegenseitig aus. Alle diese Prozesse sind mehr oder weniger regelmäßig und strukturiert und bringen wiederum Strukturen hervor, die eine objektive Realität darstellen bzw., wie es der soziologische Klassiker Émile Durkheim (1858-1917) nannte, soziale Tatsachen (*faits sociaux*) sind (Durkheim 1895/ 1984). Soziale Tatsachen oder Tatbestände sind in dem Sinne objektiv, dass sie dem Verhalten „entgegenstehen" (lat.: obicere = entgegenwerfen, -halten, -stellen), d.h., man kann sich über ihre „objektive Existenz" nicht beliebig hinwegsetzen.

Soziale Organisation bezeichnet also die objektive Tatsache der vielfältigen zwischenmenschlichen Prozesse sowie das mehr oder weniger geordnete und stabile Ergebnis eben dieser Prozesse. Aufgabe der Soziologie ist es, die soziale Organisation zu untersuchen. Dabei erfasst sie soziale Organisation als objektiven (bzw. objektivierbaren, „objektiv" zu beschreibenden) Gegenstand.

Soziale Organisation wird oft gleichgesetzt mit *sozialer Ordnung*. Tatsächlich ist ja die soziale Organisation *strukturiert* bzw. weist *Struktur* auf. Ein strukturierter Zustand kann als geordnet angesehen werden (auch wenn manche Strukturen so komplex und kompliziert sein mögen, dass man sie als Chaos wahrnimmt), und von daher ist der „logische" Schritt nicht weit, eine soziale Organisation als soziale Ordnung zu bezeichnen. In diesem Sinne wird dann auch Gesellschaft als soziale Ordnung aufgefasst. Klassisch seit Thomas Hobbes (1588-1679) ist die Frage, wie denn gesellschaftliche Ordnung möglich sei bzw. bewerkstelligt werde. Die ebenso klassischen Antworten auf die Frage nach der gesellschaftlichen oder sozialen Ordnung heben entweder hervor, dass die Ordnung der Gesellschaft durch Zwang und Herrschaft hergestellt werde; oder aber durch Übereinstimmung und Zustimmung (Konsens) zu eben dieser Ordnung gesichert werde, zu den von ihr vorausgesetzten Werten und/oder ihren Konsequenzen. Tatsächlich aber beruht soziale Ordnung weniger auf Zwang oder Konsens als vielmehr auf sozialer Organisation im Sinne der Koordination von Aktivitäten in Zeit und Raum. ==Die Ordnung der Gesellschaft== zeigt sich in ==zeitlicher, räumlicher und sozialer Hinsicht== anhand ==konkreter Aufgaben und Problemstellung==en:

- Gesellschaften ordnen Aktivitäten in zeitlicher Hinsicht. Zu diesem Zweck entwickeln sie Zeitpläne und Zeitstrukturen: die Einteilung des Tages in Stunden, der Woche in Tage, des Jahres in Jahreszeiten und Monate; die Abfolge von Arbeits- und Freizeiten; die Festlegung von Verkehrs- und Ruhezeiten etc.
- Gesellschaften ordnen Aktivitäten in räumlicher Hinsicht. Hierfür werden Ortsmarkierungen, Zonen und Grenzen geschaffen, innerhalb derer Aktivitäten ermöglicht bzw. verhindert werden.
- In Abhängigkeit von Zeit und Raum ergeben sich Gelegenheiten, Erfordernisse und Hindernisse für soziale Kontakte zwischen den Menschen. Als Resultat der Koordinierung von Aktivitäten in zeitlicher und räumlicher Hinsicht werden Zugänge, soziale Kontakte, Begegnungen und Beziehungen geregelt.

Ein konkretes Problem sozialer Ordnung im Sinne der raumzeitlichen Koordination von Aktivitäten, das jede Gesellschaft irgendwie lösen muss, ist beispielsweise die Ernährung der Menschen. Wie die Entwicklung der Gesellschaft von „primitiven" bis zu hoch komplexen Formen zeigt, umfasst die soziale Organisation immer größere zeitliche und räumliche Horizonte mit immer spezielleren und anonymeren (d.h. von bestimmten Personen unabhängigeren) Mitteln und Techniken. So zeigt die Versorgung mit Lebensmitteln heute, wie soziale Organisation immer größere Räume und Zeithorizonte und immer längere Zweck-Mittel-Ketten umfasst. Als „Welternährungsproblem" ist die Produktion und Verteilung von Lebensmitteln eine Aufgabe der sozialen Organisation im globalen Maßstab geworden.

Zusammen mit der Koordination der Aktivitäten in Raum und Zeit entwickeln sich Formen und Muster der Sozialität. Es ergeben sich Gelegenheiten zum Kontakt, zum Gespräch, zu flüchtigen oder zu folgenreicheren und längerfristigen Begegnungen und Beziehungen zwischen einzelnen Personen oder Gruppen. Dabei werden Ressourcen, Informationen, Gefühle, Leistungen, Symbole und Menschen ausgetauscht.

Bemerkenswerte Phänomene sozialer Organisation im Sinne von raumzeitlicher Koordination von menschlichen Energien und Aktivitäten findet man schon auf einer Verhaltensebene, bei der wohl kaum von bewusster oder gar geplanter Organisation die Rede sein kann. Ein interessantes Beispiel ist das Phänomen, dass Frauen, die in engem räumlichen Kontakt leben, ein so natürliches wie scheinbar individuelles Ereignis wie die Menstruation „koordinieren". Bei in Wohnheimen untergebrachten Studentinnen wie auch bei weiblichen Gefängnisinsassen konnte eine Tendenz zur Zyklussynchronisierung festgestellt werden. Die räumliche und zeitliche Koordination der in einem engen sozialen Zusammenhang lebenden Frauen führt hier also zur Koordination individueller Körperreaktionen (McClintock 1971; Hrdy 1981: 8).

Die „Ordnung der Gesellschaft" ist also nicht allein das, was etwa in Form von Verfassung und Gesetz deklariert ist, sondern beruht auf Koordinationsprozessen, die sich bereits vor- und unbewusst zwischen Menschen abspielen. Meistens ist uns (bzw. den Gesellschaftsmitgliedern) gar nicht bewusst, wie geordnet die Gesellschaft ist, worin sich diese Ordnung zeigt und worauf sie beruht. Wir setzen soziale Ordnung selbstverständlich voraus und bemerken sie erst, wenn sie gestört ist oder gar zusammenbricht. Auch im Alltag macht man sich oft erst Gedanken darüber, wie etwas funktioniert (hat), wenn es nicht mehr funktioniert; oder man erkennt einen Wert erst dann, wenn er verloren gegangen ist. Von daher ist es plausibel, dass sich Soziologen immer auch für Krisen oder kritische Zustände interessiert haben, bei denen deutlich wird, dass – und möglicherweise weshalb – etwas nicht funktioniert. Die Unregelmäßigkeit und der Regelverstoß lassen erkennen, nach welcher Regelmäßigkeit der „normale" Betrieb organisiert ist oder war.

Ein soziologischer Begriff, der auf die „Störung des normalen Betriebs" oder „Regellosigkeit" hinweist, ist *Anomie*. Émile Durkheim hat sich mit der *Anomie* bzw. anomischen Zuständen der Gesellschaft befasst. In seiner klassischen Studie über den Selbstmord (*Le suicide*) hat Durkheim (1897/ 1983) gestiegene Zahlen von Selbsttötungen als Folge der Aufweichung von Regelmäßigkeiten des sozialen Lebens und der Erschütterung von gesellschaftlichen und existenziellen Sicherheiten beschrieben, deren Bedeutung auf diese Weise sichtbar wurde. Der Anstieg von Verhaltensweisen wie Selbsttötungen und Selbstverletzungen oder bestimmter Erkrankungen oder krimineller Verhaltensweisen wird vom Soziologen als Indiz einer veränderten – nicht unbedingt aufgelösten – sozialen Ordnung interpretiert.

Die gesellschaftliche oder soziale Ordnung setzt also soziale Organisation, im Sinne von Aktivitätskoordination, voraus. Beispiele für solche Herstellungsleistungen sozialer Ordnung, wie sie in „unserer" Gesellschaft alltäglich und typisch sind, hat Marvin E. Olsen (1991: 36f.) aufgelistet:

(1) Die meisten Erwachsenen leben in zweigeschlechtlichen Paaren zusammen. Die Partner gehen Tag für Tag, Jahr für Jahr bestimmten gemeinsamen Aktivitäten und Routinen nach.
(2) Die Hörer einer Vorlesung bleiben während der Vorlesung ruhig sitzen, statt herumzulaufen und sich laut zu unterhalten.
(3) Personen, die gesetzliche Bestimmungen verletzen, werden gerichtet und bestraft nach Maßgabe bestimmter Gesetze und Verfahren, statt durch die Hand der Personen, denen die Täter Schaden zugefügt haben.
(4) Lehrveranstaltungen finden zu bestimmten (regelmäßigen) Zeiten an bestimmten Orten (meistens immer denselben) statt. Ihnen liegt eine Aufgaben-/ Rollenverteilung zugrunde (Lehrer und Schüler bzw. Studenten).

(5) In einer Fabrik übt jedes Individuum einen spezifischen Satz von Aufgaben aus. Die Kombination dieser Aufgaben ergibt ein Produkt.
(6) Eine Freundesgruppe trifft sich wöchentlich, um politische Themen zu diskutieren.
(7) Der Austausch von Informationen und Waren erfolgt durch den Postverkehr.
(8) Das Sozialversicherungssystem koordiniert bestimmte Leistungen, Ansprüche und Sicherheiten.

Olsens Beispiele für die Koordination von menschlichen Aktivitäten, Räumen und Zeiten, deren Zustandekommen an und für sich ziemlich unwahrscheinlich ist, wird im Rahmen einer gegegeben sozialen Ordnung, d.h. „in unserer Gesellschaft", „zur Regel"; d.h., mit ihnen ist zu rechnen, sie sind mit ziemlich großer Sicherheit zu erwarten. Umgekehrt könnte man die Frage, was denn die soziale Ordnung „unserer" Gesellschaft ausmache, mit dem Hinweis auf diese (oder ähnliche) Beispiele beantworten. Allerdings wird man noch mehr Beispielhaftes oder Typisches für unsere Gesellschaft anführen können. Statt dessen sei nun aber geklärt, was die Soziologie überhaupt mit *Gesellschaft* meint, bzw. wie einer ihrer zentralen Begriffe – vielleicht ihr wichtigster – definiert ist.

2.4   Gesellschaft

Alltagssprachlich wird der Begriff *Gesellschaft* in vielerlei Hinsicht verwendet. So ist etwa von der „Gesellschaft" die Rede, die man sich leisten sollte oder von der „guten Gesellschaft", in der man sich gerne befände. Man spricht von Kaffeegesellschaften, Reisegesellschaften, Kleintierzüchtergesellschaften, der „Deutschen Gesellschaft für Soziologie (DGS)", der „Deutschen Schlafwagengesellschaft (DSG)", Kommandit- und Aktiengesellschaften. Historisch vergleicht man Adelsgesellschaft, bürgerliche Gesellschaft, kapitalistische oder sozialistische Gesellschaft. In der Soziologie sind Begriffe wie traditionale Gesellschaft, Agrargesellschaft, Industriegesellschaft, moderne, postindustrielle, postmoderne Gesellschaft im Umlauf. Zur Gegenwartsdiagnose werden immer neue „Bindestrichgesellschaften" erfunden wie Massen-, Arbeits-, Freizeit-, Risiko-, Organisations-, Informations-, Wissens-, Kommunikations-, Erlebnis-, Entscheidungs- und sogar Gesellschaftsgesellschaft (vgl. Kneer, Nassehi & Schroer 1997). Im politischen oder politologischen Kontext ist von autoritärer, demokratischer, liberaler Gesellschaft oder von Zivilgesellschaft die Rede. Von der „high society" hat man eine Ahnung oder liest von ihr in sogenannten Gesellschaftsblättern. Von „der" Gesellschaft, allgemein und abstrakt, ist ebenso zu lesen wie von der Münchner, der bayerischen, der (bundes-)deutschen, der europäischen Gesellschaft, der globalen oder Weltgesellschaft. „Gesellschaft" ist mithin ein vielschichtiger und vieldeutiger Begriff. Aber was meint er im Kern?

Für das soziologische Verständnis von *Gesellschaft* sind zwei Bedeutungskomponenten wesentlich. Schon in der Etymologie von „Gesellschaft" ist zum einen enthalten, dass Menschen sich zusammenfinden, zusammenschließen, zueinander gesellen.

Diese Vorstellung von einer Verbindung ist auch in dem lateinischen Wort für Gesellschaft *societas* bzw. *socius* (= Bundesgenosse) enthalten. Dabei hat diese Verbindung oder Assoziierung eher den Charakter von Freiwilligkeit als von Zwang, scheint mehr durch ein lockeres Band geknüpft als in Ketten gelegt zu sein. Die Assoziierung kann zweckdienlich, d.h. zur Erfüllung einer bestimmten Aufgabe nützlich sein, scheint aber auch ein Wert an sich darzustellen. Dass der Zusammenschluss als angenehm empfunden wird und um seiner selbst willen gesucht und gepflegt wird, drückt sich auch in dem Begriff *Geselligkeit* aus (vgl. Simmel 2001). Dass in der Anwesenheit des Bundes*genossen* auch eine Quelle des Genusses liegen mag, lässt sich spekulativ zumindest der (deutschen) Sprache entnehmen.

Die zweite Bedeutungskomponente von *Gesellschaft* lässt sich weniger dem etymologischen Gehalt des Wortes entnehmen, sondern erschließt sich vielmehr aus dem Wort*gebrauch*. Wenn von „Gesellschaft" die Rede ist, meint man meistens auch ein Gebilde, eine Ganzheit, eine gleichsam *organische Einheit*. Die Vorstellung schwingt auch in der viel zitierten Auffassung mit, dass die Gesellschaft mehr sei als die Summe ihrer Teile. Dieses „Mehr" ist zudem nicht strukturlos und ungeordnet, sondern *organ*isiert.

Auf ebenfalls zwei Bedeutungsgehalte von *Gesellschaft* weist Simmel hin. In seiner *Soziologie* (zuerst: 1908) schreibt Simmel (1992: 23):

> „Der Begriff der Gesellschaft deckt zwei, für die wissenschaftliche Behandlung streng auseinander zu haltende Bedeutungen. Sie ist einmal der Komplex vergesellschafteter Individuen, das gesellschaftlich geformte Menschenmaterial, wie es die ganze historische Wirklichkeit ausmacht. Dann aber ist ‚Gesellschaft' auch die Summe jener Beziehungsformen, vermöge deren aus den Individuen eben die Gesellschaft im ersten Sinne wird."

Simmels – nicht leicht verständliche – Differenzierung ist nicht identisch mit der oben getroffenen Unterscheidung der Bedeutungsgehalte von Gesellschaft (Geselligkeit und organisierte Ganzheit). Das Moment des Zusammenschlusses von Menschen findet sich aber auch hier, und zwar in Simmels Formulierung „Komplex *vergesellschafteter* Individuen", wenn auch der Begriff „vergesellschaftet" im Vergleich zur „Geselligkeit" zunächst weniger positiv erscheint. Deutlich findet sich in Simmels Formulierung auch die Vorstellung einer organisierten Ganzheit, wenn von „Komplex" und „Summe" die Rede ist.

Simmel zielt mit seiner Definition von Gesellschaft aber vor allem noch auf eine andere Unterscheidung ab, nämlich einer Gegenüberstellung von „Gesellschaft" im Sinne einer historisch entwickelten Formation einerseits und den ahistorisch vorgestellten, möglichen Formen, vermöge derer sich Menschen aufeinander beziehen. Beziehung impliziert für Simmel Wechselwirkung, und nach Simmel beruht Gesellschaft auf Beziehungen und somit Wechselwirkung. Gesellschaft existiert dort, „wo mehrere Individuen in Wechselwirkung treten" (Simmel 1992: 17). Dabei kann die „Wechselwirkung" in unterschiedlicher Form erfolgen, kann ein Miteinander, Gegen- oder Füreinander sein.

Simmels „doppelbödiger" Gesellschaftsbegriff ergibt sich aus der Unterscheidung von *Form(en)* und *Inhalt(en)*. Eine *formale Soziologie* versucht die möglichen Formen von Gesellschaft, die sozialen Beziehungen und Gebilde zu beschreiben. Dies geschieht relativ abstrakt und ahistorisch, etwa so, wie man in der Geometrie Formen beschreibt und analysiert. Tatsächlich ist Simmels Soziologie – etwas einseitig – auch als formale Soziologie verstanden und in diesem Sinne u.a. von Leopold von Wiese (1933) fortgeführt worden.

Andererseits geht es in der Soziologie – und das gilt auch für die Soziologie Simmels – auch um die Beschreibung historisch konkreter Inhalte oder Erscheinungen von Gesellschaft. So wie in der Kunst oder im Alltag eine geometrische Form nicht abstrakt, sondern als konkrete Darstellung oder sinnlich erfahrbares Gebilde erfasst wird, so sind auch soziale Erscheinungen formal *und* inhaltlich zu begreifen. Man hat es mit der Wirklichkeit einer konkreten Gesellschaft zu tun, die die allgemeinen Formen der Sozialität in bestimmter inhaltlicher Weise ausfüllt. So gesehen macht es dann Sinn, von historischen Einzelgesellschaften zu sprechen, die auf für sie jeweils typische Weise die allgemeinen Formen der Sozialität inhaltlich ausgeprägt haben und die als mehr oder weniger geordnete Ganzheiten sich voneinander unterscheiden. Dabei sind die Grenzen zwischen den Einzelgesellschaften nicht notwendigerweise identisch mit denen der nationalen Einheiten oder staatlichen Gebilde. Im Laufe der historischen Entwicklung sind allerdings in den Grenzen von (National-)Staaten Gesellschaften wie die französische, US-amerikanische, deutsche (bzw. die der Bundesrepublik und die der DDR) u.a. entstanden.

Angesichts der Entwicklung neuer gesellschaftlicher Einheiten wie dem aus alter BRD und DDR hervorgegangenem Deutschland, der Ausweitung und Vertiefung der Europäischen Union, der Aufteilung Spaniens in autonome Regionen oder der Neugliederung von Staaten und Gesellschaften in den ehemals kommunistischen Ländern wird jedoch deutlich, dass Gesellschaften keine fest zementierten Einheiten mit fixen und klaren Grenzen sind. Das begriffliche wie empirische Problem, einzelne Gesellschaften zu definieren, d.h. ihre Grenzen zu bestimmen, wird von einigen Soziologen auch dadurch „gelöst", dass nur von „einer" oder „der" Gesellschaft gesprochen wird, im Sinne einer umfassenden Sozialorganisation, der empirisch die „Weltgesellschaft" entspräche.

In Abgrenzung und Überholung von sämtlichen klassischen Gesellschaftstheorien wie auch von gegenwärtig im Umlauf befindlichen Gesellschaftskonzepten und -vergleichen bezeichnet Niklas Luhmann (1927-1998) in seinem opus magnum *Die Gesellschaft der Gesellschaft* (1997) vier Voraussetzungen des „heute vorherrschenden Verständnis(ses) von Gesellschaft" als „Erkenntnisblockierungen":

„(1) daß eine Gesellschaft aus konkreten Menschen und aus Beziehungen zwischen Menschen bestehe;
(2) daß Gesellschaft folglich durch Konsens der Menschen, durch Übereinstimmung ihrer Meinungen und Komplementarität ihrer Zwecksetzungen konstituiert oder doch integriert werde;
(3) daß Gesellschaften regionale, territorial begrenzte Einheiten seien, so daß Brasilien eine andere Gesellschaft ist als Thailand, die USA eine andere als die Rußlands, aber dann wohl auch Uruguay eine andere als Paraguay;
(4) und daß deshalb Gesellschaften wie Gruppen von Menschen oder wie Territorien von außen betrachtet werden können" (Luhmann 1999: 24f.).

Luhmann möchte in seiner Systemtheorie diese Vorstellungen des soziologischen Common Sense durch einen abstrakteren Gesellschaftsbegriff überwinden. Diese theoretische „Lösung" begrifflicher und empirischer Unschärfen von *Gesellschaft* kann allerdings nicht befriedigen, da sie sich zum einen die Möglichkeit des empirischen Vergleichs gegenwärtig und historisch verschiedener Einheiten von Gesellschaft verstellt und zum anderen von einer Weltgesellschaft ausgeht, die in Umrissen erkennbar sein mag, aber im „gesellschaftlichen Leben" der meisten Menschen im Vergleich zu den national- oder regionalgesellschaftlichen Einbindungen eine eher untergeordnete Rolle spielt. Die gesellschaftliche Wirklichkeit wird zwar von den Problemen und Mechanismen einer globalen oder Weltgesellschaft mehr und mehr beeinflusst, doch sind für das soziale Leben maßgebliche Institutionen wie Bildungswesen, Gesundheitswesen, Steuersystem, Rechtswesen, Militär, Presse, Rundfunk und Fernsehen in erster Linie noch immer von den nationalstaatlichen Einzelgesellschaften organisiert.

2.5 Gemeinschaft und Gesellschaft, Vergemeinschaftung und Vergesellschaftung, mechanische und organische Solidarität

Ein in der Soziologie klassisches Begriffspaar ermöglicht eine weitere begriffliche Differenzierung von sozialen Formen und Inhalten, Gebilden und Prozessen. So hat Ferdinand Tönnies (1855-1936) *Gemeinschaft* und *Gesellschaft* in seinem gleichlautenden Werk (1887) gegenübergestellt. *Gemeinschaft* steht für Formen des Zusammenlebens, die auf zwischenmenschlichen Kontakten und Gefühlen beruhen, ursprünglich, spontan, unmittelbar und überschaubar sind. Charakteristische Beispiele wären die traditionale Familie und die mittelalterliche Dorfgemeinschaft.

Dagegen ist *Gesellschaft* eine Form des Zusammenlebens, die auf Arbeits- bzw. Funktionsteilung beruht. Die für sie typischen Beziehungen sind weniger unmittelbar und emotional als vielmehr durch Zwecksetzungen und rationale Überlegung vermittelt und entsprechend eher unpersönlicher Art. Beispiele wären die sozialen Beziehungen im modernen Wirtschaftsleben oder in der modernen Großstadt.

Tönnies neigt dazu, Gemeinschaft und Gesellschaft als einen dichotomischen Gegensatz anzusetzen, der sich aus zwei unterschiedlichen Willenstendenzen oder anthropologischen Grundhaltungen herleitet: einem auf Ganzheitlichkeit und Eigentlichkeit zielenden *Wesenswillen* (verantwortlich für die Gemeinschaftsbildung) und einem auf Analyse und Beherrschung ausgerichteten *Kürwillen* (verantwortlich für Gesellschaftsbildung). Wenn auch die gleichzeitige Existenz beider Willenstendenzen unterstellt ist und somit Kombinationen der aus ihnen hervorgehenden sozialen Formen möglich sind, so versteht Tönnies den Dualismus von Gemeinschaft und Gesellschaft doch auch als historische Tendenz: die soziale Entwicklung verläuft von der Gemeinschaft zur Gesellschaft.

Tönnies' Begriffskonstruktion wird von Max Weber (1864-1920) aufgegriffen und sozusagen dynamisiert. Gemeinschaft und Gesellschaft werden als prozesshaft gedacht und entsprechend als Prozesse der *Vergemeinschaftung und Vergesellschaftung* vorgestellt.

> „‚Vergemeinschaftung' soll eine soziale Beziehung heißen, wenn und soweit die Einstellung des sozialen Handelns – im Einzelfall oder im Durchschnitt oder im reinen Typus – auf subjektiv *gefühlter* (affektueller oder traditionaler) *Zusammengehörigkeit* der Beteiligten beruht. ‚Vergesellschaftung' soll eine soziale Beziehung heißen, wenn und soweit die Einstellung des sozialen Handelns auf rational (wert- oder zweckrational) motiviertem Interessen*ausgleich* oder auf ebenso motivierter Interessen*verbindung* beruht." (Weber 2005: 29 [§ 9]; Hervorh. ebd.)

Es geht hier also um die jeweilige Grundlage von Beziehungen. Bei der Vergemeinschaftung bilden Gefühle der Zusammengehörigkeit das soziale Fundament, während im Mittelpunkt der Vergesellschaftung Interessenabschätzung und -verfolgung stehen. Allerdings schließen sich die beiden Beziehungsformen oder -modalitäten gegenseitig keineswegs aus; denn, wie Weber (2005: 30; Hervorh. ebd.) schreibt: „Die große Mehrzahl sozialer Beziehungen aber hat *teils* den Charakter der Vergemeinschaftung, *teils* den der Vergesellschaftung."

Es bestehen also unterschiedliche Mischungsverhältnisse von Vergemeinschaftung und Vergesellschaftung. Ein Beispiel für eine überwiegend auf Vergesellschaftung beruhende Beziehung ist diejenige, die ein Aktionär zu seiner Aktiengesellschaft unterhält; oder die des Arbeitslosen zum Arbeitsamt. Hingegen beruhen Familienbeziehungen und -verbände eher auf Vergemeinschaftung. In der sozialen Wirklichkeit überwiegen aber die Mischformen. (Schon das Beispiel der Zweckheirat, die weniger auf Gefühl als auf Interesse beruht, ließe sich ja als Phänomen der Vergesellschaftung interpretieren.) Eine Mischform stellt auch das Beispiel der studentischen Wohngemeinschaft dar. Hier ist dann auch mit charakteristischen Konflikten zu rechnen, resultierend aus unterschiedlichen Interpretationen seitens der Wohngenossen, ob das Zusammenleben auf Gefühl oder auf Interesse beruht oder beruhen soll. Von vornherein besteht hier eine Vieldeutigkeit mit entsprechendem Konfliktpotential, wenn man sich einerseits zwecks Kostenteilung zusammenschließt, andererseits aber auch auf Grund von Sympathie zusammenfindet.

Dass Vergesellschaftung und Vergemeinschaftung sich nicht nur mischen, sondern auch wechselseitig ergänzen und bedingen, machen Fälle deutlich, wo „an die Vergesellschaftung (...) sich regelmäßig eine ‚übergreifende' Vergemeinschaftung (knüpft)" (Weber 2005: 264). Beispiel hierfür sind Prozesse der Nationwerdung, bei denen gemeinschaftliche Strukturen durch Vergesellschaftung überlagert werden, ehe dann aber auch ein Gemeinschaftsgefühl gleichsam auf höherer, symbolischer Ebene gestiftet wird. Auch die Entwicklung eines riesigen sozialen Gebildes wie der Europäischen Union lässt sich begreifen als eine Dialektik von Vergesellschaftungs- und Vergemeinschaftungsprozessen. Dabei könnte man sagen, dass die Integration der EU durch Vergesellschaftung vorangeschritten, die Vergemeinschaftung aber zurückgeblieben ist, da sie sich auf wenige gemeinsame Symbole wie EU-Flagge und -Pass beschränkt oder auf die Beschwörung einer europäischen Gemeinschaft und Identität in politischen Sonntagsreden.

Der Unterscheidung von Gemeinschaft und Gesellschaft bzw. Vergemeinschaftung und Vergesellschaftung vergleichbar ist das von Émile Durkheim (1893/ 1992) entwickelte Begriffspaar *mechanische und organische Solidarität*. Während Tönnies sein Begriffspaar quasi anthropologisch untermauert, ist die Fundierung von Durkheims Begriffskonstruktion soziologischer. Durkheim geht von der in einer Gesellschaft vorherrschenden *Arbeitsteilung* aus, wobei dieser Begriff nicht im engen Sinne etwa betrieblicher Arbeitsteilung zu verstehen ist, sondern als ein allgemeines Prinzip sozialer Organisation, das sich auf die Aufteilung gesellschaftlicher Aufgaben bezieht oder, anders formuliert, auf die Differenzierung von sozialen Funktionen.

Ähnlich wie Tönnies unterscheidet Durkheim zwei Typen sozialer Organisation. Der einfachere und homogenere Typus ist die *segmentäre Sozialorganisation*, bei der die einzelnen Teile (Segmente) einander ähnlich sind. Ein Beispiel für diesen Typus sind Stammesgesellschaften, die in Clans und Familien untergliedert sind, die sich in arbeitsteiliger (oder funktionaler) Hinsicht wenig unterscheiden, sondern vielmehr strukturell ähnlich sind und mehr oder weniger die gleichen gesellschaftlichen Aufgaben (oder Funktionen) erfüllen. In der segmentären Sozialorganisation ist es für das Funktionieren des Ganzen unerheblich, wenn ein Segment ausfällt (z.B. eine Familie ausstirbt). Den Zusammenhalt dieser Sozialorganisation bezeichnet Durkheim mit dem Begriff *mechanische Solidarität*.

Der segmentären Sozialorganisation stellt Durkheim einen zweiten Typus gegenüber, bei dem das Prinzip der Arbeitsteilung ausgeprägt ist und die einzelnen Teile zwar unterschiedlich (heterogen), aber funktional aufeinander bezogen sind. Das bedeutet auch, dass sie nicht einfach weg- oder ausfallen können, ohne dass das Ganze Schaden nimmt. Beispiel für diesen Typus ist die moderne Industriegesellschaft, die in hohem Maße auf der Spezialisierung und Professionalisierung von Aufgaben und Funktionsbereichen beruht. Der für diesen Typus charakteristische Zusammenhalt heißt bei Durkheim *organische Solidarität*.

Mechanische Solidarität ist begrifflich *Gemeinschaft* und *Vergemeinschaftung* verwandt, während *organische Solidarität* sich in der Nähe zu *Gesellschaft* und *Vergesellschaftung* befindet. Für Verwirrung mag gleichwohl die denkbare Assoziation von „mechanisch" mit „kalt" und „anonym" sorgen, während doch die mechanische Solidarität eher in Sozialverbänden anzutreffen ist, die nach dem Prinzip Gemeinschaft bzw. Vergemeinschaftung organisiert sind, mit denen man die „Wärme des Organischen" assoziiert. Ebenso mag die Bezeichnung „organische Solidarität" für den sozialen Zusammenhalt in der hoch differenzierten modernen Gesellschaft irritieren. Denn gerade dieser Gesellschaftstyp wird doch oft auf Interesse und rationalem Kalkül beruhend beschrieben (so tendenziell auch von Tönnies und Weber) und als abstrakt, kalt und anonym empfunden, was dem herkömmlichen Verständnis von „organisch" (im Sinne von ganzheitlich, natürlich und „Gemeinschaft" assoziierend) widerspricht. Die organische Solidarität im Sinne von Durkheim beruht aber nicht auf einem einfachen „organischen" Zustand, sondern ist der komplizierte Zusammenhalt eines hoch komplexen, in sich differenzierten – wenn man so will – „Super-Organismus".

So wie Weber davon ausgeht, dass man in einer gegebenen Gesellschaft Formen und Prozesse sowohl der Vergemeinschaftung als auch der Vergesellschaftung vorfinden wird, so können auch nach Durkheim mechanische und organische Solidarität nebeneinander bestehen, wenngleich in der Gesellschaftsentwicklung eine historische Tendenz von der mechanischen zur organischen Solidarität auszumachen ist. Die Pointe des Durkheimschen Begriffspaares liegt aber vor allem in dem soziologischen Optimismus: hoch komplexe und komplizierte Gesellschaften sind keineswegs der Auflösung und dem Zerfall geweiht – wie von Kritikern der modernen Gesellschaft (nicht nur) zu Durkheims Zeiten befürchtet. Vielmehr sind sie den einfachen, sogenannten „primitiveren" Gesellschaften (oder Gemeinschaften) nicht nur hinsichtlich ihrer Arbeitsteiligkeit und -produktivität überlegen, sondern sie sind auch in der Lage, einen sozialen Zusammenhalt zu entwickeln, der größere Bevölkerungsgruppen einbezieht und somit integrativ, tragfähig und nachhaltig ist.

Seit den Anfängen der Soziologie stellen sich ihre Vertreter die Frage, was eine Gesellschaft zusammenhält. Wie die begrifflichen Unterscheidungen von Tönnies, Weber und Durkheim zeigen, verbindet sich mit dem Befund voranschreitender gesellschaftlicher Entwicklung keineswegs die Vorstellung, dass die sozialen Bande so locker würden, dass die Gesellschaft der Auflösung entgegentriebe. Ganz im Gegenteil zeigen vor allem Weber mit seinem Begriff *Vergesellschaftung* und Durkheim mit seinem Konzept *organische Solidarität*, wie die Gesellschaft einen gegenüber bloßer Vergemeinschaftung bzw. mechanischer Solidarität fortgeschritteneren Zustand des Zusammenhalts ausbildet. Dabei werden als Mechanismen des Zusammenhalts Interesse bzw. Zweckrationalität (Weber) oder die Arbeitsteilung bzw. funktionale Differenzierung (Durkheim) ausfindig gemacht.

2.6 Kultur

Klassische Antworten seitens der Soziologie auf die Frage, was die Gesellschaft zusammenhält, zielen auf den Begriff der *Kultur* ab. Es wird angenommen, dass Kultur in Form von gemeinsamen Werten, Überzeugungen, Glaubensinhalten und Orientierungen eine Gesellschaft zusammenhält und integriert. Zwar scheint sich nach Weber oder Durkheim der gesellschaftliche Zusammenhalt auch ohne Kultur gleichsam durch die Mechanismen der sozialen Organisation zu ergeben: durch wechselseitiges Interesse (Weber) oder gesellschaftliche Arbeits- bzw. Funktionsteilung (Durkheim). Doch bereits Webers Hervorhebung der Zweckorientierung (und allemal sein Begriff der Zweckrationalität) impliziert kulturelle Inhalte. Denn Annahmen, welche Mittel zu welchen Zwecken dienlich sind, oder gar Vorstellungen von einem gerechten Ausgleich von Interessen verweisen auf Ideen und Werte, also auf Kulturinhalte.

Auch Durkheims Antwort auf die Frage nach dem gesellschaftlichen Zusammenhalt impliziert mehr als nur den Mechanismus der Arbeits- oder Funktionsteilung. Dass die Arbeitsteilung nicht automatisch den Zusammenhalt befördert, sondern wohl auch gefühlsmäßige Energien und Bindungen hinzukommen müssen, dafür hat Durkheim ein Gespür, wenn er eben nicht einfach von Kohäsion, Zusammenhalt, Integration spricht, sondern den Begriff *Solidarität* bemüht. Solidarität ist aber auch mehr als ein sozial-emotionales Phänomen, bezeichnet sie doch einen Wert, der – gerade in der republikanischen Geschichte Frankreichs mit seiner Begriffstrias „liberté, égalité, fraternité" – auf eine kulturelle Tradition verweist. Gerade bei dem Begriff der Solidarität kann man sehen, wie emotionale Haltungen und Bindungen zum Wert deklariert werden und umgekehrt ein Wert emotional aufgeladen und fundiert wird. Dieser Wertzusammenhang verweist aber auf Kultur. Anders ausgedrückt: sozialer Zusammenhalt wird durch Werte befördert und ist somit kulturabhängig. Gesellschaft ist nicht ohne Kultur denkbar; aber auch umgekehrt gilt: Werte und Kultur schweben nicht im gesellschaftsfreien Raum!

Kultur erscheint in der Soziologie demnach als ein Begriff, der bei der Frage, was den Zusammenhalt, die Verbindung, die Gemeinsamkeit von Menschen in einer Gesellschaft herstellen mag, Hinweise oder gar Erklärungen liefert. Bildlich könnte man sagen, dass Kultur wie ein Bindemittel der sozialen Einheiten oder Kitt der Sozialorganisation wirkt. So wie Gesellschaften wohl nicht ohne kulturelle Inhalte auszukommen vermögen, so scheinen dann auch die Begriffe *Gesellschaft* und *Kultur* aufeinander zu verweisen. Allerdings ist der Bedeutungsgehalt des Begriffs *Kultur* ausgesprochen reich. Was Kultur ist bzw. was der Begriff meint, davon existieren mannigfaltige Vorstellungen. So haben die amerikanischen Kulturanthropologen Alfred L. Kroeber und Clyde Kluckhohn (1952) schon 164 Definitionen von Kultur gezählt, aus denen sie ihre eigene destilliert haben:

> „Kultur ist ein Produkt; es ist historisch, es enthält bestimmte Ideen, Muster und Werte, ist selektiv und erlernt, basiert auf Symbolen und ist eine Abstraktion des Verhaltens sowie der Produkte des Verhaltens." (Kroeber & Kluckhohn 1952, zitiert nach Wilson 1998: 176; vgl. Kroeber 1952)

Seit Kroeber und Kluckhohn sind die Kulturdefinitionen und das Kulturverständnis gewiss nicht weniger vielfälig geworden (vgl. Griswold 1994; Moore 1997; Lemert 2006). Ob in den Künsten oder in der Alltagswelt, in der Philosophie oder den Wissenschaften, die Unterschiedlichkeit, auch Gegensätzlichkeit und Widersprüchlichkeit der Kulturbegriffe (und des Kulturverständnisses) sind enorm. Um mit dem Kulturbegriff arbeiten zu können, sind einige begriffliche Definitionen, d.h. Abgrenzungen sinnvoll.

Kultur ist zum einen gegenüber *Gesellschaft* abzugrenzen, zum anderen gegenüber *Natur*. Doch beide Abgrenzungen sind nicht im Sinne eines Gegensatzes zu sehen. Menschliche Gesellschaften sind immer auch kulturell, und Kultur verwirklicht sich in Gesellschaft. Auch zu Natur steht Kultur nicht notwendigerweise in begrifflichem oder sachlichem Gegensatz. Die sprachliche Herkunft von *Kultur* aus dem lateinischen „colere" (das Feld bestellen, pflegen) verweist auf die „Kultivierung von Natur". Der Bedeutungsgehalt der *Kultivierung* ist dann von der Bodenpflege über die Anbetung der Götter zum Begriff von Kult und Kultur erweitert worden. Im Zuge begriffsgeschichtlicher Entwicklung sind daraus die Gegenüberstellungen von (hoher) Kultur und (niedriger) Natur, von „Geist" und „Materie", von Geistes- bzw. Kulturwissenschaften und Naturwissenschaften hervorgegangen. Die Opposition von Geist vs. Materie, Natur vs. Kultur ist aber für das Verständnis der Natur des Menschen und seiner Kultur eher hinderlich. Hilfreicher ist es, die Verbindungen von Kultur und Natur zu sehen, bzw. eine Kulturdefinition zu Grunde zu legen, die nicht von der Opposition, sondern der

Ko-Evolution von Natur und Kultur ausgeht. Eine solche Definition wird beispielsweise von Edward O. Wilson (1998: 171) geliefert:

> „Kultur wird vom kollektiven Verstand (im Orig.: communal mind; Anm. H.G.V.) erschaffen. Jeder einzelne Verstand ist seinerseits das Produkt des genetisch strukturierten menschlichen Gehirns. Gene und Kultur sind daher untrennbar miteinander verbunden. Diese Verbindung ist jedoch flexibel und bis zu einem gewissen Grad noch unbestimmt. Außerdem ist sie äußerst kompliziert. Die Gene legen die epigenetischen Regeln fest, also die Nervenbahnen und die Regelmäßigkeiten der geistigen Entwicklung, durch die sich der individuelle Verstand selbst organisiert. Der Verstand erweitert sich von der Geburt bis zum Tod, indem er Bestandteile der für ihn zugänglichen Kultur absorbiert und eine Auswahl trifft, die wiederum von den epigenetischen Regeln, welche das individuelle Gehirn geerbt hat, gelenkt wird."

Die Evolution von Natur und Kultur vollzieht sich also in einer Wechselbeziehung, ist „Ko-Evolution", bei der die Natur Regeln und Spielräume vorgibt, die von der menschlichen Aktivität ausgefüllt werden. Die Entwicklung des Gehirns (des Denkens, des Geistes) erfolgt in biologischen Bahnen, auf denen dann „geistige" Inhalte transportiert, d.h. gepflegt und weitergegeben werden. „Die Kultur wird durch biologische Prozesse hervorgebracht und geformt, während gleichzeitig die biologischen Prozesse als Reaktion auf kulturelle Veränderungen umgestaltet werden" (Wilson 1996: 131). So wie die Natur den Rahmen für die Kultur vorgibt, so stellt die Kultur ihrerseits den Raum dar, in dem sich die Ergebnisse der Evolution bewähren müssen.

Wilson (2000: 130f.) sieht diesen Vorgang der „Gen-Kultur-Koevolution" in folgenden Schritten ablaufen:

> „– Die Gene legen die Regeln fest, nach denen sich die Entwicklung des Individuums vollzieht (die epigenetischen Regeln).
> – Das Individuum eignet sich während seiner Entwicklung Teile der bestehenden Kultur an.
> – In jeder Generation wird die Kultur durch die Summe der Entscheidungen und Innovationen aller Mitglieder der Gesellschaft neu geschaffen.
> – Einige Individuen besitzen epigenetische Regeln, die ihnen in der zeitgenössischen Kultur bessere Überlebens- und Fortpflanzungschancen eröffnen als anderen Individuen. Diese genetische Fitneß kann entweder durch direkte Selektion, die Förderung der unmittelbaren Nachkommen, oder durch Verwandtenselektion, die Förderung von Verwandten einer Seitenlinie zusätzlich zu den unmittelbaren Nachkommen, erhöht werden.
> – Die erfolgreichsten epigenetischen Regeln breiten sich zusammen mit den sie codierenden Genen in der Population aus. Anders gesagt, die Population durchläuft eine genetische Evolution unter Berücksichtigung epigenetischer Regeln."

Der Mensch, sein Verhalten und seine Kultur sind also durch Gene geprägt, aber nicht determiniert. „Die Gene legen nicht unbedingt ein bestimmtes Verhalten fest, sondern vielmehr die Fähigkeit, bestimmte Verhaltensweisen zu entwickeln, oder, genauer noch, die Tendenz, sie in verschiedenen, spezifischen Lebensräumen zu entwickeln" (Wilson 2000: 105; dort *kursiv* hervorgehoben). Man kann hier auch von einer Plastizität sprechen, d.h. durch Natur (Biologie, Gene) ist ein durch Kultur gestaltbarer Entfaltungsraum des Verhaltens vorgegeben.

Gegenüber dem umfassenden Kulturbegriff der Soziobiologie (der um naturwissenschaftliche Bodenhaftung bemüht ist, dabei aber keineswegs frei von spekulativen Elementen) sind die in der Soziologie konventionellerweise verwendeten Kulturbegriffe bescheidener konstruiert. Hier werden weniger mögliche Wechselbeziehungen zwischen

Natur und Kultur thematisiert, als vielmehr alles unter *Kultur* subsumiert, was über die „natürliche", d.h. biologische Grundausstattung des Menschen hinausgeht, d.h. alles vom Menschen Erlernte, Geschaffene, Gestaltete und Weitergegebene. Fasst man diese Inhalte zusammen, kann man von Kultur als einem Ensemble oder System sprechen, das aus Ideen, Vorstellungen, Wissensbeständen, Werten und Normen, Sitten und Gebräuchen, Technologien und Techniken besteht.

Weiter kann man die *ideelle* von der *materiellen Kultur* unterscheiden. Zur ideellen Kultur zählen Ideen und Vorstellungen, Glaubens- und Wissensbestände. Zur materiellen Kultur gehören Objekte wie Bauwerke und handwerkliche Instrumente. Dass diese Unterscheidung von „materiell" und „ideell" allerdings nicht ganz unproblematisch ist, zeigen Kulturprodukte wie Schrift, Literatur oder sogar die Sprache, die einerseits aus geistigen Inhalten bestehen, andererseits aber an materielle Träger wie Schreibwerkzeuge oder Stimmorgane gebunden sind.

In einem weiteren, für die Soziologie und vor allem die Kulturanthropologie typischen, Verständnis von Kultur umfasst Kultur die gesamte Lebensweise einer Gesellschaft. Ein frühes Beispiel für diesen Kulturbegriff hat der Kulturanthropologe Edward B. Tylor in seinem Klassiker *Primitive Culture* (1871/1873) geliefert:

> „Cultur oder Civilisation im weitesten ethnographischen Sinne ist jener Inbegriff von Wissen, Glauben, Kunst, Moral, Gesetz, Sitte und allen übrigen Fähigkeiten und Gewohnheiten, welche der Mensch als Glied der Gesellschaft sich angeeignet hat." (Tyler 1873: 1)

Dieser Kulturbegriff umfasst nicht nur kulturelle Inhalte und deren materielle Träger, sondern vor allem auch die *kulturelle Praxis*, d.h. die Art und Weise, wie Menschen miteinander und mit den kulturellen Inhalten umgehen, welche *Praktiken* sie ausüben (z.B. die Sitten und Gebräuche, Feste, Zeremonien und Rituale). Im kulturanthropologischen und ethnologischen Verständnis ist alles, was Menschen sich aneignen, bewahren und weitergeben (=Tradition), Kultur.

Nach diesem Verständnis ist Kultur ein kollektives Gut und Erbe, das für eine Anzahl von Menschen auch identitätsstiftend ist. Für den Kulturanthropologen ist dann *Kultur* weniger eine Abgrenzung gegen Natur als vielmehr ein Merkmal und Mittel der Identifizierung und Unterscheidung von Kollektiven. In einem nächsten Schritt der Begriffskonstruktion wird dann das Kollektiv (die Gruppe, Gemeinschaft, Ethnie oder Gesellschaft), deren Mitglieder eine „gemeinsame Kultur haben", mit Kultur gleichgesetzt. Da man mehrere Kollektive unterscheiden kann, gibt es in diesem Sinne auch mehrere Kulturen.

Tendenziell verwischt sich der analytische Unterschied von *Kultur* und *Gesellschaft*, wenn austauschbar mal von Gesellschaften, mal von Kulturen die Rede ist. Ähnlich wird auch der Begriff *Zivilisation* synonym mit *Kultur* verwendet. Französische Denker des 18. Jahrhunderts haben *Zivilisation* als Gegensatz zu einem Zustand der „Barbarei" konzipiert. Schon bei den alten Griechen galten die „Barbaren", d.h. die Menschen, die nicht Griechisch sprachen und deren Sprache man nur als unartikulierte Laute wahrnahm, als „primitiv" oder „unkultiviert". Von daher ist im Begriff der Zivilisation (und Zivilisiertheit) eine Höherwertung des Eigenen im Vergleich zum Anderen oder Fremden enthalten, wie sie auch für die Unterscheidung kultiviert/unkultiviert charakteristisch ist. Ironischerweise hat man in der deutschen Begriffsgeschichte wiederum den Begriff der (deutschen) Kultur gegen den der (französischen oder angelsächsischen) Zivilisation ausgespielt. Dabei wurde die westeuropäische bzw. amerikanische Zivilisation auf materielle Kultur verkürzt, während die deutsche durch „höhere" Werte und Ideale oder „tiefer" reichende Eigenschaften und Wesenheiten „aufgewertet" und „überhöht" wurde. Diese Unterscheidung, auf die im Zuge der späten politischen Entwicklung Deutschlands und ihrer Kompensation mit dem Selbstverständnis als „Kulturnation" von deutschen Denkern des 19. und frühen 20. Jahrhunderts so viel Wert gelegt wurde, hat sich im englischen und französischen Sprachgebrauch nicht durchgesetzt (vgl. hierzu Elias 1976). Hier werden vielmehr *Kultur* und *Zivilisation* austauschbar verwendet (vgl. Huntington 1996). In den Plural gesetzt, erscheinen sie dann auch als Synonyme für Gesellschaften.

Spricht man im Plural von *Kulturen*, kann man nicht nur „große", umfassende Kulturen oder „Kulturkreise" miteinander vergleichen, sondern auch eine Kultur in weitere *Subkulturen* differenzieren. Der Subkultur sind kulturelle Momente eigen, die sich von denen der Gesamtkultur unterscheiden, möglicherweise bewusst und gezielt abheben. Sogenannte Jugendkulturen werden als Subkulturen bezeichnet, sind doch ihre kulturellen Formen und Inhalte abgesetzt gegen die „Hauptkultur" der Erwachsenen. Diese Absetzungsbewegung kann, muss aber nicht im Gegensatz zur Hauptkultur stehen. Erst wenn sich die Subkultur in Opposition zur Hauptkultur sieht und diese bekämpft, kann von einer *Gegenkultur* (Yinger 1982) gesprochen werden. Kulturelle Inhalte der Jugendkultur wie etwa Selbstverwirklichung oder Spaß und Geselligkeit sind besondere, vielleicht drastischere Ausprägungen von Werthaltungen, die als solche aber in der Gesamtkultur verankert sind. Eine Subkultur, deren Werthaltungen etwa die Vernichtung anderer Menschen impliziert (z.B. Terroristen und ihr Umfeld), ist – im Rahmen einer liberalen, demokratischen Kultur – als gegenkulturell einzustufen.

Der Identifizierung und Abgrenzung zwischen Kulturen oder auch innerhalb einer Kultur dienen auch die inhaltlich-hierarchischen Unterscheidungen von *höherer* und *niederer* oder *elitärer* und *populärer* bzw. *Volks-* und *Massenkultur(en)*. Wenn Kultur differenziert ist und die Formen und Inhalte der Kultur hierarchisch untergliedert werden, dann dient die Kultur bzw. die Partizipation an ihr auch der gesellschaftlichen *Distinktion*, werden Selbst- und Fremdwert der gesellschaftlichen Gruppen und Schichten durch Kultur ausgezeichnet bzw. herabgesetzt. Solche Mechanismen der gesellschaftlichen Distinktion, die auf Aneignung und Einsatz von „kulturellem Kapital" beruhen, und die daraus resultierenden „feinen Unterschiede" hat Pierre Bourdieu (1979/1982) für die französische Gesellschaft beschrieben.

Eine Gesellschaft kann nicht nur eine Vielzahl von Subkulturen aufweisen, sondern sogar multikulturell sein in dem Sinne, dass Bevölkerungsgruppen mit unterschiedlichen Kulturen – unterschiedlich im Hinblick auf Lebensweise, ideelle und materielle Kultur – in einer Gesellschaft zusammenleben. Dabei mag das Zusammenleben auf Grund der Arbeitsteilung funktionieren, wie Durkheims Begriff der organischen Solidarität nahelegt. Doch auch die Existenz mehrerer Kulturen in einer Gesellschaft schließt nicht die Existenz eines Minimalkonsens über bestimmte Werte und Rechte aus, bzw. setzt möglicherweise einen solchen voraus. So werden in multikulturellen Gesellschaften, in denen sich die Menschen an sehr unterschiedlichen Kulturen orientieren, über das Kulturgut einer gemeinsamen Verfassung oder über Symbole der Einheit (nationale Flagge, gemeinsame Feiertage) solche minimalen kulturellen Fundamente und Bande hergestellt.

Als Prototyp einer multikulturellen Gesellschaft können die USA angesehen werden. Auf Grund ihrer Geschichte als Land von Einwanderern mit sehr unterschiedlichen kulturellen Hintergründen haben die USA die Akzeptanz kultureller Vielfalt zum verbindenden kulturellen Wert erhoben. Die gemeinsame Kultur wird zum einen durch nationale Verfassung, Embleme und Rituale symbolisiert und zum anderen durch eine profane Massenkonsumkultur gestiftet, die allen Amerikanern – wenn gewiss auch in unterschiedlichem Maße – zugänglich ist. Multikulturelle Gesellschaften werden also zum einen durch soziale Organisation (Funktionsteilung und -verflechtung) zusammengehalten und zum anderen durch einen gemeinsamen Kulturvorrat, der minimal sein kann. Im Extremfall, wenn in einer Gesellschaft nicht einmal ein Minimum an kulturellen Gemeinsamkeiten vorhanden ist, zerfällt diese in nebeneinander bestehende Gesellschaften („Parallelgesellschaften"), deren mehr oder weniger friedliche Koexistenz über Mechanismen der sozialen Organisation oder eben doch wieder unter einem hauchdünnen Dach kultureller Übereinkunft zu sichern ist.

Einerseits scheinen Kulturen in verschiedene Subkulturen zerlegbar zu sein, andererseits bestehen auch Tendenzen zur Entwicklung einer *Weltkultur*. Unterschiedliche Gesellschaften mit ihren verschiedenen Kulturen und Subkulturen können im Rahmen einer sie übergreifenden Weltkultur an einem gemeinsamen Repertoire von kulturellen Inhalten teilhaben. So wären eine gemeinsame Verkehrssprache, Zeichensysteme (Schrift und Zahlen) oder weltumspannende Infrastrukturen (Internet) Beispiele für kulturelle Elemente, aus denen sich eine Weltkultur zusammensetzt. Allerdings beschränkt sich die Teilhabe an der Weltkultur bisweilen auf eher triviale Inhalte einer global verbreiteten Konsumkultur, während doch gerade auf der Ebene religiöser Überzeugungen kulturelle Gegensätze aufeinander stoßen. Auch steht der Zugang zur Weltkultur via Telefon, Fernsehen und Internet keineswegs weltweit allen Bevölkerungen gleichermaßen offen. So dürfte es einstweilen – bei allen Tendenzen einer die Grenzen der Einzelgesellschaften überschreitenden *Globalisierung* (Robertson 1992; Beck 2007) – noch verfrüht sein, die reale Existenz einer *Weltgesellschaft* (Richter 1997) anzunehmen.

Wir können zusammenfassen, dass der Mensch, für den sich die Soziologie interessiert, ein soziales Wesen ist. Seine Individualität entwickelt der Mensch nicht gegen die Gesellschaft, sondern im Rahmen natürlicher, gemeinschaftlicher, gesellschaftlicher und kultureller Bezüge. Gemeinschaft und Gesellschaft sind Formen der Sozialität, die ihrerseits auf natürlichen oder biologischen Entwicklungen aufruhen. Auf der Grundlage von Natur und im Rahmen der Entfaltung der Sozialität durch Prozesse der Vergemeinschaftung und Vergesellschaftung entwickelt sich der Mensch auch als kulturelles Wesen, schafft, bewahrt und tradiert – zerstört aber auch – Kultur(en).

In dem durch Natur, Kultur, Gemeinschaft und Gesellschaft geschaffenen Raum entwickeln sich Sozialität und Individualität der Menschen. In diesem weit aufgespannten Raum spielt sich das Verhalten und Handeln der Individuen ab. Den Bedingungen,

Strukturen und Funktionen des Verhaltens kommt in der Soziologie als einer Verhaltenswissenschaft große Aufmerksamkeit zu. *Verhalten* und verwandte Begriffe wie *Handeln, Interaktion* und *Kommunikation* sowie weitere differenzierte Begriffe, die die Strukturen des Verhaltens erhellen, sind somit für die Soziologie unverzichtbar. Sie sind Gegenstand des nächsten Kapitels.

Kapitel 3:
Verhalten, Handeln, Interaktion, Kommunikation

Begriffe:

Verhalten, Handeln, soziales Handeln
Arten des sozialen Handelns: zweckrational, wertrational, affektuell, traditional
Soziale Interaktion, Kommunikation
(Un)focused interaction, encounter, doppelte Kontingenz
Soziale Rollen, Skripts
Positionen, Status
Werte, soziale Normen
Rollenkonfiguration, role set, Rollenkonflikte
Rollendistanz, Rollen-Stress, Rollenwandel

3.1 Verhalten und Handeln

Verhalten, Handeln, Interaktion und *Kommunikation* zählen zu den zentralen Grundbegriffen, mit denen die Soziologie fundamentale Prozesse beschreibt, die sich zwischen Menschen abspielen. Am allgemeinsten und umfassendsten ist der Begriff *Verhalten*, dessen sich ja auch nicht allein die Humanwissenschaften bedienen. Auch in Physik und Chemie spricht man von „Verhalten", etwa von Körpern, Atomen oder Molekülen. In den Verhaltenswissenschaften (*behavioral sciences*) aber wird das Verhalten von Lebewesen untersucht. Zu den Verhaltenswissenschaften zählt die Psychologie, deren Gegenstand das Verhalten von Individuen oder Personen ist. Die Psychologie interessiert sich für die interne Verursachung oder Motivierung des Verhaltens und für die Lernvorgäge, durch die sich das Verhalten verändert und entwickelt, sowie für Konsequenzen des Verhaltens. In der *behavioristischen* Psychologie interessierte man sich zunächst nur für das beobachtbare Verhalten (*overt behavior*) und konzipierte es als Reaktion auf einen oder mehrere Reize. Nach der *kognitiven Wende* in der Psychologie wurden dann auch die inneren kognitiven Vorgänge (Denken, Wahrnehmen, Bewusstsein) als bedeutsam für das Verhalten angesehen. Und nach einer *emotionalen Wende* wurden auch Gefühle und Emotionen (wieder) als verhaltensrelevant entdeckt und thematisiert.

Auch in der Soziologie ist *Verhalten* ein gebräuchlicher Begriff. Im Anschluss an die behavioristische Psychologie wurde von George Caspar Homans (1961) Verhalten als eine Abfolge von Reiz-Reaktions-Mechanismen, als ein durch Belohnung bzw. Verstärkung in Gang gehaltener Lernprozess konzipiert. Gegenüber diesem engen Verhaltensbegriff bevorzugt die Soziologie den Begriff *Handeln* und hat eine Vielzahl von

Handlungskonzepten und -theorien entwickelt. Sofern man *Verhalten* aber vielschichtiger konzipiert und nicht auf Reiz-Reaktions-Ketten reduziert, ist *Verhalten* gegenüber *Handeln* der allgemeinere, umfassendere Begriff.

Auch Max Weber sieht Handeln als eine speziellere Art von Verhalten an. Doch definiert Weber die Soziologie bzw. ihren Gegenstandsbereich (gleich in §1 seiner in *Wirtschaft und Gesellschaft* dargestellten Grundbegriffe) über den Begriff *soziales Handeln*. Webers vielzitierte Definition lautet:

> „Soziologie (…) soll heißen: eine Wissenschaft, welche soziales Handeln deutend verstehen und dadurch in seinem Ablauf und seinen Wirkungen ursächlich erklären will." (Weber 2005: 1)

Unmittelbar anschließend liefert Weber auch Definitionen von *Handeln* und *sozialem Handeln*:

> „‚Handeln' soll dabei ein menschliches Verhalten (einerlei ob äußeres oder innerliches Tun, Unterlassen oder Dulden) heißen, wenn und insofern als der oder die Handelnden mit ihm einen subjektiven *Sinn* verbinden. ‚Soziales' Handeln aber soll ein solches Handeln heißen, welches seinem von dem oder den Handelnden gemeinten Sinn nach auf das Verhalten *anderer* bezogen wird und daran in seinem Ablauf orientiert ist." (Weber 2005: 1)

Webers Bestimmung, was Soziologie sein soll, ist ein Ausgangspunkt für die Entwicklung der Soziologie gewesen, zumindest insoweit sie sich als Handlungstheorie versteht. Dabei ist dann in einer Art handlungstheoretischer Übertreibung und Vereinseitigung – in Konzentration auf *Handeln* oder gar *Handlung* – übersehen worden, dass das Handeln aus dem Verhalten hervorgeht und nicht umgekehrt. „Der Mensch kann handeln und erkennen, aber er kann es nur im Rahmen eines biologisch vorstrukturierten Verhaltensraumes, und nicht außerhalb dessen." (Bühl 1982: 172)

Wir wollen versuchen, uns diese begrifflichen Unterscheidungen anhand von Beispielen klar zu machen: Mit Verhalten hat man es zu tun, wenn jemand schwitzt. Ein Handeln liegt vor, wenn der Schwitzende, sich eine Erfrischung zuführt, denn er verbindet mit seiner Handlung (er besorgt sich ein Getränk oder fächelt sich Frischluft zu) einen subjektiven Sinn. Wenn er sich nun dazu entschließt, ein Deodorant zu benutzen (damit seine Mitmenschen vor den unangenehmen Folgen der Transpiration verschont bleiben), dann können wir von sozialem Handeln sprechen.

In Webers klassischer Definition des sozialen Handelns ist die subjektive Sinnhaftigkeit des Handelns und die Orientierung an anderen Menschen zentral. Webers Betonung der Sinnhaftigkeit des sozialen Handelns findet seine Entsprechung in seinem Verständnis von Soziologie. Die Webersche Soziologie will eine *verstehende* sein. Ihr geht es darum, den Sinn zu rekonstruieren, den Handelnde mit ihrem Tun (und Nichtstun) verbinden. Dabei schließt Weber keineswegs aus, dass Soziologie nicht auch anders betrieben werden könnte. Ebenso wenig sagt er, dass sich die Soziologie nicht auch mit anderen Arten des Verhaltens befassen dürfe – wie etwa spontanen und irrationalen Prozessen, mit Nachahmung, unbewusster Beeinflussung und dergleichen, also Verhaltensweisen, die Weber jedoch nicht als soziales Handeln bezeichnen würde.

Nachdem also Max Weber *seine* Konzeption von Soziologie aufs Engste mit seiner Definition von sozialem Handeln verknüpft hat, fährt er fort zu fragen, wodurch soziales Handeln denn nun bestimmt sei. Und da liefert er eine typologische (genauer: idealtypische) Unterscheidung. Nach Weber gibt es *vier Arten des sozialen Handelns*; diese bezeichnet er als:

> (1) zweckrational; (2) wertrational; (3) affektuell; (4) traditional.

Das kann man sich wie folgt vorstellen:

(1) *Zweckrationales* Handeln ist abgestimmt auf gesetzte oder erstrebte Zwecke oder Ziele. Die Planung und Durchführung der Handlung erfolgt nach einem Zweck-Mittel-Schema. Das heißt, Handlungsalternativen und -mittel werden auf einen oder mehrere Zwecke bezogen. Dabei werden dann auch die Handlungen anderer Handelnder in den individuellen Zweck-Mittel-Zusammenhang mit einbezogen. Im Mittelpunkt der Überlegungen des Handelnden steht nicht die Sinnhaftigkeit des Handlungsziels als solchem, sondern die Zweckdienlichkeit bestimmter Handlungsmöglichkeiten im Hinblick auf das gesetzte Ziel. Ein konkretes Beispiel für zweckrationales Handeln ist der Bankverkehr, der ein zweckmäßiges Gefüge von Handlungen ist. Überhaupt ist die Wirtschaft ein exemplarischer Bereich, in dem nach zweckrationalen Gesichtspunkten gehandelt wird.

(2) *Wertrationales* Handeln ist bestimmt „durch bewussten Glauben an den – ethischen, ästhetischen, religiösen oder wie immer sonst zu deutenden – unbedingten *Eigenwert* eines bestimmten Sichverhaltens rein als solchen und unabhängig vom Erfolg" (Weber 2005: 17; Hervorh. ebd.). Beispiele hierfür wären das karitative Handeln oder Handeln aus einer unbedingten Pflicht.

(3) *Affektuelles* Handeln wird „durch aktuelle Affekte und Gefühlslagen" (Weber 2005: 17) bestimmt. Eine „Tätlichkeit im Affekt", eine Kaufentscheidung aus dem Bauch heraus wären Beispiele hierfür.

(4) *Traditionales* Handeln ist „durch eingelebte Gewohnheit" (Weber 2005: 17) bestimmt. Die Teilnahme an einer Jubiläumsfeier, das Begehen von rituellen Zeremonien liefern hierfür Anschauungsmaterial.

Max Webers Unterscheidung der vier Handlungsarten (er bezeichnet sie als „idealtypisch"; zum *Idealtypus* siehe unten im Kapitel 7 zu Webers *Bürokratiemodell*) ist eine analytische, vom Wissenschaftler oder Beobachter vorgenommene. Wenn Menschen handeln, folgen sie nicht unbedingt bewusst dieser Unterscheidung. Sie fragen sich nicht, ob sie zweckrational, wertrational, affektuell oder traditional handeln. In der Realtität ist es gar nicht einmal so einfach, die Grenzen zwischen den vier Handlungstypen klar zu ziehen. Eine Handlung kann auch aus unterschiedlichen Motiven hervorgehen. So kann die Überweisung einer weihnachtlichen Spende eine Handlung sein, die zum einen aus der wertrationalen Haltung christlicher Nächstenliebe entspringt, traditionell aber eben zur Weihnachtszeit erfolgt, einem ein gutes Gefühl verschafft und außerdem noch den zweckrationalen Effekt der steuerlichen Absetzbarkeit mit sich bringt. Um aber überhaupt Handlungen beschreiben und hinsichtlich unterschiedlicher Motivierungen bzw. Zielsetzungen differenzieren zu können, ist eine typologische Unterscheidung, wie sie Weber liefert, hilfreich.

Webers Ausgangspunkt ist der einzelne Handelnde. Gefragt wird nach dem Sinn oder der Orientierung des Handelnden. In seiner Definition spricht Weber auch davon, dass das Handeln in seinem Ablauf auf das Verhalten anderer bezogen sei. In Webers den Akteur in den Mittelpunkt stellenden Handlungsbeschreibung kommt aber die Dynamik, die in der gegenseitigen Abstimmung des Verhaltens der Akteure liegt, noch zu kurz. Dem Verständnis eben dieser Dynamik kommt man mit dem Begriff *soziale Interaktion* näher.

3.2 Soziale Interaktion, Kommunikation

Der Übergang vom Begriff des sozialen Handelns à la Max Weber zu dem der sozialen Interaktion ist fließend. Der wichtigste Unterschied ist, dass soziales Handeln stark der Vorstellung von einem Subjekt verhaftet bleibt, das das Handeln entwirft, sich am Handeln eines anderen orientiert, die Handlung durchführt und gewissermaßen „Herr" über die Handlungssituaion und sich selbst ist. Das Zentrum der Handlung ist das Handlungssubjekt, wird theoretisch gar in dessen Bewusstsein verortet. Handlungspartner und -situation werden als äußere Rahmenbedingungen behandelt. Demgegenüber legt der Begriff *soziale Interaktion* den Akzent von vornherein auf das „Dazwischen" der Akteure. Die soziale Interaktion hat nicht im Handlungssubjekt ihr Zentrum, sondern ist multizentrisch. Sie nimmt nicht vom einzelnen Akteur ihren Ausgang, sondern beruht auf dem „Inter" der Akteure, ist Resultat des „Wechselspiels" der Inter-Akteure. Soziale Interaktion ist ein gegenseitiges Aufeinanderabstimmen von Handlungen. Das Ergebnis der sozialen Interaktion ist nicht auf die Absichten des einzelnen Akteurs zurückzuführen und daher auch nicht vorhersehbar, wenn man „nur" den subjektiven Sinn kennt, den der einzelne Handelnde mit seinem Handeln verfolgt. Der Sinn entsteht erst durch Interaktion, wird „ausgehandelt" in der Interaktionssituation. Dabei ist auch gerade die „Situiertheit" der Interaktion für das Verständnis der sozialen Interaktion von Bedeutung. Die Situation beeinflusst die Interaktion, und umgekehrt wird die Bedeutung der Situation in und durch Interaktion herausgearbeitet.

Die Theorierichtung, in der gerade dies thematisiert und analysiert wird, ist der *Symbolische Interaktionismus* (Blumer 1973). Soziologen, die dem Symbolischen Interaktionismus nahe stehen, zeigen, wie soziale Handlungen oder eben Interaktionen miteinander verzahnt, vernetzt und verwoben werden. Dabei können in diesem Interaktionsgefüge auch Interaktionssequenzen und -strukturen festgestellt werden. Typischerweise haben sich aber die Interaktionisten verstärkt für den Prozess- und Herstellungscharakter, für das *„doing"* der Interaktion interessiert.

Eine Spezialität in der *interaktionistischen* Tradition der Soziologie ist die Gesprächs- oder *Konversationsanalyse* (Psathas 1995; Shotter 1993). Die oft sehr akribisch und detailliert durchgeführten Analysen von Gesprächen (mit fließenden Übergängen zur Linguistik und ihren Sprach- und Diskursanalysen) befassen sich mit Prozessen und Inhalten von *Kommunikation*. Auch wenn in der Soziologie nicht immer sauber zwischen *sozialer Interaktion* und *Kommunikation* unterschieden wird, kann der Unterschied dorch darin gesehen werden, dass der Begriff *Kommunikation* den Akzent auf die – verbale und/oder non-verbale – Mitteilung legt, die allerdings zumeist in und durch Interaktion erfolgt. *Kommunizieren* und *Kommunikation* beinhalten in ihrer Begriffsbedeutung das Miteinander, das Gemeinsame, das Miteinanderteilen im Prozess wie im Gegenstand der Übermittlung von „Botschaften".

Das breite Spektrum von Produktionsprozessen und -inhalten der Kommunikation, ihrer Bedingungen, Funktionen und Wirkungen wird von der *Kommunikationswissenschaft*, einer der Soziologie benachbarten Sozialwissenschaft, untersucht. Auch in der Soziologie taucht *Kommunikation* als Gegenstand der Gesellschaftsanalyse bzw. als angeblich charakteristisches Merkmal der gegenwärtigen Gesellschaftsentwicklung auf, wenn – allerdings ohne *Kommunikation* zu definieren – von der „Dialektik der Kommunikationsgesellschaft" die Rede ist (Münch 1991).

Im Übergangsbereich zwischen soziologischer Theorie und philosophischer Sozialtheorie wird *Kommunikation* bzw. *kommunikatives Handeln* spezifischer gefasst und philosophisch unterfüttert. So konzipiert Jürgen Habermas (1981) in seiner vielbeachteten „Theorie des kommunikativen Handelns" das *kommunikative Handeln* als ein Handeln, das auf Verständigung abzielt und sich so von anderen Arten des Handelns maßgeblich unterscheidet. Hier wird der Begriff *Kommunikation* sprachphilosophisch abgeleitet und normativ aufgeladen und kann sodann als Bezugspunkt für eine kritische Analyse der Gesellschaft dienen.

Wenn also auch in der Soziologie der Begriff *Kommunikation* Verwendung findet – in Konversationsanalysen, Analysen der Institutionen der Massenkommunikation, bei der Beschreibung gesellschaftlicher und kultureller Entwicklungen der „Kommunikationsgesellschaft", in der *Kritischen Theorie* der Gesellschaft und als mit „Handlung" konkurrierender Grundbegriff in der *Systemtheorie* Niklas Luhmanns (1984: 191-241) –, so ist doch in der Soziologie traditionell und insgesamt häufiger von *sozialer Interaktion* die Rede.

3.3 Eine Begegnung (*encounter*) und das Problem der doppelten Kontingenz

Handeln, Interaktion und Kommunikation ist gemeinsam, dass in ihnen Sinn (oder „Information" oder eine „Botschaft") übermittelt wird. Versuchen wir uns mit Hilfe eines Beispiels klar zu machen, wie sich das in der Realität abspielen mag, welche Probleme damit verbunden sein mögen! Wir können dabei auch Bekanntschaft mit weiteren soziologischen Begriffen machen, die der „Klärung" von sozialen Handlungssituationen dienen.

Das folgende Beispiel ist eine Begegnung (*encounter*). Interaktionisten haben solche Situationen wiederholt beschrieben. Erving Goffman (1922-1982), der wohl bedeutendste und interessanteste der dem Symbolischen Interaktionismus nahestehenden Soziologen, unterscheidet zwischen *unfocused* und *focused interaction* (Goffman 1961a). Bei der *unfokussierten Interaktion* handelt es sich um mehr oder weniger beiläufige Interaktionen, bei denen sich die Interakteure zwar der Gegenwart anderer bewusst sind, sich aber nicht auf sie konzentrieren. Unfokussierte Interaktionen finden typischerweise an öffentlichen Plätzen statt (Goffman 1963). Um *fokussierte Interakti-*

on handelt es sich, wenn ein Akteur die Aufmerksamkeit auf ein anderes Individuum konzentriert und sich an es wendet. Goffman (1961a) nennt eine Einheit fokussierter Interaktion *encounter* (Begegnung).

In unserer Begegnungssituation sitzt ein Akteur (nennen wir ihn Martin) in einem Café. Er sieht eine junge Dame (sie heißt Marina) am Nachbartisch sitzen und, da er sie attraktiv findet, möchte er mit ihr ins Gespräch kommen. (Hier handelt es sich um eine Mischung aus zweckrationalem und affektuellem Handeln). Gerade die Eröffnungszüge *(openings)* in Begegnungen sind riskant und interessant, entscheiden sie doch häufig über den Fortgang der Begegnung und der sich aus ihr möglicherweise ergebenden Interaktionen. Für Martin besteht nun das Problem darin, dass er zwar Vorstellungen hat, was für ihn in dieser Situation Sinn machen würde, dass er aber nicht weiß, welchen Sinn Marina mit der Situation verbindet, welchen Sinn sie dem Handeln Martins zuschreibt und welchen Sinn sie mit ihrem eigenen Handeln verfolgt. Das „Problem" liegt hier offensichtlich in den nicht ganz klaren *Erwartungen*. Oder genauer und technischer ausgedrückt: es geht um das Problem der *doppelten Kontingenz* (vgl. Luhmann 1971: 62ff.; Parsons & Shils 1951: 16).

Kontingenz bezeichnet zunächst Abhängigkeit und somit Bestimmtheit eines Sachverhalts oder einer Situation, meint ferner aber auch, dass der Sachverhalt bzw. die Situation anders sein könnte, als sie gerade ist. Aus der Sicht eines Akteurs (Ego) ist die Situation erstens kontingent, da Ego Erwartungen hinsichtlich des Verhaltens des anderen Akteurs (Alter) hat, aber nichts über die Handlungsabsichten von Alter weiß. Marina kann sich anders verhalten, als Martin es erwartet. Er weiß nicht, wie sie reagieren wird, wenn er sie anspricht. In Gedanken spielt Martin vielleicht verschiedene Möglichkeiten des Erwartbaren durch. Er sucht Anhaltspunkte für die Wahrscheinlichkeit der von ihm erwarteten alternativen Reaktionen, die von Marina kommen könnten. Dabei verlässt sich Martin möglicherweise auf seinen Erfahrungsschatz, oder er folgt spontanen Intuitionen. Durch sein Wissen, wie junge Damen normalerweise in ähnlichen Situationen handeln, versucht Martin die erste Kontingenz kleinzuarbeiten. Gleichwohl, es bleibt Unsicherheit, denn die unbekannte Dame könnte ihn ja überraschen. Eine zweite Kontingenz kommt durch die *Erwartungserwartung* zustande. Martin hat nicht nur Erwartungen, wie sich sein Gegenüber verhalten wird, sondern hat auch Erwartungen hinsichtlich der Erwartungen, die Marina ihrerseits haben mag. Er fragt sich, ob Marina vielleicht erwartet, dass er sie anspricht, und er versucht natürlich ihr Verhalten auf Zeichen und Gesten hin zu beobachten (zu „checken", wie Martin womöglich sagen würde), die ihm Aufschluss über ihre Erwartungen geben könnten: Lassen sich ihre Blicke in seine Richtung und die Handbewegungen, mit denen sie sich durchs Haar streicht, so verstehen, dass sie von ihm erwartet, dass er nun Anstalten macht, sie anzusprechen? – Für Marina stellt sich diese Erwartungsproblematik natürlich in reziproker Weise.

So beschrieben, erscheint die Situation in dem Café kompliziert. Im wirklichen Leben gelingt es Martin und Marina vielleicht rasch und problemlos, die Erwartungen bezüglich des Handelns sowie der Erwartungen des Anderen zu klären. Doch prinzipiell und strukturell ist die Problematik der *doppelten Kontingenz* typisch für soziales Handeln und soziale Interaktionen. Wenn wir, um in unserem Beispiel zu bleiben, Martin und Marina länger beobachteten, könnten wir vielleicht feststellen, dass sie in der Situation des Ins-Gespräch-Kommens recht schnell die Verhaltenserwartungen und Erwartungserwartungen klären. Aber das Problem der doppelten Kontingenz könnte schon wenig später wieder auftauchen, wenn das Gespräch abgeschlossen wird oder aber weitere Handlungen angeschlossen werden, wenn etwa die Frage ansteht, ob man sich verabreden soll, ob Martin Marina nach Hause bringen, sie ihn noch auf einen Drink in ihre Wohnung einladen soll, und so fort.

Diese ganze Geschichte, die sich zwischen Martin und Marina entwickelt (oder auch nicht entwickelt), ist also eine Geschichte sozialer Interaktion (wenn auch nicht ausschließlich eine solche; ein Verhaltensbiologe würde die „story" etwas anders erzählen). Die Geschichte ist eine Serie von Unsicherheiten und Unwägbarkeiten. Soziales Handeln und soziale Interaktionen sind riskant und theoretisch kompliziert. Glücklicherweise stehen in der Lebenspraxis den Handelnden Möglichkeiten zur Verfügung, sich die Sache etwas einfacher zu machen. In unserem Beispiel können bestimmte unmissverständliche Gesten die Sache entkomplizieren. Aber die Gesten wollen auch richtig gedeutet sein. Tradition, das Repertoire an Gesten, das eine Kultur bereithält, mag da eine Hilfe sein: In adligen und bürgerlichen Kreisen war es früher einmal üblich, dass Damen durch das Fallenlassen eines Taschentüchleins potentiellen Bewerbern einen Wink gaben. In unserem Beispiel, das sich in einem für heutige Zeiten typischen Lokal abspielt, täte Martin gut daran, es nicht als eindeutige Aufforderungsgeste zu interpretieren, wenn einer Dame am Nachbartisch ein Papiertaschentuch zu Boden fällt. Gesten und Zeichen können eben uneindeutig sein, und je größer die kulturellen Unterschiede zwischen Akteuren sind, desto größer ist das Risiko des Missverständnisses von kulturabhängigen Zeichen.

3.4 Soziale Rollen

Das dargestellte Beispiel, das das Problem der *doppelten Kontingenz* illustrieren sollte, bezieht sich auf eine relativ schwach strukturierte Situation. In solchen Situationen gibt es gewisse Regelmäßigkeiten, doch nicht unbedingt eindeutige Regeln, an die man sich problemlos halten könnte. Situationen unterscheiden sich, je nachdem wie klar und verlässlich die verfügbaren Orientierungshilfen und -vorgaben sind. In stark strukturierten Situationen löst die Gesellschaft (bzw. ihre Regeln) das Problem der doppelten Kontingenz für die Handelnden, indem sie *Schemata* anbietet (oder sogar aufzwingt), an die sich die Akteure in ihrem Handeln halten können (oder sogar müssen). Nehmen wir etwa folgende Situation zur Verdeutlichung: Ludwig betritt ein Restaurant. (Anders als Martin im vorigen Beispiel, richtet Ludwig den Blick nicht auf irgendwelche einsamen Damen an Nachbartischen.) Auch hier haben wir es mit einer sozialen Situation und mit Möglichkeiten des sozialen Handelns zu tun. Wenn nun aber Ludwig bei jeder Handlung erst klären müsste, was er von seinen Interaktionspartnern (dem Geschäftsführer, Oberkellner, Kellner, der Garderobiere, der Toilettenfrau, womöglich dem Koch, Tellerwäscher, Zeitungsverkäufer usw.) erwarten kann, und wenn er sich über die Erwartungen, die er hinsichtlich der Erwartungen der Anderen hegt, erst einmal bewusst

Klarheit verschaffen müsste, dann wäre zu befürchten, dass Ludwig überhaupt nicht zum Essen käme. In diesem Beispiel treten nun aber nicht irgendwelche unbestimmte Andere dem Ego gegenüber, sondern *Rolleninhaber*, und Ludwig handelt als Gast selbst gemäß einer *sozialen Rolle*.

Durch soziale Rollen werden die Unsicherheiten, die sich auf Grund der doppelten Kontingenz in Handlungssituationen ergeben, verringert. Die soziale Begegnung von Ego und Alter wird durch Rollen strukturiert und – wechselseitiges Rollenverständnis vorausgesetzt – erleichtert. Der Gast weiß eben, was er vom Personal des Restaurants erwarten kann, und umgekehrt. Probleme können hier freilich im Detail, d.h. in der Feinheit der Erwartungsstruktur auftauchen: Es gibt verschiedene Typen von Gästen mit unterschiedlichen Ewartungen, über die sich das Personal Klarheit verschaffen muss. Dem Gast stellen sich Interpretationsprobleme bei der Frage nach der Höhe des angemessenen Trinkgeldes. Doch der Großteil der sozialen Interaktionen im Restaurant verläuft erwartbar und unproblematisch. Dass dem so ist, liegt an Schemata, die der Situation Struktur verleihen und somit den Handelnden die Orientierung erleichtern – vorausgesetzt, die Handelnden sind mit diesen Schemata vertraut.

Eine Art von Schemata sind *Skripts* (Drehbücher) (Schank & Abelson 1977), die mehr oder weniger feststehende dramaturgische Vorgaben für die Handlungsabläufe darstellen. So wie sich der Darsteller einer Rolle im Film an einem Skript orientiert, so halten sich auch die Rollenspieler im „gewöhnlichen Leben" mehr oder weniger an „Drehbücher", die allerdings selten in schriftlicher Form vorliegen, als vielmehr in den Köpfen existieren. Auch bereits vor oder unterhalb der eigentlichen Handlungsebene existieren Schemata, die zur Vorsortierung von Handlungsmöglichkeiten dienen, so etwa räumliche Anordnungen, die Orientierungshilfe bieten und Verhalten kanalisieren. In Restaurants beispielsweise werden solche räumlichen Strukturierungen durch entsprechende Raumaufteilungen (Eingangsbereich, Garderobe, Wartezone, Bar, Anordnung der Tische etc.) geschaffen. In Selbstbedienungsrestaurants werden durch räumliche Vorgaben die Interaktionen zwischen Gast und Personal noch weitergehend strukturiert, am stärksten in sogenannten „drive in"-Etablissements, bei denen die Gäste in ihren Autos an Essensausgabeschaltern entlang geschleust werden. Auch „Skripts" wie die Speisekarte und das daraus ersichtliche Preisniveau sind geeignet, das Problem unklarer Erwartungen zu verringern.

Schemata, welche speziellere Handlungssituationen strukturieren, sind Rollen. An ihnen können sich die Handelnden orientieren, und sie können helfen, die mit der doppelten Kontingenz verbundenen Unsicherheiten zu verringern. Entsprechend hat auch der Begriff *soziale Rolle* eine prominente Bedeutung in der Soziologie. In der Soziologie verbindet sich mit dem Rollenbegriff eine respektable Begriffsgeschichte, und es gibt eine ganze Theoriesparte, die sich *Rollentheorie* nennt. Eingeführt wurde der Rollenbegriff von dem amerikanischen Kulturanthropologen Ralph Linton (1893-1953) in seinem Werk *Study of Man* (1936).

Eine soziale Rolle steht in Beziehung zu einer *sozialen Position*. Im gesellschaftlichen Gefüge nehmen Menschen unterschiedliche, zum Teil auch hierarchisch voneinander geschiedene Positionen ein. Von einem Positionsinhaber erwarten die Personen, die mit ihm zu tun haben, bestimmte Verhaltensweisen. Die Summe dieser Erwartungen macht die soziale Rolle aus. Die Rolle ist sozusagen der dynamische Aspekt der Position: das, was der Positionsinhaber durch sein Handeln zeigt. Oft wird *Position* mit *Status* gleichgesetzt. Genauer ist aber Status nicht das Gleiche wie Position, sondern meint die Bewertung, die der Position durch die Gesellschaft zuteil wird. Verdeutlichen wir uns die Begriffstrias Position, Status und Rolle an einem Beispiel!

Das Richteramt bezeichnet eine soziale Position mit einem bestimmten Status. Die Position bestimmt sich durch Abstand bzw. Nähe, Über- oder Unterordnung zu anderen Positionen, sowohl innerhalb des Rechtssystems (Staatsanwalt, Rechtsanwalt) wie auch in Bezug auf Positionen in anderen Institutionen (Polizei, Politik, Wissenschaft). Der Position des Richters kommt ein bestimmter Status zu, in unserer Gesellschaft ein ziemlich hoher. Kraft Amtes hat die Position des Richters wenig zu tun mit dem konkreten Individuum, das als Richter auftritt. Das Individuum ist „Platzhalter" oder „Inhaber" der Position und zugleich einer Rolle, die unabhängig von ihm existieren. Vom Richter erwartet man, dass er sich seiner Rolle entsprechend verhält.

Im Rahmen der Rollenvorgaben, von denen – wenn überhaupt – nur ein geringer Teil schriftlich fixiert ist, hat der Rolleninhaber Freiräume, doch den Rahmen darf er nicht überschreiten, wenn er nicht „aus der Rolle fallen" will. Dem Rolleninhaber wie auch den Personen, die mit ihm zu tun haben, bietet die Rolle ein Schema zur Hand, das Erwartungen, Handlungen und Interaktionen strukturiert und berechenbar macht. Die Handlungsräume, die sich dem Rolleninhaber bieten, bzw. die Erwartungen, die an ihn gerichtet werden, unterscheiden sich hinsichtlich ihrer Strenge bzw. ihres Verpflichtungsgrades. So kann man *Muss-, Soll-* und *Kann*-Erwartungen unterscheiden (Dahrendorf 1958). Muss-Erwartungen sind zu erfüllen und sind zumeist gesetzlich verankert. Soll-Erwartungen sind weniger unbedingt verpflichtend, ihre Erfüllung ist aber doch stark geboten; sie können in Ausführungsbestimmungen niedergelegt sein. Kann-Erwartungen hingegen sind nicht kodifiziert, sondern relativ locker und unverbindlich. Im Beispiel: Ein Richter muss bestimmten Gesetzen gehorchen. Er soll einen beruflichen Sitten- und Verhaltenskodex erfüllen, und er kann sich besonnen, verständig und freundlich zeigen.

Bei Rollen, die mit so strukturierten Positionen wie dem Richteramt verbunden sind, mag die Unterscheidung von Muss-, Soll- und Kann-Erwartungen relativ leicht zu treffen sein. Das liegt daran, dass sie Teil eines institutionellen Gefüges sind, das hochgradig normiert ist. Bei anderen Rollen, wie etwa der Rolle des Kellners, wird die Unterscheidung weniger klar zu treffen sein, bzw. dort ist sie an rechtliche Vorgaben weniger starr gebunden. Qua Gesetz muss der Richter Urteile fällen. Der Kellner ist aber nicht gesetzlich verpflichtet, Gäste zu bedienen; nach landläufigem Verständnis und dem Selbstverständnis des Gaststättengewerbes sollte er das freilich tun. In der Regel wird das im Rollenverständnis des Kellners kein Problem darstellen. Dass der Kellner alle Gäste gleich zuvorkommend behandelt (oder wenigstens alle gleichermaßen schlecht), ist eine weitere Soll-Erwartung. Dass sich der Kellner besonders freundlich und am persönlichen Wohlbefinden des Gastes interessiert zeigt, ist schon eher eine Kann-Erwartung. Ob solche Kann-Erwartungen an den Kellner herangetragen werden und ob bzw. wie er diesen Erwartungen entspricht, mag aber gerade das Entscheidende im Rollenverhalten des Kellners sein und auch den entscheidenden Unterschied im Preis seiner Dienstleistung und beim Trinkgeld, das der Kellner erwarten darf, ausmachen. Für Karriere und Besoldung eines Richters dürften die weichen und nicht aktenmäßigen Kann-Erwartungen weniger wichtig sein.

Ein und dieselbe Berufsrolle mag je nach organisationalem Kontext in unterschiedlichem Maße fixiert sein. Amerikanische Fast-Food-Ketten beispielsweise haben Handbücher, die genau festlegen, wie sich ein Hamburger-Verkäufer zu verhalten hat. In anderen Restaurants ist es hingegen wichtiger, dass der Rolleninhaber nicht stur dem Skript folgt, sondern seine Rolle individuell ausfüllt, ihr eine persönliche Note gibt. Diese mag gerade Teil dessen sein, was der Gast vom Kellner erwartet.

Die Beispiele zeigen, dass Rollen den individuellen Akteuren vorgegeben, an soziale Positionen und nicht an bestimmte Personen gebunden sind. Das schließt allerdings nicht aus, dass ein individueller Akteur „seiner" Rolle einen unverwechselbaren Stempel aufprägt. Die Rolle des deutschen Bundespräsidenten beispielsweise wurde von der Persönlichkeit des jeweiligen Amtsinhabers in starkem Maße geprägt, und für vergleichbare Rollen singulärer Art, die sozusagen immer nur einfach besetzt sind, gilt das in ähnlicher Weise. Wenn auch von Individuen gestaltet, sind Rollen aber Teil einer umfassenderen Struktur, sei es einer (1) Beziehungs- oder Gruppenstruktur, (2) eines komplexeren Gefüges von aufeinander bezogenen Rollen oder (3) einer Institution. Beispiele für den ersten Fall wären Rollen wie Vater, Mutter, Kind; Hausfrau und Versorger; „Verehrer" und „Angebetete"; „Führer" und „Geführte". Für die zweite Kategorie wären das Rollenpaar Arzt und Patient oder die Positionen bzw. Rollen der Spieler in einer Fußballmannschaft Beispiele. Bei der dritten Art von Rollen wäre an solche zu denken, wie sie in einer Institution oder Organisation verteilt sind, also etwa die Rollen im Rechtssystem, die einzelnen Rollen in einem Unternehmen oder die Vielzahl der Rollen in der Wirtschaft oder der Politik. Wie die Beispiele zeigen, hat man es sowohl umgangssprachlich als auch in der Soziologie mit inhaltlich und begrifflich unterschiedlichen Arten von Rollen zu tun.

Ralph H. Turner, einer der prominentesten Rollentheoretiker, unterscheidet vier Typen von Rollen: (1) *basic roles*, die mit Geschlecht, Alter und sozialer Schichtzugehörigkeit verbunden sind; (2) *position or status roles*, die von Positionen in Organisationen abhängen, wie etwa Berufsrollen; (3) *functional group roles*, die sich in Folge informeller Verhaltensmuster spontan ergeben („Führer", „Geführter", „Berater", „Vermittler", „Advocatus diaboli"); und (4) *value roles*, die ebenfalls spontan auftreten, aber an stark (positiv oder negativ) bewertete Identitäten geheftet sind, wie etwa „Held", „Heiliger" oder „Schurke" (R. Turner 2001: 234). Hinzuzufügen wäre noch, dass Psychologen und Psychotherapeuten von Rolle auch im Sinne der von ihnen untersuchten Psychodramen sprechen und es mit Rollen wie „Opfer", „Täter", „Peiniger", „Belohnender", „Bestrafer", „Sündenbock" etc. zu tun haben.

Die diversen Ansätze und Theorien, die mit dem Rollenbegriff arbeiten, kann man grob in zwei Richtungen unterscheiden. Die eine sieht die soziale Rolle eher als vorgegebenes und von gesellschaftlichen Bedingungen abhängiges Orientierungs- und Verhaltensmuster. In dieser Sichtweise ist dann soziales Handeln von Rollen bestimmt, die ihrerseits in ein Gefüge gesellschaftlicher Strukturen und Funktionen eingebunden sind. Die andere Richtung der Rollentheorie, die *interaktionistische* und/ oder *dramaturgi-*

sche betont hingegen, dass Rollen durch Handeln und Interaktion überhaupt erst geschaffen werden. In dieser Perspektive rücken die Dramaturgie des Rollenspiels, die Interpretationen, Gestaltungen und Veränderungen der Rollen durch die Akteure in den Mittelpunkt der Aufmerksamkeit. Repräsentativ für die erste Sichtweise ist die Rollentheorie, wie sie im Rahmen der *strukturfunktionalistischen* Soziologie entwickelt wurde. In dieser in den 50er und 60er Jahren des 20. Jahrhunderts in den USA dominierenden soziologischen Theorierichtung werden Rollen im Zusammenhang mit *sozialen Normen* und *Werten* betrachtet.

3.5 Werte und soziale Normen

Werte sind Teil der Kultur. Sie drücken allgemeine Präferenzen und Zielsetzungen aus, die in einer Gesellschaft für einen Großteil der Menschen Geltung haben. Werte geben dem Verhalten Orientierung, motivieren es und liefern Maßstäbe zu seiner Beurteilung (vgl. Bühl 1998: 49-51). Beispiele wären: Freiheit, Solidarität, Gerechtigkeit, Menschenrechte, Sicherheit, Schutz von Natur, Leben und Umwelt, Selbstverwirklichung, Glücksvorstellungen.

Werte sind meistens sehr allgemein gehalten. Obwohl Appelle an bestimmte, für die Gesellschaft zentrale Werte im allgemeinen auf breite Zustimmung stoßen, ist unterhalb dieses Konsens oft gar nicht klar, was genau mit den jeweiligen Werten gemeint ist. Auf welchem Wege und mit welchen Mitteln diese Werte anzustreben und zu verwirklichen sind, darüber bestehen möglicherweise sehr unterschiedliche oder auch gegensätzliche Vorstellungen. Damit nun aber im sozialen Leben Werte wirksam werden und dass sie in sozialen Situationen konkretisiert und sozusagen in Handlungsanweisungen übersetzt werden können, dafür sind *soziale Normen* hilfreich.

Eine *soziale Norm* ist ein Bündel von Erwartungen, die an die Mitglieder einer Gruppe oder Gesellschaft seitens der Gruppe oder Gesellschaft gerichtet werden. Diese Erwartungen sind aber nicht „Privatangelegenheit" der Individuen, sondern haben eine gewisse Regelhaftigkeit und Verbindlichkeit.

> „Eine soziale Norm ist eine durch soziale Sanktionen abgestützte Richtschnur des Handelns, wobei die Sanktionen entweder negative Sanktionen sind, die Bestrafungen für Regelverletzungen beinhalten, oder positive, die Belohnungen für exemplarische Regelbefolgungen zum Inhalt haben." (Goffman 1982: 138)

Im Unterschied zu Werten beziehen sich soziale Normen meistens bereits auf eine Verhaltenssituation und zeigen mehr oder weniger konkret auf, welches Verhalten in einer Situation angebracht ist. Die Strenge der Gültigkeit einer sozialen Norm lässt sich daran erkennen, wie stark die negativen Sanktionen (im Falle der Nichtbeachtung der Norm) ausfallen. Man kann sagen, dass Werte durch Normen in konkrete Handlungserwartungen übersetzt und Normen wiederum durch Rollen in Handlungen umgesetzt werden. Verdeutlichen wir uns dies mit zwei Beispielen:

(1) Gleichberechtigung der Menschen, unabhängig von Rasse oder Geschlecht, ist ein Wert, der in demokratischen Gesellschaften Gültigkeit beansprucht. Damit

dieser Wert „gelebt" wird, bedarf es sozialer Normen wie etwa, dass Diskriminierung nicht geduldet und daher zu bekämpfen ist und dass der Zugang zu sozialen Positionen Bewerbern zu öffnen ist, unabhängig von ethnischer Zugehörigkeit und Geschlecht. Spezielle Rollen, etwa die der Ausländer- und Frauenbeauftragten, erhalten vor diesem normativen Hintergrund Sinn.

(2) Der Lehrer-Rolle entsprechen bestimmte soziale Normen, welche die Erziehung und die Vermittlung und Überprüfung von Wissen regeln. Der Wert, der diesen Normen sowie der Lehrer-Rolle zugrunde liegt, ist Bildung – im Sinne von Wissens- wie Persönlichkeits- und Menschenbildung.

Werte, soziale Normen und *soziale Rollen* sind also Phänomene bzw. Begriffe, die aufeinander verweisen. Zusammen bieten sie Orientierung für die Handelnden. In den Handlungssituationen sind sie Vorgaben für das, was Max Weber den „subjektiv gemeinten Sinn" des Handelns bezeichnet hat. Zum einen richtet sich der Handelnde – mehr oder weniger – nach diesen Vorgaben, und zum anderen versucht man Handlungen zu verstehen, indem man sie im Hinblick auf Werte, Normen und Rollen interpretiert. Nun könnte die Gesellschaft reibungslos funktionieren, wenn Rollen, Normen und Werte stabil und in sich konsistent und miteinander nahtlos und widerspruchsfrei verbunden wären. Dies ist aber in der Realität selten der Fall. Auf allen drei Ebenen – Rollen, Normen und Werte – ist mit Inkonsistenzen, Konflikten und Veränderungen zu rechnen. Die Rollentheorie trägt dem mit ihrem unverzichtbaren Begriff *Rollenkonflikt* Rechnung.

3.6 Rollenkonflikt, Rollendistanz und Rollenwandel

Menschen sind Inhaber nicht nur einer, sondern mehrerer Rollen. Somit verfügen sie über eine *Rollenkonfiguration*. Mit den unterschiedlichen Rollen verbinden sich unterschiedliche „Skripts", Erwartungen, Normen und Werte. Zwischen den verschiedenen Rollen kann es daher zum *Inter-Rollen-Konflikt* kommen. Ein klassisches Beispiel ist der Rollenkonflikt zwischen Vater- und Lehrer-Rolle. Um ein extremes Beispiel anzuführen: Die Rollen des Richters, Henkers und Seelsorgers sind sehr unterschiedlich, und verständlicherweise wird man in einigermaßen differenzierten Gesellschaften die „Zumutungen" dieser Rollen auf unterschiedliche Personen verteilen. Doch auch ein Henker kann die Rollen des Ehemanns und Vaters ausüben, dürfte aber Konflikte zwischen dem gnadenlosen Henkeramt und den familialen Rollen erleben, von deren Inhaber doch auch ein Mindestmaß an Verständnis und Zuneigung erwartet wird.

Aber auch innerhalb nur *einer* Rolle gibt es verschiedene Rollenelemente, die zwar zu einem *role set* (Merton 1957) zusammengefasst sind, die aber auf Grund der unterschiedlichen Erwartungen, die von diversen Bezugspersonen an den Rolleninhaber gerichtet werden, in Widerspruch oder Konkurrenz zueinander geraten können. Hier spricht man dann von einem *Intra-Rollen-Konflikt*. Zum Beispiel kann ein Professor, von dem die Erfüllung von Aufgaben in Lehre, Forschung und Verwaltung erwartet wird, in solch einen Konflikt geraten.

Die Existenz von Rollenkonflikten zeigt, dass auch Rollen keine rundum gesicherten, stabilen und reibungslosen Handlungen und Interaktionen gewährleisten. Trotz der Thematisierung von Rollenkonflikten wird in der Rollentheorie *strukturfunktionalistischer* Spielart das Rollenverhalten als Teil eines relativ stabilen, normativ geregelten, strukturierten Gesellschaftsgefüges angesehen, und die Rolleninhaber werden als Ausführende von Fuktionen betrachtet, die sich aus sozialen Positionen ergeben. Diese Sichtweise verleiht dem Rollenbegriff bzw. dem Phänomen des Rollenverhaltens eine gewisse Starrheit.

Wesentlich flexibler und dynamischer werden der Rollenbegriff und das Rollenspiel in *interaktionistischen* und *dramaturgischen* Rollentheorien vorgestellt (R. Turner 2001). In dieser Perspektive wird deutlich, dass Flexibilität und Kreativität erfolgreiches Rollenspiel überhaupt erst ermöglichen. In sozialen Situationen übernehmen Menschen Rollen nicht schematisch, sondern gestalten sie mit, verändern sie teilweise oder distanzieren sich von ihnen. Den Begriff *Rollendistanz (role distance)* hat Erving Goffman (1961a / 1973) geprägt. Zur Veranschaulichung, was unter Rollendistanz zu verstehen ist, verwendet Goffman das Beispiel eines Chirurgen. Ein Chirurg hat eine hochgradig spezialisierte und professionalisierte Rolle auszufüllen. Beim Operieren hängt vom ernsthaften und engagierten Ausfüllen dieser Rolle immerhin Menschenleben ab. Und doch ist bekannt, dass im OP innerhalb des medizinischen Teams gewitzelt und geflirtet wird. Solches Abstandnehmen von den ernsthaften Rollenerwartungen bedeutet keineswegs, dass der Chirurg sich von seiner Rolle verabschieden will, er macht sie nur erträglicher und kann somit den *Rollen-Stress (role strain)* (Goode 1960), d.h. die Belastungen, die mit der Rolle verbunden sind, in der Situation reduzieren. Durch Rollendistanz lässt sich Stress leichter bewältigen und die Aufgabe letztlich meistern.

Insbesondere beim Eintritt in eine und Austritt aus einer stresshaltigen Situation wie der medizinischen Operation werden Techniken der Rollendistanzierung angewandt, nicht nur in den Interaktionen innerhalb des medizinischen Teams, sondern auch bei den Interaktionen zwischen dem medizinischen Personal und den Patienten. Gerade zur Bewältigung von belastenden Situationen scheinen Techniken der Rollendistanzierung unverzichtbar. Aber auch wenn man Rollen spielt, die man als eigentlich unter seiner Würde erachtet (weil man sich dafür etwa zu alt oder zu kompetent fühlt), ist Rollendistanz ein gutes Mittel, sein Selbst vor Degradierung zu bewahren und trotzdem die Funktion, die der Rolle zugeschrieben wird, zu erfüllen. Rollendistanz eröffnet dem Rollenspieler einen „Spielraum von Freiheit und Manövrierfähigkeit" (Goffman 1973: 149), der dem Individuum und letztlich auch der Rolle – der mit ihr verbundenen Aufgabe sowie der Entwicklungsfähigkeit der Rolle – zugute kommt. Rollendistanz ist also eine Divergenz zwischen Rollenvorschrift und tatsächlichem Rollenverhalten, die aber keineswegs die Rolle in Frage stellt.

An den Ausführungen Goffmans zur Rollendistanz wird zweierlei deutlich: Erstens, Rollenspiel ist zwar dem Schema der Rolle verpflichtet, folgt diesem aber nicht unbedingt schematisch. Rollen werden nicht nur übernommen, sondern auch „gemacht", worauf Ralph Turner (1962) mit seiner Unterscheidung von *role making* und *role taking* hingewiesen hat. (Wie ja auch ein Schauspieler in seine Rolle mehr und anderes hineinlegt, als was er im Drehbuch als Text und Handlungsanweisung vorfindet.) In jeder Rolle sind auch Freiheitsgrade enthalten. Damit eine Rolle gut ausgefüllt wird, ist es oft erforderlich, dass diese Freiheitsgrade von den Rollenspielern auch in Anspruch genommen werden. Zweitens wird deutlich, dass Rollenspiel eine Interaktion ist zwischen dem Rollenspieler und den Inhabern anderer Rollen sowie dem Publikum. Die Tatsache, dass Individuen Rollen nicht wie Blaupausen benutzen, sondern Rollen „machen" und gestalten, und die daraus resultierende Dynamik des Rollenspiels ermöglichen dann auch den *Rollenwandel (role change)* (R. Turner 1990). Man denke nur an den Wandel, den zentrale Rollen wie Vater- und Mutterrolle in jüngeren historischen Abschnitten der Gesellschaftsentwicklung erfahren haben; oder an den Wandel der *gender roles*, der Rollen von bzw. als Mann und Frau in modernen Gesellschaften (Lopata 1994, 1999). Auch wenn solche historisch längerfristigen Veränderungen von Rollen im Zusammenhang stehen mit Veränderungen in den Institutionen und Organisationen der Gesellschaft, so vollziehen sie sich aber eben auch durch die Art und Weise, wie die Rolleninhaber ihre Rollenvorgaben in den alltäglichen Situationen sozialer Interaktion interpretieren und transformieren.

Wie dieses Kapitel gezeigt hat, ist soziales Verhalten und Handeln zwar mit Unsicherheiten verbunden, aber keineswegs zufällig und strukturlos. Schemata und Strukturen verleihen dem Verhalten Form, lassen es als berechenbar erscheinen, schließen aber Überraschungen und Veränderungen keineswegs aus. Diese Strukturen werden sozial, gesellschaftlich, vermittelt. Diese „Vermittlung" ist aber nicht so vorzustellen, als folgten die Individuen blind gesellschaftlichen Strukturvorgaben. Der Rollenbegriff beinhaltet ja nicht nur die Übernahme einer Rolle, sondern auch das Gestalten und Kreieren der Rolle, den spielerischen und mitunter distanzierten Umgang mit der Rolle. Die Verhaltensstrukturen werden in und durch Interaktion hergestellt, sind also auch ein Produkt der (Inter-)Akteure. Dass durch die Strukturen der Interaktion auch der (Inter-)Akteur bzw. sein Selbst erst geschaffen wird, ist im Begriff *Sozialisation* enthalten, dem das nächste Kapitel gewidmet ist.

Kapitel 4:
Sozialisation und das Selbst

Begriffe:

Sozialisation
Selbst, „I" und „me"
Signifikanter und verallgemeinerter Anderer, „play" und „game" (Mead)
Präsentation des Selbst, „impression management", „front/back stage" (Goffman)
Sozialität
Sozialisationsinstanzen
Drei Dimensionen der Sozialisation: kognitiv, motorisch, affektiv
Sexualität und Körperlichkeit
Primäre und sekundäre Sozialisation
Desozialisation, Resozialisation
Sozialisation im Lebenslauf
Berufliche Sozialisation, „midlife crisis"

Im Prozess der *Sozialisation* werden Menschen zu kompetenten Gesellschaftsmitgliedern. In der Sozialisation erlernen Menschen eine Sprache, erwerben eine Reihe von Fähig- und Fertigkeiten, erlernen Verhaltensweisen und eignen sich Wissen an. Zu all dem würden Menschen außerhalb der Gesellschaft nie gelangen.

Von Sozialisation ist oft – auch in der Soziologie – die Rede, als handle es sich hierbei um einen Vorgang, in dem die Gesellschaft die Individuen sozusagen einfängt und ihnen das Brandmal der Gesellschaftlichkeit einbrennt. Oft ist auch die Rede von der Internalisierung von Werten und Normen. Nun sollte man Sozialisation aber nicht so verstehen, als würde da einem (mehr oder weniger autonomen und „fertigen") Individuum von außen – der Gesellschaft – etwas aufgepfropft oder eingeimpft. Sozialisation ermöglicht überhaupt erst ein Selbst, eine Identität des Individuums. Sozialisation und Individualität bedingen sich gegenseitig.

4.1 Die Theorie von George Herbert Mead

Wie man den Sozialisationsprozess begreifen, mit welchen Begriffen man sich Sozialisation vorstellen kann, hat George Herbert Mead (1863-1931) schön gezeigt. In seinem 1934 postum von Charles W. Morris herausgegebenen Buch *Mind, Self, and Society* (dt.: *Geist, Identität und Gesellschaft*, 1975) wird eine Theorie der Identitätsbildung und zugleich der Sozialisation präsentiert. Mead bietet einen Ansatz, der deutlich macht, dass Sozialisation und Individuation zwei Seiten ein und derselben Medaille sind; dass also Individualität bzw. Persönlichkeit einerseits und Sozialität bzw. Gesellschaftlichkeit andererseits keine Gegensätze sind, sondern sich wechselseitig bedingen und ermöglichen. Die Ausführungen Meads haben zudem den Vorzug, dass sie uns eine Vorstellung davon vermitteln, wie Akteure Rollen übernehmen und Teil ihrer Identität werden lassen.

Mead fragt nicht: „Wie ist Gesellschaft möglich?"; er stellt vielmehr die Frage: „Wie kommen Menschen zu ihrer *Identität*, zu ihrem *Selbst* (*self*)?" (Im amerikanischen Original ist von „self" die Rede, was in der deutschen Ausgabe mit „Identität" übersetzt wird. Es empfiehlt sich aber von „Selbst" statt von „Identität" zu sprechen.)

Um ein Selbst zu haben, muss man sich selbst zunächst zum Objekt machen. Meads Zeitgenosse und Kollege Charles Horton Cooley (1864-1929) hat dafür das Bild vom „looking glass self" geprägt. In der Tat kann man bei Kleinkindern (auch bei Schimpansen) beobachten, wie sie über den Blick in den Spiegel sich selbst als Objekt wahrnehmen. Cooley meint mit seinem Begriff darüber hinaus aber auch, dass andere Menschen wie ein Spiegel fungieren, in dem man sich selbst erkennen kann. Durch die Blicke, mit denen mich die anderen anschauen, durch die Einstellungen, die sie mir gegenüber haben, lerne ich mich selbst kennen, entwickle ich so etwas wie ein Selbst. Bei Mead liest sich dieser Gedanke dann wie folgt:

> „Der Einzelne erfährt sich – nicht direkt, sondern nur indirekt – aus der besonderen Sicht anderer Mitglieder der gleichen gesellschaftlichen Gruppe oder aus der verallgemeinerten Sicht der gesellschaftlichen Gruppe als Ganzer, zu der er gehört. Denn er bringt die eigene Erfahrung als einer Identität oder Persönlichkeit nicht direkt oder unmittelbar ins Spiel, nicht indem er für sich selbst zu einem Subjekt wird, sondern nur insoweit, als er zuerst zu einem Objekt für sich selbst wird, genauso wie andere Individuen für ihn oder in seiner Erfahrung Objekte sind; er wird für sich selbst nur zum Objekt, indem er die Haltungen anderer Individuen gegenüber sich selbst innerhalb einer gesellschaftlichen Umwelt oder eines Erfahrungs- und Verhaltenskontextes einnimmt, in den er ebenso wie die anderen eingeschaltet ist." (Mead 1975: 180)

Der Einzelne befindet sich also in einer gemeinsamen Situation mit anderen. Die anderen nehmen ihn wahr, haben eine Sicht, eine Haltung („attitude") ihm gegenüber. Das Individuum übernimmt diese Haltung. Wie mich die anderen sehen, wird Teil meines Selbst. Mead bezeichnet diesen Teil des „self" als das „*me*".

Diese Hereinnahme der Sichtweise der anderen in das eigene Selbst geschieht durch die Kommunikation *signifikanter Gesten*. Unter „signifikanter Geste" versteht Mead eine Mitteilung, die im Adressaten die gleiche Reaktion auslöst wie im Sender. Sprachliche Mitteilungen haben diese Eigenschaft, aber auch auf der vorsprachlichen Ebene finden sich Beispiele für signifikante Gesten, etwa wenn der eine Interaktionspartner durch Gähnen sich und anderen anzeigt, dass er müde ist.

Mead macht mit Hilfe der Begriffe *play* und *game* deutlich, wie sich der Prozess der Rollenübernahme bzw. des „taking the attitude of the other" ab*spielt*. Kinder übernehmen in ihrem Spiel (*play*) das Verhalten von bestimmten Bezugspersonen (*signifikanten Anderen*). Sie tun so, als seien sie Mutter, Lehrer oder Polizist. Kinder lernen im Spiel sich als Objekte anzusprechen. Wenn ein Kind mit seiner Puppe spielt, spricht es sich selbst als Mutter an. Das Kind lernt ein anderer zu sein bzw. sich aus der Sicht von anderen zu betrachten.

Bei einer weiteren Stufe des Spiels, dem Wettkampf oder *game*, wird die Angelegenheit komplexer und anspruchsvoller. Hier genügt es nicht, dass das Kind die Haltung oder Rolle eines „signifikanten Anderen" übernimmt. Im „game" muss das Kind vielmehr „bereit sein, die Haltung aller in das Spiel eingeschalteten Personen zu übernehmen, und diese verschiedenen Rollen müssen eine definitive Beziehung zueinander haben" (Mead 1975: 193). Beim Baseball oder Fußball etwa genügt es nicht, sich nur die Rolle und die mögliche Reaktion eines bestimmten Spielers zu vergegenwärtigen. Es müssen in einer Spielsituation die Rollen und Reaktionen *aller* am Spiel Beteiligten präsent gemacht werden. Im Baseball gibt es Catcher, Pitcher, Batter; im Fußball Torwart, Libero, Vorstopper, Außenverteidiger usw. Diese Rollen bilden ein organisiertes Ganzes, die möglichen Reaktionen dieser Rollen sind aufeinander bezogen und der Einzelne ist Teil eines organisierten Ganzen. Des Einzelnen „Tun und Lassen wird durch den Umstand kontrolliert, daß er gleichzeitig auch jedes andere Mitglied der Mannschaft ist, zumindest insoweit, als diese Haltungen seine eigenen spezifischen Haltungen beeinflussen. Wir stoßen somit auf ein ‚anderes', das eine Organisation der Haltungen all jener Personen ist, die in den gleichen Prozess eingeschaltet sind." (Mead 1975: 196)

Und in diesem Zusammenhang führt Mead den Begriff des *verallgemeinerten Anderen* (*generalized other*) ein:

> „Die organisierte Gemeinschaft oder gesellschaftliche Gruppe, die dem Einzelnen seine einheitliche Identität gibt, kann ‚der (das) verallgemeinerte Andere' genannt werden. Die Haltung dieses verallgemeinerten Anderen ist die der ganzen Gemeinschaft. So ist zum Beispiel bei einer gesellschaftlichen Gruppe wie einer Spielmannschaft eben dieses Team der verallgemeinerte Andere, insoweit es – als organisierter Prozess oder gesellschaftliche Tätigkeit – in die Erfahrung jedes einzelnen Mitgliedes eintritt." (Mead 1975: 196f.)

Das, was Mead als „verallgemeinerter Anderer" bezeichnet, ist auf Universalität hin angelegt, tendiert zu einer immer weiteren Verallgemeinerung. Das heißt, im Grenzfall ist die Weltgesellschaft oder die Menschheit der verallgemeinerte Andere. Wenn nun aber Mead sagt, dass der verallgemeinerte Andere „in die Erfahrung jedes einzelnen Mitgliedes eintritt", stellt sich die Frage, wie es denn kommt, dass die Menschen nicht alle gleich und ihre Identitäten unterschiedlich sind.

Nun ist ja der Einzelne nicht nur Mitglied der sehr abstrakten und weitgespannten Sozialorganisation Gesellschaft oder der Menschheit. Jedes Individuum hat verschiedene Mitgliedschaften oder ist – im Bilde von Simmel (1992: 496-511) – eine besondere „Kreuzung sozialer Kreise". Somit hat jedes Individuum in seinem Selbst nicht nur ein *me*, d.h. eine Haltung eines verallgemeinerten Anderen ihm gegenüber, sondern mehrere *me's*, und ein anderes Individuum wiederum eine andere Vielzahl von *me's*. Dazu kommt nun aber noch ein anderes Moment, das eben auch zum Selbst gehört und dann dessen Individualität ausmacht: das von Mead so bezeichnete „*I*".

Das „*I*" ist die Komponente des Selbst, die auf das „*me*" reagiert. Das Selbst ist nicht nur das „me", besteht also nicht nur aus den in das Selbst hereingenommenen Haltungen der anderen. Das Selbst nimmt auch zum „me" Stellung, bewertet es, kann sich von ihm distanzieren. Und diese Reaktion auf das „me" erfolgt im „I", das die spontane, auch affektivere Komponente des Selbst darstellt.

> „Das ‚I' ist die Reaktion des Organismus auf die Haltungen anderer; das ‚me' ist die organisierte Gruppe von Haltungen anderer, die man selbst einnimmt. Die Haltungen der anderen bilden das organisierte ‚me', und man reagiert darauf als ein ‚I'." (Mead 1975: 218; „I" und „me" sind dort unschön übersetzt mit ‚Ich' und ‚ICH'.)

Das „I" steht für unmittelbare Erfahrung, die auch etwas Unberechenbares, Unabgeschlossenes und Offenes hat. Das Selbst insgesamt ist also keineswegs eine Kopie der Haltungen der anderen mir gegenüber, sondern hat durch das „I" auch Individualität und Freiheit. „Das ‚I' liefert das Gefühl von Freiheit, der Initiative" (Mead 1975: 221). „I" und „me" stehen in einem dialogischen Verhältnis zueinander und können nicht nur als Komponenten, sondern auch als Phasen des Selbst angesehen werden. Das Selbst ist demnach ein Prozess und nicht eine Substanz oder ein Ding.

> „Das Selbst ist nicht etwas, das zuerst existiert und dann in Beziehung zu anderen tritt. Es ist sozusagen ein Wirbel in der gesellschaftlichen Strömung und somit immer noch Teil dieser Strömung. Das ist ein Prozess, in dem sich der Einzelne ständig im vorhinein auf die für ihn relevanten Situationen einstellt und auf diese einwirkt. Somit wird das ‚I' und das ‚me', dieser Denkprozess, diese bewusste Anpassung, zu einem Teil des ganzen gesellschaftlichen Prozesses und ermöglicht eine viel höher organisierte Gesellschaft." (Mead 1975: 225; ebd. ‚Identität' statt ‚Selbst')

Anhand des letzten Zitats wird zweierlei deutlich: Erstens, die Gesellschaft ist auch auf diese aktiven Prozesse, in denen Menschen ihr Selbst entwickeln, angewiesen. Sozialisation und Individuation bedingen und benötigen einander. Zweitens zeigt das Zitat, dass Mead den Prozess des Selbst in erster Linie als *kognitiven* Prozess vorstellt, als Wahrnehmung, Bewusstsein, Denken: „Das Wesen der Identität ist ... kognitiv" (Mead 1975: 216).

Mit der Theorie Meads haben wir ein Modell zur Hand, mit dessen Hilfe wir uns vorstellen können, wie das Gesellschaftliche und das Individuelle zusammenhängen und wie sich das Selbst in der und durch die Gesellschaft entwickelt. Dass die Übernahmen von Selbstperspektive und Fremdperspektive Leistungen darstellen, denen bestimmte Mechanismen im Gehirn entsprechen, zeigt die moderne Hirnforschung (Roth 2003: 393f.), deren Erkenntnisstand Mead freilich noch nicht hatte, dem es aber darum ging, Denken und (Selbst-)Bewußtsein sowohl als biologische wie auch als soziale Prozesse darzustellen. Auf jeden Fall liefert Mead eine Theorie, mit der man den Prozess der Rollenübernahme im besonderen und der Sozialisation im allgemeinen plausibel machen kann. Natürlich ist auch diese Theorie – wie jede – ergänzungsbedürftig und ausbaufähig, und so wurden in der an Mead anschließenden *symbolisch-interaktionistischen* Soziologie und Sozialpsychologie die Meadschen Begriffe aufgegriffen und weiterentwickelt.

4.2 Die Präsentation des Selbst (Erving Goffman)

In der auf Mead zurückgehenden soziologischen Tradition des *Symbolischen Interaktionismus* steht auch Erving Goffman. In seinen zahlreichen Analysen der sozialen Interaktion, ihrer Struktur und Dynamik, beleuchtet Goffman immer wieder auch die Entwicklung oder, besser, die Darstellung des Selbst.

Das Selbst ist für Goffman nicht lediglich ein Konzept oder Bild, das sich Menschen von sich machen. Das Selbst ist auch Ergebnis von Aktionen und Interaktionen, eine „performance". Auf Bühnen des Alltagslebens wird es präsentiert, konstruiert und destruiert. Nicht zufällig greift Goffman in seinen Analysen immer wieder auf die Theater-Metapher zurück. „*Wir alle spielen Theater*" (1969), so lautet der deutsche Titel von Goffmans wohl bekanntestem Buch *The Presentation of Self in Everyday Life* (1959). Der deutsche Titel ist etwas irreführend, wenn man ihn so versteht, als wäre das Alltagsleben „bloß Theater" – im Sinne von fehlender Ernsthaftigkeit. Im Gegenteil zeigt Goffman, dass das Verhalten in Alltagssituationen durchaus eine ernsthafte und ernst zu nehmende Angelegenheit ist. Denn es steht dabei etwas sehr wichtiges auf dem Spiel: das Selbst.

Das Selbst wird präsentiert, dargestellt, demonstriert, bewiesen und beurteilt, und zwar in den Dramen und auf den Bühnen des Alltagslebens. „Wir alle spielen Theater" meint also, dass das Selbst – weit davon entfernt, ein verborgenes Mysterium zu sein – auf mehr oder weniger öffentlichen Bühnen präsentiert wird, im Rampenlicht des öffentlichen Blicks steht. Goffman zeigt, dass wir als Rollenspieler einen Eindruck vermitteln, den wir teilweise steuern, beeinflussen, ja manipulieren können. Wir betreiben *impression management*. Bei den Mitspielern und dem Publikum soll ein Eindruck vom Selbst hinterlassen werden, sie sollen beeindruckt werden. Der Rollenspieler versucht das, indem er etwas zum Ausdruck bringt. Sein Publikum überprüft diesen Ausdruck. Es fragt, welches Selbst sich da ausdrückt und ob dieser Ausdruck authentisch ist. Bei dieser Präsentation und Beurteilung des Selbst ist der Darsteller auch auf die Mithilfe und Komplizenschaft seiner Mitspieler angewiesen. Zusammen bilden sie ein Team.

Die Darstellung des Selbst geschieht also in sozialer Interaktion. Diese Interaktion ist gegenseitige Abstimmung von Aktionen, ist *„action"*. Das Selbst ist nicht vorgegeben, sondern entsteht erst *in* der sozialen Situation durch *action* und Interaktion, wird ausgehandelt im Zusammenspiel mit Teamkollegen und -gegnern sowie unter den Augen oder auch der Mitwirkung des Publikums. Das Selbst kann also nicht eigenmächtig vom Individuum gesetzt werden; das Individuum hat sozusagen kein Selbst, wenn dieses Selbst von den Mitspielern und dem Publikum nicht anerkannt wird.

Das Selbst ist damit immer gefährdet und fragil. Goffman macht das mit Hilfe einer weiteren Theater-Metapher deutlich: der Unterscheidung von *front stage* und *back stage*, Vorder- und Hinterbühne. Der Einzelne versucht, bestimmte Aspekte seines Selbst vor den Blicken der Öffentlichkeit zu verbergen. Unbefugten ist der Zutritt zur Hinterbühne nicht gestattet, hinter die Kulissen lässt man sich nicht gerne schauen. Bestimmte Arrangements von Rollen und Situationen legen solche Grenzziehungen zwischen Vorder- und Hinterbühne fest. Doch ob diese Grenzen auch akzeptiert werden und wo genau die im Einzelfall liegen mögen, das auszutarieren obliegt der sozialen Interaktion.

4.3 Sozialisation und Sozialität

Sozialisation – dies machen die Theorien von Mead und Goffman deutlich – ist ein Prozess, bei dem Menschen ihr Selbst entwickeln, indem sie sich gesellschaftliche Haltungen zu Eigen machen und auf sie individuell reagieren. *Individualisierung* in diesem Sinne ist also keine Besonderheit der modernen Gesellschaft, sondern ein allgemeiner Aspekt der Sozialisation. In und durch Sozialisation entwickelt sich aber nicht nur Individualität, sondern auch Sozialität. Dabei ist *Sozialität* in einem zweifachen Sinne zu verstehen:

1) als allgemeine, formale Sozialität: der Mensch als soziales Wesen, das von anderen Menschen abhängig ist, mit anderen zusammenlebt;
2) als bestimmte, konkrete Sozialität: Inhalte, Merkmale, Fähig- und Fertigkeiten, Verhaltensweisen, Wissensbestände, die für eine bestimmte historische Gesellschaft typisch sind.

Entsprechend geht es in der Sozialisation um zweierlei:

1) um die Entfaltung allgemeiner Sozialität; d.h. grundlegende soziale Kompetenz ist zu erlernen, etwa Empathie und die Fähigkeit zur Rollenübernahme, unabhängig von spezifischen, konkreten Rollen;
2) um den Erwerb der Mitgliedschaft in einer konkreten und historischen Gesellschaft; d.h. konkrete Rollen sind zu erlernen, bestimmte Werte und Normen zu verinnerlichen.

Sozialität bzw. *Sozialisation* hat also zwei Aspekte: den formalen, allgemein-menschlichen; und den konkreten, historisch und kulturell spezifischen. In der Sozialisationstheorie und der Soziologie im allgemeinen werden diese beiden Aspekte oft miteinander vermengt. So heißt es oft lapidar, dass Werte und Normen in der Sozialisation vermittelt werden. Dabei wird dann aber entweder nicht näher spezifiziert, um welche Werte und Normen es sich handelt; oder man generalisiert – in ethnozentrischer Weise – das historisch Spezifische zum Allgemein-Menschlichen: wenn etwa gesagt wird, dass in der Sozialisation Vorstellungen von Freiheit, Autonomie, Solidarität, Leistung, Glück etc. vermittelt würden bzw. vermittelt werden müssten, und man dabei an die eigenen Vorstellungen denkt bzw. von den in einer konkreten historischen Gesellschaft geltenden Werten ausgeht.

Es ist also auseinander zu halten, erstens dass es in der Sozialisation immer um Vermittlung von Gesellschaftlichem und Individuellem geht, und zwar ganz allgemein und formal; zweitens, dass das, *was* da konkret vermittelt wird und *wie* dies geschieht, historisch spezifisch ist und variiert. Den ersten Aspekt beleuchtet eine allgemeine Sozialisationstheorie, die nach den prinzipiellen oder formalen Möglichkeiten der Verknüpfung von Individualität und Sozialität fragt. Der zweite Aspekt wird von der vergleichenden (historisch, kulturell und subkulturell komparativen) Sozialisationsforschung untersucht. Aufschlussreich für den ersten Aspekt ist beispielsweise die Theorie von Mead, nicht aber für den zweiten. Denn Mead gibt uns kaum Auskunft darüber, was denn in unserer Gesellschaft oder eben in der US-amerikanischen Gesellschaft zu

Meads Lebzeiten konkret das „me" ausmacht, also welche Haltungen der Gesellschaft für welche Individuen identitätsbildend sind und welche konkreten, eben auch historisch besonderen Erfahrungen für das Selbst bzw. die empirischen Selbste prägend sind.

4.4   Sozialisationsinstanzen

Die angesprochene Vermischung des allgemein-formalen mit dem konkret-inhaltlichen Aspekt der Sozialisation ist auch festzustellen, wenn von *Sozialisationsinstanzen* die Rede ist. Unter Sozialisationsinstanzen versteht man die funktionalen Einheiten, in denen sich wichtige Sozialisationsprozesse abspielen, also Institutionen wie Familie, Schule, Hochschule oder Militär. Aber auch institutionelle Sphären wie die Arbeitswelt oder der Sport sind Sozialisationsinstanzen, und auch sogenannte *peer groups*, Gruppen von Gleichaltrigen, können „Orte" der Sozialisation sein. Der empirisch entscheidende Punkt bzw. die nur empirisch zu entscheidende Frage ist: *Wer* wird *wo* durch *wen* mit *welchen Mitteln* sozialisiert?

Um zu sehen, wie Menschen in einer konkreten Gesellschaft sozialisiert werden, muss man erkennen, welche sozialen Einheiten hier relevant sind. So kann man nicht allgemein behaupten, dass die Familie *die* Sozialisationsinstanz schlechthin ist; denn erstens sind die Erscheinungsweisen von Familie innerhalb einer Gesellschaft und erst recht zwischen verschiedenen Gesellschaften höchst unterschiedlich; und zweitens gibt es Gesellschaften, in denen die Familie und auch familienähnliche Gebilde in der Sozialisation zumindest maßgeblicher Teile der Bevölkerung keine große Rolle spielen. Erst recht gilt das für die Schule oder gar für die Massenmedien, die in einigen historischen Gesellschaften als Sozialisationsinstanzen existieren, in anderen nicht. Wir dürfen also nicht den Fehler begehen und so tun, als wären die Gelegenheiten und Institutionen, die in unserer heutigen westlichen Gesellschaft für die Sozialisation bedeutsam sind, universell anzutreffende Sozialisationsinstanzen. Gleiches gilt erst recht für die konkreten Inhalte, die in der Sozialisation vermittelt werden. Die Sozialisation der Jünglinge in Sparta hat mit derjenigen heutiger Schüler formal gemeinsam, dass in beiden Fällen Werte, Normen und Rollen vermittelt werden; die konkreten Werte, Normen und Rollen unterscheiden sich aber radikal.

4.5   Dimensionen der Sozialisation

Um ein differenzierteres Bild von Sozialisationsprozessen, -inhalten und -instanzen zu erhalten, ist es sinnvoll, drei *Dimensionen der Sozialisation* zu unterscheiden. Gemeint sind hiermit Bereiche oder „Bahnen" menschlicher Existenz, in denen sich Sozialisation abspielt. Die drei Dimensionen lassen sich benennen:

– die *kognitive*,
– die *motorische*,
– die *affektuelle*.

Sozialisationstheorien haben sich vor allem auf die kognitive Dimension der Sozialisation konzentriert. So auch Meads Theorie, die den Prozess darstellt, in welchem man lernt, sich mit den Augen der anderen zu sehen, und in dessen Verlauf sich ein Selbst entwickelt. Mead beschreibt, wie Gesten erkannt, Symbole vergegenwärtigt, Haltungen wahrgenommen und ins Bewusstsein hereingenommen werden. Dieser Prozess ist vor allem kognitiv, ist Bewusstsein oder „Geist" (*mind*). Wenn in Sozialisationstheorien davon die Rede ist, dass Werte und Normen „internalisiert" werden, dann wird diese „Verinnerlichung" zumeist als kognitiver, nicht aber auch als affektiv-emotionaler Prozess dargestellt. Auch das Rollenverhalten – Rollenverständnis, -übernahme und -distanzierung – wird vor allem kognitivistisch dargestellt, obwohl doch das Spielen von Rollen auch ein körperlicher, motorischer Vorgang ist.

Sozialisation geschieht auch in der motorischen und der affektuellen Dimension, die allerdings in der Sozialisationstheorie vergleichsweise weniger thematisiert sind. Die Entwicklungspsychologie weist darauf hin, welche Lernschritte nötig sind, damit Säuglinge und Kleinkinder lebensnotwendige motorische Verhaltensweisen durchführen können. Von den Psychologen wird das aber weitgehend als naturhafter Prozess dargestellt. Motorik hat aber natürlich auch mit Sozialität und Sozialisation zu tun. Denn erstens lernen Menschen, ihren Körper zu koordinieren und zu beherrschen, indem sie auf das motorische Verhalten von Bezugspersonen in sozialen Situationen reagieren. Zweitens hängt die Auswahl von motorischen Abläufen aus dem menschenmöglichen Bewegungspotential davon ab, welche motorischen Fähig- und Fertigkeiten in einer Gesellschaft erforderlich oder gar überlebensnotwendig sind. Ob man auf Bäumen herumklettern oder Auto fahren können muss, wird in der Sozialisation ebenso vermittelt wie die Fähigkeit dazu. Und schließlich wird auch die Art und Weise, *wie* wir mit unseren motorischen Möglichkeiten instrumentell und expressiv umgehen, welche Körpersprache wir sprechen, in der Sozialisation erlernt. Erforderlich ist daher auch eine Sozialisationstheorie des Körpers bzw. eine Soziologie des Körpers, welche die Bedeutung des Körpers in und für soziale Prozesse aufzeigt und die darstellt, wie die „Produktion" des Körpers eine biologische und soziale „Veranstaltung" ist (vgl. Williams & Bendelow 1998; Villa 2006).

Die dritte Dimension, in der sich Sozialisation vollzieht, ist die affektuelle oder emotionale (Vester 1991: 69-97). Damit ist erstens gemeint, dass wir über Gefühle, Neigungen, Triebe sozialisiert werden. Dem Kleinkind wird etwa ein negatives Gefühl vermittelt, wenn es etwas verkehrt macht. Es erkennt den verärgerten Gesichtsausdruck der Mutter und fühlt sich schlecht – zunächst ohne genau zu wissen, weshalb; es muss ja erst noch lernen, was die emotionale Reaktion der Mutter ausgelöst hat und warum. Zweitens sind aber auch unsere Emotionen selbst sozialisiert, also von Anderen mitbestimmt, mitgeformt. Das dürfte nachvollziehbar sein bei so einem komplexen und komplizierten emotionalen Phänomen wie der Liebe (Cancian 1987; Hendrick & Hendrick 1992). Was Liebe heißt, welche Möglichkeiten es gibt, dieses Gefühl zu erfahren, damit umzugehen, welche Liebesobjekte in Frage kommen und welche Möglichkeiten, Liebe auszudrücken, angemessen sind, das alles wird in Sozialisationsprozessen vermittelt. Emotionen wie Schuld und Scham sind gar nicht ohne Bezug auf Sozialität, ohne Bezug auf soziales Handeln und soziale Interaktion möglich. Ob bzw. dass ich mich schäme, wenn ich ohne

Kleider vor anderen dastehe oder auf sonstige Weise „entblößt" bin, hängt von Sozialisation ab.

In der Sozialisation geht es also nicht nur um die Vermittlung von Wissen, Einstellungen, Haltungen und dergleichen. Sozialisation formt auch unser Gefühlsleben und unsere motorische Beweglichkeit. Selbstverständlich kann die Gesellschaft mit dem biologischen Organismus Mensch nicht alles und in beliebiger Weise anfangen. Die Biologie setzt da Grenzen. Menschen können nicht so sozialisiert werden, dass ihnen Flügel wachsen (allenfalls im übertragenen Sinn). Aber in bestimmten – gar nicht so engen Grenzen – können bestimmte motorische Fähigkeiten gefördert werden oder verkümmern. Das gleiche gilt für den affektiven und den kognitiven Bereich.

Wenn man die Bedeutsamkeit der drei Dimensionen von Sozialität bzw. Sozialisation nach ihrem zeitlichen Stellenwert in der (onto- und phylogenetischen) Entwicklung des Menschen bemessen wollte, dann ist der affektuelle Bereich der primäre. Ihm folgen der motorische und der kognitive. Der Säugling ist von rudimentären Affekten bestimmt, fühlt sich wohl oder unwohl, bevor er seine Motorik auch nur annähernd in den Griff bekommt. Kognition im Sinne von bewussten Vorgängen oder gar von Denken entwickelt sich noch später. Erst auf der Grundlage der Sozialisation und Individuation von Gefühlen, Mototik und grundlegenden kognitiven Mechanismen entwickelt sich ein Selbst; oder wie der Hirnforscher Gerhard Roth (2003: 396) schreibt: „Wahrnehmungen, Gefühle, Intentionen und motorische Akte entstehen innerhalb der Individualentwicklung lange bevor das Ich entsteht."

Allerdings ist die Rang- und Reihenfolge von Affektivität, Motorik und Kognition nicht so zu verstehen, als begänne eine Entwicklungsphase erst nach Abschluss der vorangehenden. Es handelt sich vielmehr um Dimensionen menschlicher Existenz, die sich durch das ganze Leben hindurchziehen und in denen man immer etwas hinzulernen (oder wieder verlernen) kann. Und zeitlebens nimmt „die" Gesellschaft, bzw. nehmen andere Menschen Einfluss auf das Was und Wie dieser Lernvorgänge.

Ein gutes Beispiel für einen lebenslangen Lernprozess, der sich in allen drei Dimensionen der Sozialität abspielt, ist die Sozialisation der *Sexualität und Körperlichkeit* des Menschen. Man möchte meinen, dass das Geschlecht naturgegeben ist, und in der Regel gilt ja auch, dass Menschen sich nicht entscheiden, Mann oder Frau zu sein, sondern eben als Junge oder Mädchen geboren werden. Was es aber heißt, Junge oder Mädchen, Mann oder Frau zu sein, wird von Gesellschaft und Kultur bestimmt. Zu den Vorstellungen, Erwartungen, Verpflichtungen, die mit dem Mann- bzw. Frausein verbunden sind, kommen Menschen in der Sozialisation. Durch Sozialisation lernen Menschen nicht nur kognitiv, was es heißt, Mann oder Frau zu sein, sondern sie lernen auch, sich wie Männer oder Frauen zu bewegen und zu fühlen. Die Vorstellungen und Bilder, die sich mit dem Körper und der Sexualität verbinden, aber auch die entsprechenden Körperhaltungen und -bewegungen und die mit Körperlichkeit und Sexualität verbundenen Gefühle werden in lebenslangen Sozialisationsprozessen geformt und angeeignet. Gerade in Sachen von Sexualität und Erotik wird das Ineinandergreifen biologischer und soziokultureller Mechanismen, die Ko-Evolution von Natur und Kultur, deutlich. Man kann hier von „erotischer Plastizität" (Baumeister & Tice 2001: 128) sprechen, einer Gestaltbarkeit der Sexualität und Erotik durch situationale, soziale und kulturelle Faktoren. Die naturgegebenen Möglichkeiten werden gesellschaftlich und kulturell ausgewählt und – je nachdem – ausgeformt („kultiviert") oder eben nicht. Entsprechend ist auch die Zuordnung von Körperlichkeit und Sexualität zum Lebensalter soziokulturell. Wie man in verschiedenen Lebensaltern den eigenen Körper „einsetzt" und die Sexualität lebt und fühlt, wird ebenso durch Sozialisation vermittelt wie die entsprechenden Körper- und Sexualitätsideologien.

Zur Unterscheidung der gesellschaftlichen und kulturellen Prägung und Bedeutung der Geschlechtlichkeit von der „natürlichen", naturgegebenen oder naturhaften Sexualität hat sich der englische Begriff *gender* auch in der deutschsprachigen Forschung und Diskussion eingebürgert. Die *Gender-Forschung* (siehe für viele Chafetz 1999; Lorber & Farrell 1991; Lorber 1999) betont die soziokulturellen Prägungen oder „Konstruktionen" von Sexualität, Körperlichkeit und geschlechtsrelevanten Merkmalen und Verhaltensweisen, wobei sie allerdings dazu neigt, biologische Grundlagen, wie sie etwa von der Soziobiologie und Ethologie oder vergleichenden Verhaltensforschung herausgearbeitet werden, zu übersehen. Selbst von persönlichkeitspsychologischer Seite werden Geschlechtsunterschiede zwar thematisiert, aber in ihrer Bedeutung auch relativiert (Ashmore 1990).

4.6 Primäre und sekundäre Sozialisation

In der Sozialisationstheorie wird zwischen primärer und sekundärer Sozialisation unterschieden. Unter *primärer Sozialisation* wird das Erlernen der Fähigkeit verstanden, die Haltung eines „signifikanten Anderen" zu übernehmen (Mead), sich mit den Augen der anderen zu sehen und sich selbst als Teil einer überschaubaren, konkreten Gruppe zu erkennen. Primäre Sozialisation erfolgt in vielen Gesellschaften innnerhalb der Mutter-Kind-Beziehung bzw. in der Familie. Dort wird ein primäres Verständnis für Sozialität entwickelt, und dort werden auch grundlegende emotionale Bindungen und Reaktionen ausgebildet. Primäre Sozialisation geschieht in Gruppen, die Charles Horton Cooley (1909) als *primary group* bezeichnet hat. Primärgruppen sind kleine, informelle, überschaubare Gruppen, in denen man von Angesicht zu Angesicht (*face-to-face*) interagiert, persönlich, intim und direkt. Als *secondary groups* sind hingegen solche Gruppen aufzufassen, die einen formelleren und unpersönlicheren Charakter haben, in denen weniger die emotionalen Bande zwischen den Mitgliedern im Vordergrund stehen als vielmehr bestimmte Zielsetzungen. Primärgruppen sind eher personenorientiert, Sekundärgrupppen mehr ziel- oder zweckorientiert.

Analog ist die Unterscheidung von primärer und sekundärer Sozialisation zu verstehen. In der *sekundären* Sozialisation geht es darum, die Haltungen des verallgemeinerten Anderen zu übernehmen. Anders ausgedrückt, es geht darum, sich als Teil eines komplexeren und differenzierten sozialen Gebildes wahrzunehmen. Dies wird durch Lernvorgänge erreicht, bei denen es um zweck- oder aufgabenorientiertes Wissen geht. Die Sozialisation in der Schule oder später im Berufsleben ist sekundäre Sozialisation. Sekündär ist dabei nicht zu verstehen im Sinne von weniger wichtig, sondern weniger ursprünglich und weniger unmittelbar. Für das Heranreifen des Individuums wie für das Funktionieren der Gesellschaft sind selbstverständlich primäre *und* sekundäre Sozialisation wichtig.

Sozialisation ist ein lebenslanger Prozess. Das ist im Falle der sekundären Sozialisation offensichtlich, denn prinzipiell erlernen wir immer wieder neue Rollen und kommen im Laufe unseres Lebens mit unterschiedlichen Teilausschnitten der Gesellschaft in Berührung. Aber auch für die primäre Sozialisation gilt, dass sie nicht in einem bestimmten Lebensalter, etwa mit Ende des Vorschulalters, abgeschlossen ist. In dem Maße, wie Menschen im Laufe ihres Lebens verschiedene Intimpartner haben, durchlaufen sie immer wieder primärsozialisatorische Prozesse. Tiefgehende intime Gefühle und grundlegende Selbstbilder werden mitunter neu aufgebaut. Sogar so eine grundlegende Komponente des Selbst wie die Geschlechtsidentität kann zu einem späteren Zeitpunkt im Leben einem erneuten primären Sozialisationsprozess unterworfen werden, etwa wenn jemand in einer intimen Beziehung entdeckt, homosexuell zu sein.

4.7 Desozialisation und Resozialisation

Zwei weitere Begriffe machen deutlich, dass Sozialisation ein lebenslanger Prozess ist, in dem sich grundlegende Orientierungen verändern, in dem Haltungen erlernt, verlernt und wieder neu gelernt werden. Wir übernehmen nicht nur bestimmte Haltungen und Rollen, sondern müssen auch fähig sein, uns von bestimmten Rollen wieder zu verabschieden. Sogar auf der Primärebene kann es nötig sein, sich von bestimmten Mustern des Verhaltens und Fühlens zu trennen. In diesem Sinne erfahren Menschen *Desozialisation*. Je nachdem, ob sie freiwillig oder unfreiwillig, überraschend und unvorhersehbar oder in geregelten Bahnen erfolgen, unterscheiden sich Desozialisationsprozesse. Und je nachdem, ob der Bezug zur Gesellschaft radikal in Frage gestellt und womöglich ausgesetzt oder sogar aufgelöst wird oder ob nur eine bestimmte Art von Sozialität oder eine bestimmte soziale Identität aufgegeben werden, kann man verschiedene Reichweiten von Desozialisation unterscheiden. Beispiele für weitreichende, d.h. das Selbst und seine sozialen Bezüge nachhaltig beeinflussende Desozialisationsprozesse wären etwa der Ausstieg aus dem Erwerbsleben, sei es durch Arbeitslosigkeit oder durch Pensionierung; Obdachlosigkeit; Erleiden einer schweren Krankheit, in deren Folge man aus dem gesellschaftlichen Leben ausgegrenzt wird; Einlieferung in ein Gefängnis oder in eine psychiatrische Anstalt; Auswanderung.

Einige dieser Beispiele lassen einen sogleich an den komplementären Begriff der *Resozialisation* denken. Menschen erleben immer wieder Resozialisation. Nachdem sie „den Anschluss an die Gesellschaft" bzw. Teile von ihr verloren haben, mögen sie Sozialisationsmaßnahmen erfahren, die sie mit der Gesellschaft bzw. Teilen von ihr, wieder verbinden. So muss ein Arbeitsloser, der wieder in das Erwerbsleben eingegliedert wird, resozialisiert werden. In einem engeren Sinne bezieht sich *Resozialisation* auf Vorgänge und Instanzen, mittels derer die Gesellschaft Personen, die ausgegrenzt worden waren, wieder ins gesellschaftliche Leben einzubeziehen versucht. Zu diesem Zwecke entwickelt die Gesellschaft spezialisierte Resozialisationsinstanzen wie etwa

Beratungsagenturen, Therapieeinrichtungen und Selbsthilfegruppen. Resozisalisiert in diesem Sinne werden Menschen, die zuvor – aus Sicht der Gesellschaft – in abweichenden Karrieren und Subkulturen desozialisiert worden waren, wobei es sich hier aus subkultureller Sicht um Sozialisation in die subkulturelle Gemeinschaft gehandelt hatte. Beispiele für solche De- und Resozialisationen liefern Rauschgiftabhängige; Menschen, die in totalen Institutionen wie Gefängnissen oder psychiatrischen Anstalten eingesperrt waren; oder Soldaten, die durch längere Kriegsteilnahme beschädigt wurden (z.B. die traumatisierten Vietnamkriegsveteranen).

4.8 Sozialisation im Lebenslauf

Sozialisation ist ein lebenslanger Prozess. Gleichwohl kann man diesen Prozess nach Phasen unterscheiden, die Menschen im *Lebenslauf* oder *Lebenszyklus* durchlaufen. Man unterscheidet in der Sozialisationsforschung etwa Kindheit, Jugend oder Adoleszenz, Erwachsenenalter und hohes Alter. Diese Lebensphasen sind selber gesellschaftliche Produkte oder Konstruktionen. Der Historiker Philippe Ariès (1977) etwa hat gezeigt, dass Kindheit als eigenständiges Lebensalter eine soziokulturelle „Erfindung" ist, die es im Mittelalter noch nicht gegeben hat. Auf frühen Bildern erscheinen Kinder nicht als Kinder, sondern als kleine Erwachsene. In modernen Gesellschaften haben sich bestimmte Lebensphasen und entsprechende Lebensstile erst entwickelt (Teenager, Senioren). Bestimmte Phasen werden von der Gesellschaft verlängert, sei es auf der Grundlage höherer Lebenserwartung (die Medizin lässt uns länger leben, jung und gesund bleiben), institutioneller Veränderungen (längere Ausbildungszeiten) oder besonderer kultureller Wertschätzung bestimmter Lebensphasen (Kult der Jugendlichkeit). So ist heute in vielen Gesellschaften eine Verlängerung der post-adoleszenten Phase (nicht mehr Jugendlicher und noch nicht ganz Erwachsener) festzustellen.

Die soziologische Lebenslaufforschung zeigt, wie Individuen bzw. Persönlichkeiten in den verschiedenen Lebensaltern mit unterschiedlichen Sozialisationserfordernissen konfrontiert werden. Diese sind aber nicht einfach nur abhängig vom biologischen Lebensalter, sondern auch von den Werten, Normen, Rollen und Selbst-Konzepten, die in einer Gesellschaft den Lebensphasen zugeordnet werden. Zudem prägen individuelle lebensaltersspezifische Erfahrungen sowie historische und generationentypische Ereignisse und Erfahrungen die Aufgaben und Resultate der Sozialisation.

Ein besonderes Problem scheint in den heutigen – modernen oder postmodernen – Gesellschaften darin zu liegen, dass die Merkmale einzelner Lebensphasen und die entsprechenden altersspezifischen Sozialisationserfordernisse variabler geworden sind. Oder anders ausgedrückt: Was in den einzelnen Lebensphasen erlernt werden muss, wird immer weniger sicher, weniger verbindlich und weniger dauerhaft. Ganz klar zu sehen ist das bei Sozialisationsanforderungen, die im Zusammenhang mit Berufsrollen stehen. *Berufliche Sozialisation* ist ein mehrere Lebensphasen übergreifender Prozess, dessen Inhalte und Erfordernisse aber heute im Laufe eines Lebens starken Veränderungen unterworfen sind. Die moderne Arbeitswelt hat sich dynamisiert, und so verändern sich auch rapide die Vorstellungen davon, was ein gelungenes Berufsleben ist, in welche Abschnitte es untergliedert und wann es als vollendet anzusehen ist. Selbst nach dem Erwerbsleben stellt sich noch die Aufgabe, entweder eine Sozialisation zu durchlaufen, die berufsähnliche Inhalte hat oder die zumindest Äquivalente anbietet (z.B. Sozialisation im, für und durch Seniorenstudium; oder Sozialisation für und durch Freizeit im Ruhestand).

Auch in den nichtberufsbezogenen sozialen Beziehungen sind die Muster variabler und weniger lebenslänglich geworden (aufgrund längerer Lebenserwartung, größerer Neigung zu Scheidung und Trennung etc.). Im Vergleich zu traditionalen Gesellschaften, in denen klare Grenzen zwischen Lebensphasen gezogen sind, die mit Hilfe von *Übergangsriten* (Aufnahme-, Prüfungs- und Entlassungsfeiern, Hochzeiten, runde Geburtstage und Bestattungszeremonien sind heutige Relikte solcher „rites of passage") überbrückt werden, sind in (post-)modernen Gesellschaften diese Grenzen unschärfer, flexibler und individueller geworden. Das hat dann zur Folge, dass auch das Krisenerlebnis, das sich beim Übergang zwischen den Lebensphasen einstellen kann, „individualisiert" (Beck 1986), d.h. zur Angelegenheit individueller Verantwortung und Problemlösung wird.

Als Ausdruck eines diffusen Gefühls von kritischem Übergang zwischen Lebensphasen im mittleren Alter ist heute die *„midlife crisis"* bekannt. Sie ist weder ein biologisch zwangsläufiger Bruch im Lebenslauf noch ein fest institutionalisierter Einschnitt in einer klar definierten Lebensmitte, sondern kann – je nach Koppelung individueller Ereignisse und institutioneller Rahmenbedingungen – an unterschiedlichen Zeitpunkten des Lebenslaufes und an verschiedenen Problemstellen der Sozialisation erfolgen. So gesehen und überspitzt formuliert, kann sich das Krisenhafte der midlife-Krise zum lebenslangen Dauerzustand entwickeln.

Sozialisation ist allgemein – und heute vielleicht im besonderen Maße – ein „kritischer" Prozess! Die Wege, auf denen Menschen zu ihrer sozialen und individuellen Entfaltung gelangen, sind mit Stolpersteinen gepflastert. Der Pfad der Sozialisation verläuft nicht unbedingt geradlinig, problemlos und krisenfrei. In der heutigen, modernen oder postmodernen, Welt scheinen zudem die „Verkehrsregeln" – die Regeln für den sozialen Verkehr und für den Prozess der Sozialisation – öfters neu aufgestellt zu werden. Auch von daher steigt die Wahrscheinlichkeit für Krisen in der Sozialisation. Eine sinnvolle Zielrichtung der Sozialisation und Persönlichkeitsentwicklung – eine Art Meta- und Mega-Aufgabe, deren Erfüllung der Quadratur des Kreises gleichkäme – könnte darin bestehen, die Fähigkeit zu permanentem Wandel mit der Fähigkeit zur Konstanz im Wandel zu verbinden. Für eine gewisse Konstanz sorgen soziale Mikrostrukturen (Bindungen, Beziehungen, Gruppen und Netzwerke), in denen Menschen leben und durch die sie sozialisiert werden. Die Gesellschaft besteht aus solchen Mikrostrukturen, die sich freilich auch wandeln. Das begriffliche Grundgerüst dieser Mikrostrukturen wird im folgenden Kapitel dargestellt.

Kapitel 5:
Mikrostrukturen des Sozialen: Bindung, Beziehung, Gruppe, Netzwerk

Begriffe:

Bonding, attachment
Soziale Beziehungen, sozialer Austausch
Beziehungsmodelle (Fiske)
„Pure relationship" (Giddens)
Soziale Gruppe
Führung
Primäre, sekundäre Gruppe
In-group, out-group, Peer group
Bezugsgruppen
Soziale Netzwerke

Das soziale Leben ist strukturiert. Menschen leben und bewegen sich in sozialen Strukturen bzw. in Strukturen des Sozialen oder der Sozialität. In Sozialisationsprozessen werden Menschen in diese Strukturen „eingepasst", leben sich in sie ein, erfüllen sie mit Leben und verändern sie. Soziale Strukturen sind Folien, auf deren Hintergrund Menschen handeln und interagieren. Umgekehrt resultieren soziale Strukturen aus Handlungen und Interaktionen. Im mikrosozialen Bereich mögen die sozialen Strukturen noch relativ überschaubar sein, zumindest sind sie uns nicht unvertraut. Jeder hat ein intuitives Verständnis, was Bindungen, Beziehungen, Gruppen sind. Aber oft wächst den Menschen, die in diesen Strukturen leben und mit ihnen umgehen müssen, die Dynamik dieser Strukturen über den Kopf. Die „Beziehungskiste", so trivial sie von außen erscheinen mag, so scheint sie für die Betroffenen doch auch angefüllt mit Rätseln, Geheimnissen und Problemen. Die Soziologie kann nicht die Beziehungsprobleme der Menschen lösen. Aber vielleicht bieten ihre Begriffe einige Hilfsmittel an, um sich die Beschaffenheit und das Funktionieren (oder auch Nichtfunktionieren) von Bindungen, Beziehungen und Gruppen verständlich zu machen.

5.1 Soziale Bindung

Zunächst ist begriffliche Differenzierung angebracht. Machen wir den Anfang mit dem Begriff der *sozialen Bindung* („bonding"). Was versteht man darunter?

Der Psychologe John Bowlby (1969, 1973, 1980) hat sich intensiv mit der Mutter-Kind-Bindung beschäftigt. Er hat untersucht, wie zwischen Mutter und Kind eine emotionale Neigung und damit ein Band hergestellt wird, das dem Kind eine Art Urvertrauen vermittelt. Säuglinge sind auf physischen Schutz und auf sozio-emotionale Zuwendung angewiesen, um zu überleben. Wenn sich die Mutter ablehnend zeigt oder gar stirbt und keine Ersatzmutter verfügbar ist, macht das Kind eine schwere Verlusterfahrung, die kaum mehr zu kompensieren ist. Umgekehrt stellt die durch Hinwendung der Mutter zum Kind charakterisierte Bindung ein soziales Kapital und einen Vertrauensvorschuss für spätere Bindungsversuche und Beziehungen dar.

Bowlbys – nicht unkontroverse – Annahme ist, dass Kinder in der frühen Mutter-Kind-Bindung eine grundlegende Erfahrung machen, aus der sich so etwas wie ein Bindungsstil ergibt, der sich dann auch im weiteren Leben als typisches Bindungsverhaltensmuster zeigt. Auf Bowlbys Gedanken aufbauend haben Mary Ainsworth et al. (1978) drei Bindungsstile („attachment styles") unterschieden:

(1) Der sichere („secure") Bindungsstil: Bei ihm hat das Kind ein sicheres Gefühl, dass die Mutter für es da ist, auch wenn sich die Mutter außer Sichtweite befindet. Vorübergehende Abwesenheit der Mutter verursacht daher beim Kind keinen Stress.

(2) Der ängstliche, ambivalente („anxious/ambivalent") Bindungsstil: Hier ist sich das Kind der Zuneingung der Mutter nicht sicher. Auf Abwesenheit der Mutter reagiert es mit Trennungsangst.

(3) Der vermeidende („avoidant") Bindungsstil: In diesem Fall weist die Mutter das Kind häufiger zurück, z.B. indem sie Körperkontakt verweigert. Hier handelt es sich eigentlich statt um „attachment" um „detachment".

Der am häufigsten anzutreffende Bindungsstil ist der „sichere", den Ainsworth bei gut zwei Dritteln der untersuchten Kinder feststellen konnte. Die beiden anderen Bindungsstile verteilen sich zu etwa gleichen Teilen auf das restliche Drittel.

Phillip Shaver, Cindy Hazan & Donna Bradshaw (1988) haben versucht, Liebesbeziehungen als „attachment" zu beschreiben. Sie untersuchten die Bindungsstile amerikanischer Erwachsener, indem sie für jeden Stil charakteristische Statements vorgaben, denen die Befragten zustimmen oder nicht zustimmen konnten.

> Für „secure": „I find it relativeley easy to get close to others and am comfortable depending on them and having them depend on me. I don't often worry about being abandoned or about someone getting to close to me." Diesem Statement konnten 56% der Befragten zustimmen.
> Für „anxious/ambivalent": „I find that others are reluctant to get as close as I would like. I often worry that my partner doesn't really love me or won't want to stay with me. I want to merge completely with another person, and this desire sometimes scares people away." Hier stimmten 20% zu.
> Für „avoidant": „I am somewhat uncomfortable being close to others; I find it difficult to trust them completely, difficult to allow myself to depend on them. I am nervous when anyone gets too close, and often, love partners want me to be more intimate than I feel comfortable being." Hier betrug die Zustimmungsrate 23% (Shaver et al. 1988: 80).

Der Vergleich der Untersuchungsergebnisse von Ainsworth et al. mit denen Shavers et al. legt nahe, dass der Bindungsstil, wie er sich in der frühkindlichen Sozialisation zwischen Mutter und Kind herausbildet, auch das Bindungsverhalten im Erwachsenenalter beeinflusst. Auch wenn es möglich ist, dass frühkindliche Bindungsmuster später noch verändert werden, so ist doch zumindest deutlich, dass es Beziehungen gibt, die wohl nur vor dem Hintergrund des „attachment" zu begreifen sind. In diesem Sinne sind dann bestimmte Beziehungen primär. *Primär*beziehungen sind Beziehungen, deren Qualität vom frühkindlichen Bindungsmuster her zu begreifen sind. Die Soziologie hat – anders als die Psychologie oder auch die Biologie – sich nicht allzu sehr für diese Bindungen interessiert. Gleichwohl unterstellen die Sozialisationstheorie und die Familiensoziologie, dass es solche auf Bindung beruhende Primärbeziehungen gibt.

5.2 Soziale Beziehungen und sozialer Austausch

Gegenüber den auf frühen Bindungsstilen beruhenden Primärbeziehungen sind die übrigen sozialen Beziehungen logischerweise sekundär. Doch diese Unterscheidung von *primären* und *sekundären* Beziehungen wird selbstverständlich dem breiten Spektrum möglicher Beziehungsarten noch nicht gerecht. Zur weiteren Klassifizierung von Beziehungen sind begriffliche Gegenüberstellungen wie persönlich/unpersönlich, intim/anonym, ganzheitlich/partiell, sexuell/asexuell, Beziehung als Selbstzweck/instrumentelle Beziehung und andere möglich. Von solchen charakteristischen Merkmalen auszugehen ist eine Möglichkeit, ein Begriffs- und Ordnungsgefüge für soziale Beziehungen zu erstellen.

Eine Alternative hierzu besteht darin zu fragen, weshalb Menschen soziale Beziehungen eingehen und aufrecht erhalten. Es gibt eine Richtung in der Soziologie, die genau diese Frage aufgreift und zeigt, dass es in sozialen Beziehungen um *sozialen Austausch* (*social exchange*) geht. Demnach gehen Menschen Beziehungen ein, um ein Gut auszutauschen. Dabei ist der Begriff des Gutes sehr weit gefasst: Dinge, aber auch Botschaften oder Gefühle können in diesem Sinne ausgetauscht werden. Dabei unterstellen die Austauschtheoretiker – Klassiker: George Caspar Homans (1950, 1961), Peter M. Blau (1964), Richard Emerson (1962, 1976) –, dass Menschen ihre „Investitionen" möglichst gering zu halten versuchen und ihre „Erträge" zu maximieren bestrebt sind. Menschen versuchen also in Austauschbeziehungen ein Höchstmaß des von ihnen geschätzten Gutes zu erlangen oder, anders ausgedrückt, maximal belohnt zu werden. Blau unterscheidet vier Klassen solcher Belohnungen: Geld, soziale Billigung, Gefolgschaft (compliance), Selbstwert oder Respekt.

Für das Funktionieren des sozialen Austausches ist *Reziprozität* wichtig. Damit ist gemeint, dass der Austausch ein wechselseitiger sein soll, nach dem Prinzip „do ut des" (lat.; d.h.: „ich gebe, damit du gibst."). Das bedeutet nicht unbedingt, dass beide Austauschpartner dasselbe oder denselben Profit aus der Beziehung erzielen müssen, sondern meint, dass die Tauschvorgänge aufeinander so bezogen sind, dass die Transaktion A eine Transaktion B erfordert und umgekehrt. Reziprozität stellt sicher, dass an einen Austauschvorgang auch in Zukunft angeknüpft werden kann. Wenn eine Austauschbeziehung erst einmal hergestellt ist, entwickelt sich alsbald eine Norm der Reziprozität, d.h. eine beiderseits aufrechterhaltene Erwartung, dass die Transaktionen aufeinander abgestimmt sein sollten. Spezifischere Normen sind dann etwa Fairness- oder Gerechtigkeitsvorstellungen, die die „terms of trade" der Austauschbeziehung festlegen.

Eine klassische Arbeit – noch vor den Arbeiten der amerikanischen exchange theorists – ist Marcel Mauss' (1872-1950; Neffe und Schüler von Émile Durkheim) *Essai sur le don* (1923/24) bzw. *Die Gabe* (1968/1984). Darin zeigt Mauss kulturanthropologisch vergleichend, wie in diversen Kulturen durch Geschenke nicht nur ein materielles Gut gegeben wird, sondern zudem beim Beschenkten eine Verpflichtung zur Erwiderung der Aufmerksamkeit hergestellt wird. Der Schenkende erwartet vom Beschenkten eine Reaktion, die von Dankbarkeit bis zur Gegengabe reichen kann. Aus Gabe und Erwiderung entwickelt sich somit auch eine Art Band zwischen den Tauschpartnern. Diese Bindung hat zwar nicht den primären Charakter wie das von Bowlby, Ainsworth, Shaver et al. dargestellte „bonding" oder „attachment", kann aber durchaus auch von lebenslanger Dauer sein und sowohl für die beteiligten Personen als auch für das soziale Gefüge von großer Bedeutung. Ein klassisches kulturanthropologisches Beispiel für die Gesellschaft strukturierende und stabilisierende Austauschbeziehungen stellt der Tausch von Heiratspartnern zwischen Familienclans dar.

Die Annahme der Austauschtheoretiker ist, dass Menschen soziale Beziehungen eingehen, weil und wenn diese für sie attraktiv sind; d.h., weil und wenn sie ihnen einen profitablen Austausch versprechen. Profitabel heißt, dass die Kosten den Nutzen, der Aufwand den Gewinn nicht übersteigen sollten. Im Unterschied zu Austauschtheoretikern, die vom Menschen als einem homo oeconomicus ausgehen, der in einer rationalen Wahl („rational choice") seine individuellen Interessen verfolgt, geht Mauss von einem durch den Tausch gestifteten Band aus, das sich nicht auf individuelle oder ökonomische Bedürfnisse reduzieren lässt.

> „Unserer Meinung nach ist die beste Ökonomie nicht in der Berechnung individueller Bedürfnisse zu finden. Ich glaube, daß wir, sofern wir unseren Wohlstand weiterentwickeln wollen, mehr werden müssen als bessere Finanzmänner, Buchführer und Verwalter. Die bloße Verfolgung individueller Zwecke schadet den Zwecken und dem Frieden des Ganzen, dem Rhythmus unserer Arbeit und unserer Freuden und damit letztlich dem Einzelnen selbst." (Mauss 1984: 174)

Natürlich sind nicht alle Beziehungen ausbalanciert in dem Sinne, dass beide Tauschpartner gleich gut fahren. Aber solange etwa der eine Tauschpartner keine vorteilhafteren Tauschmöglichkeiten in einer anderen Beziehung sieht, wird er in der etablierten Beziehung bleiben. Aus solchen Ungleichgewichten erklären sich die Austauschtheoretiker dann auch *Machtpositionen*. Soziale Strukturen im Kleinen, also soziale Beziehungen zwischen zwei oder mehreren Menschen oder innerhalb wie auch zwischen Gruppen, werden von den Austauschtheoretikern als reziproke, aber nicht unbedingt gleichgewichtige und konfliktfreie Austauschbeziehungen vorgestellt. Auch Makrostrukturen, Organisationen und ihre normativen und rechtlichen Regulierungen, kann man als Ergebnis von Austauschbeziehungen interpretieren.

Prinzipien des sozialen Austausches mögen in der Tat eine Rolle in zwischenmenschlichen Beziehungen spielen. Peter Blau (1964) hat das in einem „Exkurs über die Liebe" dargestellt. Die austauschtheoretische Erklärungsstrategie ist allerdings auch ein Beispiel für eine *reduktionistische* Vorgehensweise, wenn das Gesamtspektrum sozialer Beziehungen auf die Prinzipien des sozialen Austausches „reduziert" (zurückgeführt) wird. Übersehen wird bei dieser Erklärung, dass Menschen immer schon primärsozial „gebunden" oder geprägt sind und sie auch sekundäre Beziehungen nicht immer freiwillig und einem Kalkül folgend eingehen bzw. aufrechterhalten. Die Mutter-Kind-Beziehung ist nicht eine, die sich das Baby aussucht, weil sie für es lohnend ist. Und auch für weniger intime Beziehungen im späteren Leben gilt, dass sich Menschen nolens volens in ihnen befinden. Manche sozialen Beziehungen werden einem aufgezwungen oder lassen sich nicht vermeiden. Andere scheinen attraktiv, aber unrealistisch. Und wieder andere Beziehungen sind alles andere als attraktiv, da der eine der Beziehungspartner oder auch beide mehr Schaden als Nutzen haben, und dennoch halten sie an der Beziehung „auf Gedeih und Verderb" fest. Das Austauschmodell unterstellt Individuen, die sich autonom, egoistisch und utilitaristisch (nutzenkalkulierend) verhalten. Diese Annahme stimmt aber nicht immer mit der Realität überein.

5.3 Vier Typen sozialer Beziehungen

Wir waren von der Frage ausgegangen, weshalb Menschen sozialen Beziehungen eingehen bzw. aufrechterhalten. Das Austauschmodell bietet hier eine Antwort, die aber zu eng, zu reduktiv ausfällt, wenn man im Nutzenkalkül des Individuums die einzige Triebfeder des sozialen Austausches sieht. Eine komplexere Typologie sozialer Beziehungen hat der Kulturanthropologe Alan Page Fiske (1990, 1991) entworfen. Fiske unterscheidet vier elementare Typen sozialer Beziehungen. Zudem ordnet Fiske jedem Beziehungstypus eine bestimmte Art zu, wie sich Menschen voneinander unterscheiden.

(1) *Communal sharing*. Hier ist eine Art von Beziehungen gemeint, bei der Menschen etwas miteinander teilen, ohne eine besondere Erwiderung zu erwarten. Beispiele sind auf Verwandtschaft beruhende Beziehungen und Beziehungen, in denen die Einheit und Identität der Gruppe im Vordergrund stehen. Soziale Unterschiede werden hier auf kategorialem bzw. nominalem Niveau vorgenommen. Das heißt, die Beziehungspartner werden lediglich als andere, aber nicht als höhere, bessere bzw. tiefere, schlechtere eingeordnet.
(2) *Authority ranking*. Hier handelt es sich um eine asymmetrische Beziehung, in der der Niedrigerrangierende aus Ehrerbietung oder Respekt dem Höherrangigen einen Tribut zollt. Umgekehrt mag sich der Höherstehende seinem Untergebenen verpflichtet fühlen („noblesse oblige"). Ein Beispiel für diesen Beziehungstyp bieten die Beziehungen zwischen einem charismatischen Führer und seinen Anhängern. Die soziale Distinktion erfolgt hier ordinal, d.h. vergleichend nach dem Muster höher/tiefer, besser/schlechter, mehr/weniger etc., wobei die Abstände zwischen den Rängen undefiniert bleiben.
(3) *Equity matching*. Diese Beziehungen sind dadurch charakterisiert, dass sie auf reziprokem, balanciertem Austausch beruhen, in dem es um Gleichheit geht. Menschen empfinden egalitär und gerecht abgestimmte Beziehungen für sich genommen als befriedigend und nicht, weil sie dabei einen hohen Profit erzielen.

Beispiele für solche Beziehungen liefern Kooperationsgruppen wie Fahrgemeinschaften oder Kinderbetreuungsgruppen. Bei diesem Beziehungstyp werden soziale Unterscheidungen auf Intervallskalenniveau vorgenommen. Das heißt, Einsätze, Beiträge zur Kooperation können auf einer Dimension bemessen werden. Unterschiede können quantifiziert, aber nicht proportional umgetauscht werden.

(4) *Market pricing.* In diesem Falle werden die Beziehungen nach einem Input-Output-Verhältnis bzw. nach einem Proportionalitätskriterium bemessen. Der Ertrag wird mit Alternativen verglichen und womöglich entsprechend ausgehandelt („bargaining"). Im Idealfall gibt es einen universellen Bemessungsstandard (z.B. Geld), in den man alle Leistungen umrechnen kann. Offensichtliches Beispiel für diesen Typus stellt die Geschäftsbeziehung dar. Die soziale Unterscheidung erfolgt hier auf Rationalskalenniveau. Das heißt, es gibt einen Maßstab mit einheitlichen Intervallen und einem Nullpunkt.

Fiske unterstellt, dass die von ihm dargestellten vier Typen elementare Formen sozialer Beziehungen sind, bzw. dass es sich hier um Modelle handelt, nach denen soziale Beziehungen gestaltet werden. Die vier Modelle stellen unterschiedliche Weisen dar, miteinander umzugehen und soziale Identität zu konstruieren. Alle vier lassen sowohl pro- als auch antisoziales Verhalten zu, positive wie negative Gefühle. Und jedes Modell bringt eine bestimmte Vorstellung sozialer Gerechtigkeit oder Angemessenheit mit sich.

Alle vier Formen oder Modelle existieren auf allen Ebenen sozialer Beziehung, sind also in der Zweierbeziehung ebenso anzutreffen wie bei Beziehungen zwischen Gruppen oder gar Gesellschaften. Bei der Gestaltung einer konkreten Beziehung können sich die Partner mal des einen, mal des anderen Modells bedienen. Entsprechend können Missverständnisse und Konflikte auftreten, wenn die Beziehungspartner ihre Beziehung nach unterschiedlichen Modellen gestalten und interpretieren. Eine soziale Beziehung kann auch zu unterschiedlichen Zeitpunkten nach einem anderen Modell gestaltet werden. Eine konkrete soziale Beziehung oder eine konkrete Gruppe durchläuft Phasen, in denen jeweils ein anderes Beziehungsmodell zur Anwendung kommt.

Fiske unterstellt, dass sich diese vier elementaren Beziehungstypen im Laufe der sozialen Evolution herauskristallisiert haben und ihre Grundstruktur durch die Evolution auf den Menschen überkommen ist. Was aber Menschen immer wieder lernen müssen, sind die kulturspezifischen Regeln, um diese vier Formen auszufüllen oder zu implementieren (Fiske 1991: 208). Zum Beispiel tauchen das Miteinanderteilen oder die Empathie in der natürlichen ontogenetischen Entwicklung des Kindes spontan auf, doch muss das Kind noch lernen, was es mit wem und unter welchen Bedingungen teilen darf, kann, soll oder muss.

Eine wichtige weitere Annahme Fiskes ist den Theorien diametral entgegengesetzt, die vom individuellen Nutzen als Triebfeder sozialer Beziehungen ausgehen. Utilitaristische Theorien unterstellen, dass Menschen eine Beziehung eingehen, *weil* sie damit ein Ziel verfolgen, bzw. *um* aus der Beziehung einen Nutzen zu ziehen. Fiske hingegen geht davon aus, dass Menschen Beziehungen eingehen – und das trifft für alle vier Beziehungsformen zu –, *weil* die Beziehung auch einen Zweck für sich darstellt.

Fiske hebt hervor, dass die Art und Weise, wie soziale Beziehungen gestaltet werden, nicht allein von den Beziehungspartnern abhängt, sondern vor allem auch von kulturellen Vorgaben. Es ist vielleicht typisch für die westliche Zivilisation, für die moderne Gesellschaft oder für die gegenwärtige Kultur, dass die Autonomie des Individuums überbetont wird, die sich eben auch darin ausdrückt, dass sich das Individuum seine Beziehungen aussucht. Übertrieben wird diese Sichtweise dann, wenn soziale Beziehungen so vorgestellt werden, als wären sie Investmentgeschäfte. (Übrigens werden auch Investmentgeschäfte nicht ausschließlich nach „rationalen" Nutzenkriterien getätigt.)

5.4 Nichts als Beziehung: *pure relationship*

Ein anderes, ebenso übertriebenes, Beziehungsmodell, das in Gesellschaften existiert, in denen die Autonomie des Individuums hochgeschätzt wird, hat Anthony Giddens (1991; 1992/1993) dargestellt. Es ist das Modell der *reinen Beziehung (pure relationship)*. Diese hat nach Giddens folgende Merkmale:

1. Die reine Beziehung ist nicht verankert in den externen Gegebenheiten des sozialen und wirtschaftlichen Lebens, sie ist vielmehr *freiflottierend*, jenseits der gesellschaftlichen Arbeitsteilung und nicht auf sie zurückzuführen.
2. Die Beziehung ist „rein", in dem Sinne, dass nur das, was sie den Partnern bringt bzw. nicht bringt, zählt. Alles, was zwischen den Partnern falsch läuft, gefährdet die Beziehung selbst.
3. Die reine Beziehung ist reflexiv. Ständige Selbstbeobachtung und Selbstbefragung der Beziehung machen ihren Kern aus, gefährden sie aber auch. Dieses reflexive Moment ist eng verbunden mit dem „reflexiven Projekt des Selbst", d.h. der Anforderung, sich selbst zu beobachten, zu thematisieren und zu überprüfen.
4. *„Commitment"* (Bindung, Verpflichtung) spielt eine zentrale Rolle in der reinen Beziehung. Commitment zeigt sich durch die Bereitschaft, Zeit zu investieren („quality time"!). Dieses commitment beruht auf individueller Entscheidung, nicht auf moralischen Vorgaben. Angesichts des reflexiven Charakters der Beziehung ist commitment allerdings schwer aufzubauen. Die reine Beziehung beruht in hohem Maße auf Reziprozität. Das schafft „co-dependence" – wechselseitige Abhängigkeit, inklusive der Extremformen von Ausgeliefertsein und Süchtigkeit. Andererseits verlangt die reine Beziehung die Autonomie des Individuums (vgl. Giddens 1993: 154).
5. Die reine Beziehung ist konzentriert (möglicherweise fixiert?) auf Intimität. Intimität ist eng verbunden mit dem „reflexiven Projekt des Selbst". Das wird deutlich im Angebot der zahlreichen, auch kommerziellen, Ratgeber und Ratschläge zur Gestaltung von Intimität nach dem Muster „erforsche dich selbst", „offenbare dich und deine Gefühle dem Partner gegenüber", „öffne dich", „sei spontan"). Diese Kombination von Intimität und Selbstoffenbarung kann allerdings zur Verkrampfung der Beziehung führen.

6. Eng verbunden mit der Herstellung (und Überprüfung) der Intimität ist die Forderung nach wechselseitigem Vertrauen. Vertrauen ist indes nicht gegeben, sondern muss erarbeitet und bewiesen werden.
7. Die reine Beziehung beinhaltet Selbsterfahrung durch Intimität und schafft damit gemeinsame Geschichte („shared histories"). Diese miteinander geteilten Beziehungsgeschichten müssen in die übrigen Lebenspläne und Lebensgeschichten integriert werden. Wenn das Selbst in der reinen Beziehung erforscht wird, dann werden natürlich auch die Beziehungsgeschichten mit früheren Partnern erörtert und müssen integriert werden, ebenso die vielleicht parallel laufenden anderen Beziehungen. Das führt ein weiteres Moment der Reflexivität und Intimität ein. Diese Reflexivitätssteigerung belastet die Beziehung aber auch, denn sie führt dazu, dass die Beziehung verglichen wird und sich im Bezug zu anderen (früheren, gleichzeitigen, potentiellen späteren) „rechtfertigen" lassen muss.

Giddens' (vielleicht unglücklich benanntes, keineswegs mit rein im Sinne von keusch zu verwechselndes) Konzept *reine Beziehung*, fasst wohl einige der Probleme zusammen, die man mit dem flapsigen Stichwort „Beziehungskiste" in Zusammenhang bringen kann und mit denen sich Menschen bei der Gestaltung ihrer intimen Beziehungen heute konfrontiert sehen. Bemerkenswerterweise finden in Giddens' *reiner Beziehung* altmodisch erscheinende Begriffe wie Treue oder Ausschließlichkeit ebenso wenig Beachtung wie positive Gefühlsinhalte (Freude, Romantik, Liebe, Begeisterung etc.). Und auf der anderen Seite sind solche negativen Aspekte der Beziehungsaufnahme, -überprüfung und -gestaltung, die mit der AIDS-Problematik im Zusammenhang stehen und die einen weiteren Reflexivitätsschub in der Beziehungsarbeit auslösen könnten, von Giddens nicht reflektiert.

5.5 Soziale Gruppe

Regelmäßige und dauerhafte soziale Beziehungen können zu sozialen Gebilden wie der Gruppe führen. Was ist eine Gruppe? – Auf den ersten Blick scheint die Antwort einfach: eine Anzahl von Personen macht eine Gruppe aus. Gleichwohl gibt es in der Soziologie differenziertere Vorstellungen davon, was neben diesem Plural von Menschen noch hinzukommen muss, damit man von einer Gruppe sprechen kann. Außerdem unterscheidet die Soziologie verschiedene Typen von Gruppen.

Von Gruppe im eigentlichen, sozialen, Sinne ist zunächst die *statistische* Gruppe zu unterscheiden. Zum Beispiel bilden alle Erwerbstätigen mit einem Einkommen von xx Euro eine statistische, aber eben keine soziale Gruppe. Die Zugehörigkeit zu einer statistischen Gruppe und deren Grenzen werden von Statistikern oder Soziologen definiert, nicht von den „Gruppenmitgliedern" selbst.

Einen anderen Typus von Gruppe bilden Personen, die ein bestimmtes Merkmal gemeinsam haben; z.B. alle Rothaarigen, alle Schwangeren, alle Teenager. Auch hier handelt es sich nicht um eine soziale Gruppe, sondern vielmehr um eine *soziale Kategorie*.

Ein dritter Gruppentypus stellen *soziale Aggregate* dar. Hierunter versteht man eine Ansammlung von Menschen zu einem bestimmten Zeitpunkt, an einem bestimmten Ort; z.B. alle Passagiere an Bord eines Schiffes. Die Mitglieder eines sozialen Aggregats können, müssen aber nicht Interaktionsbeziehungen unterhalten.

Der nächste zu unterscheidende Typus ist die *Assoziation* oder *assoziative Gruppe*. Bei diesem hat man es – im Gegensatz zu den anderen Typen – schon mit einer auf sozialer Organisation beruhenden Formation zu tun. Hier handelt es sich um Menschen, die zu einem bestimmten, wenn auch begrenzten Zweck sich zusammenschließen (z.B. die Mitglieder eines Vereins oder Verbandes).

Was macht nun aber eine „echte" soziale Gruppe aus? – Hier sind einige Definitionsmerkmale zu nennen:

(1) Eine soziale Gruppe besteht aus einem Plural von Menschen. Während man ein Paar gemeinhin nicht als Gruppe bezeichnet, kann Drei als Untergrenze für die Mitgliederzahl einer Gruppe gelten. Triaden eröffnen gegenüber einer Zweier-Beziehung strukturell neue Möglichkeiten wie etwa die Koalitionsbildung. Schwieriger ist die Obergrenze einer (funktionierenden) Gruppe zu bemessen. Realistischerweise ist sie davon abhängig zu machen, ob die folgenden Kriterien gegeben bzw. noch erfüllbar sind.

(2) Die Mitglieder einer sozialen Gruppe interagieren miteinander, und zwar relativ häufig, regelmäßig und „face to face". – Der Problempunkt bei diesem Definitionskriterium ist im Wörtchen „relativ" verborgen; denn wie häufig und regelmäßig eine Gruppe zusammenkommen muss, um als solche gelten zu können, darüber lässt sich streiten. In Anbetracht der Möglichkeiten der Kommunikation mit Hilfe von (nicht nur modernen) Medien könnte auch das Kriterium der „leibhaftigen" Interaktion von Angesicht zu Angesicht („face to face") zur Diskussion stehen.

(3) Die Mitglieder einer sozialen Gruppe haben ein Wir-Gefühl, eine Gruppenidentität, die sie von Nichtmitgliedern unterscheidet und eine Grenze zwischen Gruppe und Außenwelt (in-group vs. out-group) zieht.

(4) Die Mitglieder einer sozialen Gruppe haben für sie bedeutsame Gemeinsamkeiten hinsichtlich Interessen, Werte oder Ziele. Sie entwickeln gruppenspezifische Normen.

(5) Die soziale Gruppe weist eine gewisse Struktur auf. Die Gruppe neigt dazu, Aufgaben, Funktionen oder Rollen auszubilden. Bei diesem Kriterium handelt es sich bereits um ein „anspruchsvolles", dem nicht jede – und schon gar nicht jede spontan gebildete und nur vorübergehend existierende – Gruppe entsprechen mag.

5.6 Führung in Gruppen

Das oben unter (5) zuletzt angegebene Definitionsmerkmal von sozialen Gruppen beinhaltet die Unterscheidung von Funktionen, die eine Gruppe ausfüllt. Die einfachste funktionale Differenzierung (Aufgabenteilung oder Rollenausbildung) besteht in der Unterscheidung von *sozialer Kohäsion* und *Lokomotion*. Mit sozialer Kohäsion ist der Zusammenhalt von Gruppen gemeint, mit Lokomotion die Bewegung oder Orientierung der Gruppe auf ein Ziel hin. Die soziale Kohäsion ist Voraussetzung dafür, dass die Gruppe überhaupt ein Ziel anstreben und eventuell verwirklichen kann. Für manche Gruppen ist der Zusammenhalt auch schon das Ziel selbst, das die Existenz der Gruppe rechtfertigt. Doch wenn die Gruppe außer ihrer Existenz und ihrem Zusammenhalt noch weitere Ziele anstrebt, muss sie Aufgaben verteilen und koordinieren. Das heißt, sie bildet verschiedene Funktionen aus, die ihrerseits die strukturelle Differenzierung vorantreiben.

Mit größer werdender Zahl der Mitglieder einer Gruppe wachsen die Beziehungsmöglichkeiten. Damit einher gehen kann dann eine weitere Aufgabenverteilung oder funktionale Differenzierung innerhalb der Gruppe. Wenn die Zahl der Gruppenmitglieder, die Häufigkeit der Interaktionen zwischen den Mitgliedern und die funktionale Differenzierung in der Gruppe zunehmen, wird die soziale Organisation der Gruppe komplexer und komplizierter. Ab einer gewissen Größe und Komplexität stellt sich der Gruppe das Problem oder Erfordernis ihrer Leitung oder *Führung*.

In Gruppen, die in formalen, institutionellen Kontexten verankert sind, werden Führer oft von außen eingesetzt, oder aber die Mitglieder wählen sich nach einem formalen Verfahren einen Führer. Doch auch auf der Ebene informeller Kleingruppen stellt sich schon die Führungsfrage. Führung in Kleingruppen hat Robert F. Bales (1953; Bales & Slater 1955) untersucht. Bales stellte fest, dass es zwei Typen von Führern gibt, den *instrumentellen* und den *expressiven*. Der instrumentelle Führer organisiert die Gruppe so, dass sie effektiv die ihr obliegende Aufgabe erfüllt. Er hält die Gruppenmitglieder zur Aufgabenerfüllung an, gibt dabei Orientierungshilfen und versucht Entscheidungen herbeizuführen. Der expressive Führer ist darauf bedacht, die Gruppe zusammenzuhalten, interne Konflikte zu regeln und das emotionale Klima in der Gruppe günstig zu beeinflussen. Führung hat diese beiden Aspekte oder Funktionen, man kann von einem *Führungsdual* sprechen (Etzioni 1965). Der ideale Führer ist sowohl instrumenteller als auch expressiver Führer. Weil aber die Anforderungsprofile des instrumentellen und des expressiven Führers sehr unterschiedlich sind, wird man diesen idealen Führer in der Realität nicht allzu oft finden. Daher verteilen Gruppen auch – bewusst oder unbewusst – die beiden Führungsfunktionen auf verschiedene Führungspersonen und haben dementsprechend einen instrumentellen und einen expressiven Führer.

In traditionellen Familien z.B. gibt es eine typische Verteilung der Führungsaufgaben: die Mutter übernimmt die Rolle des expressiven Führers (sie ist nicht nur für Haushalt im haushälterischen Sinne verantwortlich, sondern auch für den „emotionalen Haushalt" der Familie) und der Vater die des instrumentellen Führers (Ernährer der Familie). Idealerweise ergänzen sich die Inhaber der beiden Führungsrollen. Häufig kommt es aber auch zu Konflikten zwischen instrumenteller und expressiver Führung. Hat eine Person beide Funktionen des Führungsduals auszuführen, muss sie diesen Rollenkonflikt in ihrer bzw. durch ihre Persönlichkeit austragen, während es im Falle der Aufteilung des Führungsduals auf zwei Personen zum Konflikt zwischen den beiden kommen kann. Mitunter muss die Gruppe entscheiden, was für ihr Funktionieren und Überleben insgesamt wichtiger ist: dass eine gute Stimmung in der Gruppe herrscht oder dass die Gruppe bei der Erfüllung einer Arbeitsaufgabe erfolgreich ist. Nun wird es aber kaum gelingen, bei schlechter Stimmung in der Gruppe eine Aufgabe erfolgreich zu erledigen. Komplexere Gruppen oder „super-gruppenartige" Gebilde wie Parteien, Vereine, Verbände und Nationen haben für die beiden Führungsaspekte spezialisierte Rollen reserviert. Sie haben einen expressiven-emotionalen Führer, der für die soziale Kohäsion zuständig ist oder sie repräsentiert, und einen instrumentellen Führer, der „die Sache nach vorne bringt" (Lokomotion). In der Verfassung der Bundesrepublik Deutschland kann man in Bundespräsident und Bundeskanzler die Verkörperung dieser Funktionsaufteilung sehen.

Eine umfangreiche *Führungsforschung* hat versucht, herauszubekommen, wie Führer*persönlichkeiten* bzw. Führungs*eigenschaften* aussehen. Die Ergebnisse solcher Persönlichkeitserkundungen bzw. Eigenschaftsauflistungen waren enttäuschend. Sie zeigten, dass es *die* Führerpersönlichkeit und *die* Führungseigenschaften, die unabhängig von situationalen Gegebenheiten und unabhängig von der Beschaffenheit der Gruppe erfolgreich wären, nicht gibt. Das gleiche ergab die Untersuchung von Führungs*stilen*. Sofern man überhaupt konsistente Führungsstile ermitteln konnte, zeigte sich, dass ein direktiver Führungsstil in der *einen* Situation und der *einen* Gruppe erfolgreich sein mag, unter anderen situationalen Bedingungen und in einer anderen Gruppe aber katastrophal sein kann. Umgekehrt gilt auch für einen laissez-faire-Führungsstil, dass er je nach Kontext erfolgreich oder nicht erfolgreich sein kann.

Die Beurteilung von Führungsstilen und Führungsverhalten setzt voraus, dass überhaupt das Kriterium des Erfolgs klar ist. Erfolgskriterien der Gruppe wie ihrer Führung sind aber in der Realität, in der eine Gruppe zu einem „erfolgreichen Ergebnis" geführt werden soll, nicht unbedingt eindeutig und unstrittig. So kann man darüber streiten, was z.B. in einer Selbsterfahrungsgruppe das Erfolgskriterium ist. Dass jeder etwas über sich erfährt, egal zu welchem Preis (gleichgültig, ob er oder die anderen dabei verletzt werden)? Oder dass man eine gute Zeit miteinander hat? Oder dass man auch außerhalb der Gruppe kontaktfreudiger wird? – Und was ist das Erfolgskriterium für eine Kommission, die sich Gedanken zur Reformierung der Studienordnung macht? Soll eine fachlich stimmige Studienordnung erstellt werden? Eine verwaltungstechnisch durchführbare, eine pädagogisch sinnvolle, eine hochschulpolitisch vertretbare? Oder eine, die jedes Kommissionsmitglied das Gesicht wahren lässt? Oder eine, die die Reformfreudigkeit der Universität nach außenhin dokumentiert? – Man sieht also: über (Führungs-)Erfolg lässt sich streiten und auch darüber, welchen Anteil eine Führungsperson am Zustandekommen des Erfolgs hat. Im Zweifelsfall wird die Verantwortung für den Erfolg, wenn er sich denn einstellt, von jedem Gruppenmitglied übernommen, während die Verantwortung für Misserfolge gerne auf Sündenböcke geschoben wird. Auch dies scheint ein Gesetz des Gruppenlebens zu sein, das allerdings von der Soziologie kaum untersucht ist.

5.7 Primäre und sekundäre Gruppen, *in-* und *out-groups*

Eine weitere Unterscheidung von sozialen Gruppen ist die von *primären* und *sekundären* Gruppen (Cooley 1902, 1909; siehe auch Schäfers 1980). *Primärgruppen* sind eher personenzentriert, *Sekundärgruppen* eher zielorientiert. Bei beiden handelt es sich um Kleingruppen mit face-to-face-Interaktionen. In Primärgruppen sind die emotionalen Bande stärker und die Interaktionen intimer. Das Individuum ist in der primären Gruppe sozusagen auf ganzheitliche Weise Mitglied, während es in der sekundären Gruppe mit bestimmten Aspekten seiner Person (Funktionen, Rollen) Mitglied ist. Für das Funktionieren der Gesellschaft wie für das Leben des Einzelnen und seine Gesundheit sind natürlich beide Gruppen von großer Bedeutung. So hat ein Mensch, der nicht in Primärgruppen Mitglied ist, ein größeres Krankheitsrisiko und eine geringere Lebenserwartung. Bei der Unterscheidung von Primär- und Sekundärgruppe ist anzumerken, dass es sich um eine graduelle Unterscheidung handelt. Auch ist es möglich, dass eine sekundäre Gruppe zu einer primären, eine primäre zu einer sekundären wird. Beispiel für Ersteres: Eine Arbeitsgruppe entwickelt sich zu einer Gruppe von Freunden. Ein Beispiel für den zweiten Fall: Drei enge Freunde gründen ein Unternehmen, und aus der Freundschaft wird allmählich eine kühle Geschäftsbeziehung.

Eine weitere wichtige Unterscheidung der Gruppensoziologie ist die auf William G. Sumner (1840-1910) zurückgehende von *in-group* und *out-group* (Sumner 1906). Gruppen neigen dazu, eine Grenze zu ziehen zwischen „wir" und „ihr". Über diese Grenzziehung wird die Identität der Gruppe definiert. So grenzen sich beispielsweise Schulklassen gegen die Parallelklassen ab. Innerhalb einer Schulklasse bilden sich Cliquen nach der Unterscheidung von „wir" und „ihr". So förderlich diese Grenzziehung für die Entwicklung des „Wir-Gefühls" sein mag, so negativ sind doch auch einige ihrer Konsequenzen. So neigt die in-group dazu, die Mitglieder der out-group zu stereotypisieren. Die out-group wird dann ziemlich undifferenziert gesehen, die Distanz zwischen in- und out-group wird künstlich vergrößert. Die Mitgliedschaft in der in-group wird exklusiv, das heißt, so leicht kommt von außen niemand in die in-group hinein. Das wiederum kann die Folge haben, dass sich die in-group gegenüber der Außenwelt isoliert und dass sich ihre Realitätswahrnehmung verselbständigt. Die Stereotypisierung der Mitglieder der out-group kann so weit gehen, dass ein Feindbild aufgebaut wird. Der „Feind" muss draußen gehalten werden, bzw. im Extremfall wird die gesamte Außenwelt zum Feind deklariert. Wird der oder das Äußere von der in-group als Bedrohung wahrgenommen – und stereotyp Wahgenommenes wird leicht zur Bedrohung –, dann muss er oder es vernichtet werden.

Die Unterscheidung von in- und out-group wird nicht nur auf Kleingruppen angewandt, in denen soziale Interaktion auf face-to-face-Ebene existiert. Auch auf der Ebene von großen kollektiven Gebilden – Gesellschaften, ethnischen Gruppierungen, Nationen – ist diese Unterscheidung anzuwenden. Auf dieser makrosozialen Ebene sind dann auch die Tendenzen der Stereotypisierung, der Erzeugung von Fremd- und Feindbildern besonders fatal. Gerade wo die Überprüfung der Stereotypen gar nicht möglich ist, weil es gar nicht zu sozialen Interaktionen mit den out-group-Mitgliedern kommt, sind die Gefahren der Grenzziehung und des *Ethnozentrismus* groß. Der Ethnozentrismus stellt die in-group oder Eigengruppe in den Mittelpunkt, hält die eigene ethnische Gemeinschaft für den Nabel der Welt und wertet die out-group oder Fremdgruppe ab. Im Extremfall steht dem unkontrollierten Größenwahn der in-group die Vernichtung der out-group gegenüber. Historische Beispiele für solche Prozesse der *Inklusion* und *Exklusion* von sozialen Einheiten, die nicht mehr im eigentlichen Sinne soziale Gruppen sind, stellen Nationenbildung und Völkermorde dar.

Eine vergleichsweise sympathischer erscheinende Gruppenform ist die *peer group* (Cooley 1902, 1909). Hierunter versteht man eine Gruppe von Gleichaltrigen, wie sie etwa unter Kindern und Jugendlichen anzutreffen ist. Aber auch eine Gruppe, deren Mitglieder den gleichen sozialen Status haben, bezeichnet man als peer group. So kennt man z.B. bei wissenschaftlichen Fachzeitschriften das *peer review*-Verfahren, nach dem über die Qualität von eingereichten Beiträgen von den peers, den statusgleichen Kollegen entschieden wird. Eine peer group ist also durch ein hohes Maß an Gleichheit, sei es Gleichheit des Status oder des Alters, ausgezeichnet.

Die Sozialisationsforschung hat sich besonders mit peer groups im Teenager-Alter befasst. Unter Jugendlichen üben peer groups wichtige Sozialisationsfunktionen aus, die im Rahmen einer auf die Subkultur von Jugendlichen ausgerichteten Konsumkultur an Bedeutung gewonnen haben. Jugendliche entwickeln mit Hilfe der peer groups ihr Selbst. Die peer group ist wichtig für die Geschmacksbildung, die Vermittlung und Umsetzung von moralischen und ästhetischen Vorbildern und Verhaltensmodellen. Die Haltungen, Verhaltensweisen und Wertmaßstäbe der peers sind Bezugsgrößen, die für die Jugendlichen mitunter relevanter sind als alle anderen Sozialisationsinstanzen. Sexualität, das Verhältnis zu Körper und Geschlechtlichkeit werden durch die peers maßgeblich beeinflusst, und die „Aufklärung" darüber erfolgt zu großen Teilen nicht durch die Erwachsenen, sondern durch die peers.

5.8 Bezugsgruppen

Bei den soweit dargestellten Gruppentypen handelt es sich um „Mitgliedergruppen" (bzw. im Falle der out-goup komplementär über Nichtmitgliedschaft definierte Gruppen). Ein Kriterium ist die Gruppenmitgliedschaft. Von Gruppen in einem anderen Sinne ist in der sogenannten *Bezugsgruppentheorie* (Hyman 1942; Merton 1949; siehe auch Gukenbiehl 1980) die Rede. Eine *Bezugsgruppe* (*reference group*) ist nicht unbedingt eine Gruppe, in der man Mitglied ist. Eine Mitgliedergruppe ist *auch* eine Bezugsgruppe, aber nicht jede Bezugsgruppe definiert sich durch Mitgliedschaft. Eine Bezugsgruppe ist eine Gruppe, *mittels* derer ich mich orientieren und definieren kann (nicht notwendigerweise auch eine solche, mit der ich mich identifiziere). Zu unterscheiden sind *positive* und *negative* Bezugsgruppen. Um eine positive Bezugsgruppe handelt es sich, wenn man sich auf sie positiv bezieht, indem einem die Mitgliedschaft in ihr als erstrebenswert erscheint oder indem einem das, wofür sie steht, positiv erscheint. Von einer negativen Bezugsgruppe hingegen grenzt man sich ab, hebt sich von ihr ab, unterscheidet sich von ihr. In ihr möchte man unter keinen Umständen Mitglied sein. Gleichwohl kann der Bezug zu ihr bedeutsam für einen sein. Indem man sich auf bestimmte Gruppen bezieht, erhält man Selbstbild und Selbstwert, vermag man sich darüber klar zu werden, was man will und was nicht, wer und was man ist bzw. nicht ist. Personen vergleichen sich bzw. ihr Verhalten und ihren sozialen Status, indem sie sich in Beziehung zu einer oder mehreren Bezugsgruppen setzen.

Die verschiedenen Differenzierungen des Gruppenbegriffs seien nun beispielhaft illustriert:

Für einen Studenten oder eine Studentin gibt es verschiedene Gruppen und Bezugsgruppen. Als einer von über 2 Millionen Studierenden in Deutschland gehört der einzelne Student zu einer *statistischen Gruppe* und zu einer *sozialen Kategorie*, aber als solcher noch nicht zu einer *sozialen Gruppe*. Wenn er sich mit vielen anderen Studenten in der Universität aufhält, ist er Teil eines *sozialen Aggregats*. Als Mitglied der verfassten Studentenschaft gehört er einer *Assoziation* an. Als Seminarteilnehmer ist er dann Mitglied einer *sozialen Gruppe*, in diesem Falle einer Gruppe, die durch eine Aufgabenstellung bestimmt ist, also eher formalen Charakter hat. Womöglich bilden einige Seminarteilnehmer außerhalb des Seminars eine Kleingruppe, die sich zunächst als Arbeitsgruppe konstituiert, aber dann vielleicht zu einer *Primärgruppe* wird mit intimen Beziehungen und Bindungen. Einige Seminarteilnehmer kennen sich vielleicht schon aus ihrer Schulzeit, in der sie bereits zusammen eine *peer group* bildeten.

Einige der *peers* aus der Schulzeit sind nach dem Abitur einen anderen Weg gegangen, haben eine nichtakademische Berufsausbildung durchlaufen, einige junge Frauen aus der schulischen *peer group* sind inzwischen vielleicht Mutter geworden. Man vergleicht sich, den Werdegang, das Einkommen, den Status und Familienstand, mit den früheren *peers*. Für Studenten sind die früheren Mitschüler, die eine nichtakademische Berufsausbildung durchlaufen haben, sicher eine wichtige *komparative Bezugsgruppe*. Für sie ist nun aber auch das Lehrpersonal an der Hochschule eine Bezugsgruppe. Der eine oder die andere der Studenten richtet das Handeln womöglich an den Hochschullehrern aus. Wenn man anstrebt, irgendwann einmal selbst zu den Lehrenden zu gehören, dann stellen diese eine *aspirative Bezugsgruppe* dar. Nun wäre es aber völlig falsch, wenn ein Professor annehmen würde, dass das Lehrpersonal für Studenten der maßgebliche Bezug sei. Für einige der Studenten stellen vielleicht Fußballspieler, für andere Popstars eine viel wichtigere Bezugsgruppe dar, und für manche Studenten mögen die Professoren sogar eine *negative Bezugsgruppe* sein, von der sie sich unbedingt unterscheiden wollen. Studenten ihrerseits lernen sehr bald, dass sie für die Professoren nur eine Bezugsgruppe unter anderen darstellen. Professoren haben weder die Aspiration, wieder zu Studenten zu werden, noch stellen die Studenten für sie eine komparative Bezugsgruppe dar. Gleichwohl beziehen sich Professoren auf Studenten, nämlich indem sie versuchen, sich in sie hineinzuversetzen oder ihre Sichtweise zu übernehmen; etwa beim Versuch, einen Begriff mit Hilfe eines Beispiels aus der studentischen Erfahrungswelt zu illustrieren. Man kann hier von einer *perspektivischen Bezugsgruppe* (Shibutani 1955) sprechen. Das heißt, man übernimmt die Sichtweise (nicht die Mitgliedschaft) einer Gruppe bzw. man bezieht sich auf diese Perspektive. Für Professoren sind noch andere Bezugsgruppen von Bedeutung: etwa das Verwaltungspersonal der Universität, Hochschulpolitiker, Journalisten, Wissenschaftler außerhalb des Hochschulbereichs oder Angehörige anderer akademischer Berufe, die vielleicht weniger Prestige, aber höheres Einkommen haben.

Wie die Illustration zeigt, bietet die Bezugsgruppentheorie eine Vielzahl von Begriffen, das Individuum in Gruppenbeziehungen zu begreifen – Gruppenbeziehungen, die sich nicht in der Gruppenmitgliedschaft erschöpfen. Für die Person, die sich in Beziehung zu einer Bezugsgruppe setzt, spielt es zunächst keine Rolle, ob die Bezugsgruppe auch als soziale Gruppe real existiert. Bezugsgruppen können imaginiert werden. Für Wissenschaftler oder Künstler mag die Gemeinschaft der Wissenschaftler bzw. Künstler aller Zeiten und Kulturen eine Bezugsgruppe darstellen, die aber natürlich nicht als soziale Gruppe real existiert. Für einen Gläubigen mag die Gemeinschaft der Heiligen eine äußerst relevante Bezugsgruppe sein, die selbstverständlich einen etwas anderen Existenzstatus hat als die real existierende Gruppe der Fans von Bayern München, die für die Anhänger von 1860 München eine negative Bezugsgruppe darstellt.

5.9 Soziale Netzwerke

Ein weiterer Begriff, der für die Beschreibung und Analyse von Beziehungsstrukturen nützlich ist, ist der der *sozialen Netzwerke.* In einem umgangssprachlichen Sinne werden hierunter Beziehungsnetze verstanden, in die man irgendwie eingebunden ist und auf die sich der Einzelne verlassen kann. In einem strengeren Sinne handelt es sich hier aber um den zentralen Terminus einer relativ abstrakten, teilweise sehr formalisierten und sogar mathematisierten Richtung der Soziologie: der *Netzwerktheorie* oder *Netzwerkanalyse.*

In der Netzwerktheorie ist ein Netzwerk eine Struktur von Punkten oder Knoten, die sich mit Linien oder Pfeilen verbinden lassen. Punkte oder Knoten sind die graphischen Platzhalter für Personen, Positionen oder kollektive Gebilde wie Organisationen oder Korporationen. Zwischen diesen Punkten existieren Beziehungen, die sich graphisch durch Linien oder Pfeile darstellen lassen. Wegbereiter der Netzwerktheorie sind Jacob L. Moreno (1892-1974) und die von ihm entwickelte *Soziometrie* (Moreno 1934, 1954). In der Soziometrie befragt man die Mitglieder von Gruppen nach deren bevorzugten Interaktionspartnern (mit wem man z.B. am liebsten/häufigsten zusammenarbeitet, am liebsten/häufigsten zusammentrifft oder wen man am meisten schätzt etc.). Die so ermittelten Präferenzen oder tatsächlichen Interaktionshäufigkeiten ergeben eine Struktur, die sich in einem *Soziogramm* abbilden lässt. So sind dann für das einzelne Gruppenmitglied wie für das Interaktionsgefüge der Gruppe ingesamt charakteristische Beziehungsstrukturen darstellbar.

An Moreno wie auch die Austauschtheorie knüpft die Netzwerktheorie an. Sie konzipiert Beziehungen als Transaktionen, in denen Ressourcen ausgetauscht werden. Diese Ressourcen können symbolischer (Informationen, Ideen, Werte, Botschaften), materieller (physische Dinge, Geld) und/oder emotionaler (Wertschätzung, Sympathie, Respekt, Vergnügen, Lust) Art sein (Turner 1991: 550).

Die Netzwerktheorie interessiert sich nicht für die Motive, die die Handelnden zu ihrem Handeln veranlassen mögen. Für die Netzwerktheorien sind daher Erklärungen, die auf diese Motive abzielen, nicht von Belang. Das gleiche gilt für Erklärungen, die das Verhalten auf angeblich geteilte Vorstellungen der Handelnden oder auf gemeinsame internalisierte Normen zurückführen. Was die Netzwerkanalyse hingegen anstrebt, sind strukturelle Erklärungen des Verhaltens. Soziale Struktur ist für Netzwerktheoretiker das Muster der Verbindungen, welche Menschen mit- und zueinander unterhalten. Diese Verbindungen zwischen Menschen, Gruppen, Korporationen und Organisationen oder Gesellschaften sind Begrenzungen („constraints") – man könnte auch sagen Verkehrsnetze –, in denen das Handeln der Akteure eingebettet ist. Diese Verbindungen müssen nicht soziale Gruppen im engeren (oben dargestellten Sinne) sein. So erfasst die Netzwerkanalyse auch soziale Strukturen, die über Mikrostrukturen weit hinausreichen, nicht nur personelle Beziehungen und soziale Gruppen beinhalten, sondern auch Beziehungsnetze zwischen Organisationen.

Die Netzwerktheorie interessiert sich für Beziehungsstrukturen in dreierlei Hinsicht bzw. auf drei Ebenen. Erstens geht es um die Position einzelner Akteure in einem Netzwerk. Zweitens interessiert man sich für die Beziehungen zwischen Gruppen (z.B. Cliquen, Kartelle) innerhalb von Netzwerken. Und drittens besteht die – aber wohl kaum einlösbare – Absicht, die Gesamtgesellschaft als eine Konfiguration von Netzwerken darzustellen und somit die soziale Struktur der Gesellschaft zu erfassen (Jansen 2003: 32f.). Unter der Voraussetzung, dass sich je nach Positionierung innerhalb von Netzwerken auch Möglichkeiten der Einflussnahme auf Akteure und Netzwerkstrukturen ergeben, könnte man auf diese Weise auch die Verteilung von Macht in der Gesellschaft aufzeigen (Jansen 2003: 163-173).

Um soziale Strukturen darzustellen (auch graphisch), interessiert man sich für die Anzahl von Verbindungslinien, für ihre Intensität (Menge der fließenden Ressourcen), ihre Ausrichtung (Pfeilrichtung), für die Reziprozität (Wechselseitigkeit) und die Transitivität der Verbindungen (d.h.: wenn A mit B verbunden ist und B mit C, dann ist auch A mit C verbunden), für die Dichte der Verbindungen (wie viele der maximal möglichen Verbindungen in einem Netzwerk realisiert sind), für Brückenbildungen zwischen Unternetzwerken (z.B. die Brücken zwischen Cliquen), die Zentralität von Positionen und für die (strukturelle) Äquivalenz der Beziehungen zwischen Positionen (A, B, C sind strukturell äquivalent, wenn sie zu D die gleiche Beziehung haben).

Netzwerkanalysen haben den Vorzug der Quantifizierbarkeit. Netzwerkanalytiker sind vor allem daran interessiert, Netzwerke methodisch sauber zu erfassen und (mit Hilfe von Algorithmen und Computer) formal und graphisch darzustellen. Was es für Individuen heißt, in einer Beziehung zu stehen, warum sie das wollen oder nicht wollen, können oder nicht können, das interessiert in der Netzwerkanalyse weniger. Die Frage nach der individuellen oder kollektiven Identität, also dem Selbst der Einzelnen oder der Wir-Identität einer Gruppe, wird von der Netzwerkanalyse nicht gestellt. Es geht also nicht um die Webersche Frage, welchen Sinn Menschen mit ihrem sozialen Handeln verbinden. So sieht auch Dorothea Jansen (2003: 278; Hervorh. ebd.) ein „interpretatives Defizit" „im noch immer zu wenig reflektierten Verhältnis zwischen konkreten Netzwerken und Interaktionen und *subjektiven Bedeutungszuschreibungen, Normen und Institutionen, Kulturen und Symbolwelten*". Theoriedefizite (theory gap) beklagt auch Gabriel Weimann (1989: 199f.), der die Netzwerkanalyse für das Thema der interkulturellen Kommunikation fruchtbar zu machen sucht.

So wie Gruppen nicht gleich Gruppen sind – die Gruppen- und Bezugsgruppensoziologie hat ja, wie gezeigt, differenzierte Gruppenkonzepte vorgelegt –, so unterscheiden sich auch Netzwerke voneinander. Jenseits ihrer formal-strukturellen Ähnlichkeiten kommt es auch darauf an, worum es in den Netzwerken geht, welcher Art die Transaktionen und Ressourcen sind und welche (kulturelle) Bedeutung ihnen von den Akteuren bzw. durch Gesellschaft und Kultur zugeschrieben wird. Gleichwohl, um eine Vorstellung von der strukturellen Vernetzung von Akteuren, Handlungen oder Interaktionen zu bekommen, mag die Netzwerkanalyse ein nützlicher Ansatz sein. Attraktiv erscheint die Netzwerkanalyse insbesondere dann, wenn man Formalisier- und Mathematisierbarkeit von Zusammenhängen als Vorzug von Theorien und Methoden schätzt.

Kapitel 6:
Abweichendes Verhalten

Begriffe:

Abweichendes, deviantes Verhalten, Devianz
Sanktionen
Soziale Kontrolle
Konformität und Nonkonformität
Deviante Subkultur
Anomie
Primäre und sekundäre Devianz, labelling
Thomas-Theorem, self-fulfilling prophecy, Stigmatisierung
Negative und positive Funktionen der Devianz

Die vorigen Kapitel haben Begriffe dargestellt, mit Hilfe derer die Soziologie versucht, die Ordnung des Sozialen zu beschreiben oder gar zu erklären. Wenn sich Menschen an Werten und Normen orientieren, wenn sie ihr Handeln in die Form von Rollen gießen oder wenn sie ihr Verhalten nach bestimmten Regelmäßigkeiten ausführen, in Interaktions- und Beziehungsstrukturen, dann wird soziale Ordnung hergestellt und fortgeschrieben. Doch dieses harmonische Bild sozialer Ordnung ist nur die eine Seite der Gesellschaft. Erwartungen und Normen werden immer auch verletzt, Regeln werden missachtet, offen in Frage gestellt oder abgeschafft. Das Verhalten der Menschen entspricht nicht immer dem Erwarteten (dem statistisch wie normativ Erwartbaren). Menschen weichen von der Regel, von der Norm und der Sitte ab. Soziologen haben sich für diese Abweichungen interessiert. Das sogenannte abweichende Verhalten, die *Devianz*, ist Forschungsgegenstand der Soziologie.

6.1 Normierung und Sanktionierung

Der Begriff *Devianz* entstammt einer soziologischen Richtung, die das Funktionieren der Gesellschaft und die Beachtung von Normen in den Mittelpunkt gestellt hat. Vor diesem Hintergrund ist dann abweichendes Verhalten oder Devianz zu definieren als Nonkonformität bezüglich einer gegebenen Norm oder einem Satz von Normen – Normen, die von einer maßgeblichen Anzahl von Menschen in einer Gemeinschaft oder Gesellschaft akzeptiert werden (Giddens 1989: 118). Nicht nur der Einzelne, sondern auch Gruppen oder noch größere Kollektive können sich abweichend verhalten, können deviant sein. Wenn das abweichende Verhalten eines Kollektivs kein Einzelfall ist, sondern ein beständiges Muster darstellt (womöglich mit eigenen „Regelmäßigkeiten"), dann spricht man auch von einer devianten Subkultur (z.B.: eine religiöse Sekte).

Mit Normen sind *Sanktionen* verbunden, positive und negative. Um eine *positive* Sanktionierung des Verhaltens handelt es sich, wenn jemand für sein Verhalten belohnt wird. Ein Großteil des „normalen" Verhaltens wird allerdings nicht eigens belohnt. Deutlicher und oft auch dramatischer fallen die *negativen* Sanktionen aus, mit denen abweichendes Verhalten belegt wird. Wenn auch nicht jede Missachtung einer Regel und nicht jeder Verstoß gegen eine Norm negativ sanktioniert werden, so ist der Abweichler doch zumindest potentiell mit einem breiten Spektrum negativer Sanktionen konfrontiert. Diese können vom schiefen, strafenden Blick bis zur Verhängung der Todesstrafe reichen. Bei der Todesstrafe handelt es sich um eine formale Sanktion. In diesem Falle gibt es eine bestimmte Instanz, die die Sanktionierung ausspricht, und zwar nicht willkürlich, sondern nach einem bestimmten Verfahren, das seinerseits legitimiert werden muss (auch wenn von außen betrachtet, aus der Perspektive einer anderen Gesellschaft, diese Legitimation fragwürdig erscheinen mag). Das Schiefansehen, als Reaktion auf ein nonkonformes Verhalten, stellt eine informale negative Sanktion dar. Analog kann man auch bei positiven Sanktionen formale (z.B. Beförderungen) und informale (z.B. aufmunternde Worte) unterscheiden.

6.2 Soziale Kontrolle

Mit Hilfe von Sanktionierung wird das bewirkt, was Soziologen mit dem Begriff *soziale Kontrolle* ansprechen. In der frühen amerikanischen Soziologie taucht der Begriff *social control* bei Edward A. Ross (1922) auf und bezieht sich zunächst auf Vorstellungen und Erwartungen, die der „Kontrollierende" hinsichtlich des Verhaltens des „Kontrollierten" hat und es somit beeinflussen. Allgemeiner ist soziale Kontrolle der Prozess, in dem eine Gruppe, eine Organisation oder eine Gesellschaft sicherstellt, dass ihre Mitglieder sich bestimmten Werten, Normen und Regeln konform verhalten. Damit beinhaltet soziale Kontrolle auch Einflussnahme und Machtausübung (vgl. Davis & Stasz 1990).

Es gibt selbstverständlich unterschiedliche Intensitätsgrade sozialer Kontrolle. Die von George Orwell in seinem utopischen Roman *1984* dargestellte Form ist die einer totalen sozialen Kontrolle, derer sich der Einzelne nicht mehr zu entziehen vermag und die durch eine permanente Überwachung des Individuums erfolgt. Solche rigiden Formen gibt es in der Realität annäherungsweise in *totalen Institutionen* (Goffman 1961b) – Konzentrationslager, Gefängnisse, psychiatrische Anstalten – oder in manchen religiösen Sekten. Zumeist ist aber soziale Kontrolle weniger rigide und lässt ein mehr oder weniger großes Spektrum der Nonkonformität zu. Die soziale Kontrolle funktioniert auch ohne drastische Überwachungsmaßnahmen und Sanktionen, da ja gerade in der Sozialisation bestimmte Verhaltenserwartungen vom Individuum verinnerlicht werden, so dass sich das Individuum selbst kontrolliert. Wenn mit Sozialisation die Internalisierung von Werten und Normen gemeint ist, dann heißt das ja, dass die Außensteuerung durch die Innensteuerung, die externe Kontrolle durch die interne ersetzt wird. Diesen Prozess, bei dem Affekte unter Kontrolle gebracht werden müssen, hat Norbert Elias (1897-1990) als einen historischen Prozess der Zivilisierung beschrieben, bei dem Fremdkontrolle (d.h. Kontrolle des Verhaltens durch andere) durch Selbstkontrolle ersetzt wird (Elias 1976).

Ein berühmtes sozialpsychologisches Experiment, das zeigt, wie weit der Konformitätsdruck in Gruppen gehen kann, wurde von Solomon E. Asch (1951; 1952: 450-501) durchgeführt. In diesem Experiment legte Asch den Mitgliedern einer Gruppe in mehreren Testdurchläufen jeweils Paare von Karten vor, auf denen Linien mit unterschiedlichen Längen zu sehen waren. Die Versuchspersonen mussten die Längen vergleichen und angeben, welche der Linien auf der einen Karte denen auf der anderen entsprachen. Nun waren die Testgruppen aber so zusammengesetzt, dass die eigentliche Testperson mit „Strohmännern" zusammengebracht wurde. Die Strohmänner waren von Asch instruiert worden, die Längen der Linien – übereinstimmend – falsch abzuschätzen. Die echte Versuchsperson wurde also mit den objektiv falschen Einschätzungen durch die Gruppenmehrheit konfrontiert und mehrfach darauf hin getestet, ob sie die Länge der Linien richtig einschätzen oder sich dem Urteil der Gruppenmehrheit anschließen würde. Asch versetzte 50 Personen in diese Testsituation. Gut ein Drittel der getesteten Personen schloss sich dem Gruppenurteil an und nahm bei mehr als 50% der Testaufgaben falsche, aber gruppenkonforme Einschätzungen vor. Weitere 40% schlossen sich hin und wieder dem Gruppenurteil an, aber in weniger als 50% der gestellten Aufgaben. Nur 25% der Testpersonen widerstanden immer den falschen Gruppenurteilen. Rund 75% der Testpersonen ließen sich also zumindest einige Male vom richtigen Urteil abbringen und übernahmen das objektiv falsche Gruppenurteil.

Wenn also selbst in Gruppensituationen, in denen eine simple Aufgabe gestellt ist, die nichts mit Meinungen, Überzeugungen und dergleichen zu tun hat und deren richtige Lösung eigentlich leicht fallen sollte, die herrschende Mehrheit einen Konformitätsdruck erzeugt, kann man sich vorstellen, wie stark die Neigung zur Konformität in Situationen sein wird, in denen dem Mitglied mehr an der Gruppenmitgliedschaft liegt und in denen die zu entscheidenden Fragen bedeutsamer und strittiger sind. Man kann Experimente wie das von Asch auch noch ergänzen, indem man überprüft, wie überzeugt die Konformisten von ihrem objektiv falschen, aber eben gruppenkonformen Urteil sind. Wenn die Testpersonen schließlich gar nicht mehr die Diskrepanz zwischen der eigentlich richtigen Beurteilung und dem falschen, aber gruppenkonformen Urteil erkennen, dann liegt schon ein starkes Maß sozialer Kontrolle vor, dem eine tiefer gehende Verinnerlichung von Gruppennormen entspricht.

6.3 Erklärungen abweichenden Verhaltens

Offensichtlich ist soziale Kontrolle nie zu 100% effektiv in dem Sinne, dass sie vollständige Konformität herstellen und abweichendes Verhalten verhindern könnte. (Auch in Aschs Experimenten gab es immer noch eine Minderheit von Nonkonformisten.) Nun stellt sich die Frage, weshalb es überhaupt zu abweichendem Verhalten kommt und unter welchen Bedingungen es wahrscheinlicher wird. Während biologische und psychologische Erklärungen von Abweichungen auf Defekte des Organismus oder der Psyche abzielen würden, fassen soziologische Erklärungen Bedingungen und Ergebnisse des Sozialisationsprozesses als Ursachen für abweichendes Verhalten ins Auge. Im Folgenden seien einige Beispiele für Eklärungen abweichenden Verhaltens dargestellt (vgl. Lamnek 1997, 2007).

(1) Eine simple soziologische Erklärung abweichenden Verhaltens stammt von Edwin H. Sutherland (1883-1950). Sutherland (1924 bzw. 1939) begreift abweichendes Verhalten als Effekt der *differential association* (ein Zusammenschluss von sich gegen andere Abgrenzenden). Vorausgesetzt wird hier, dass Menschen durch Interaktion mit anderen beeinflusst werden. Wenn sich nun ein Individuum mit anderen zusammenschließt, die sich selbst abweichend verhalten und die abweichendes Verhalten belohnen, dann wird es selbst auch deviant (abweichend). Deviantes oder kriminelles Verhalten erscheint hier als Ergebnis eines Lernprozesses, der häufig in *peer groups* erfolgt. Ein Beispiel wäre ein Jugendlicher, der sich einer Jugendbande anschließt und deren Verhaltensweisen erlernt und ihre Normen übernimmt. Das Individuum ist deviant, weil es in einer Gruppe mit abweichenden Normen (abweichend von denen der Gesellschaft) sozialisiert wurde. Diese soziologische oder sozialpsychologische Erklärung ist anders gestrickt als eine individualpsychologische, die das Phänomen durch die Eigenheiten des Individuums erklären würde.

(2) Die Theorie der „differenten Assoziierung" ist folgerichtig um den Begriff der *Subkultur* ergänzt worden. Im Mittelpunkt steht demnach nicht der einzelne Abweichler, sondern die „deviante Subkultur". Schließlich wird ja der Einzelne zum Devianten, indem er Werte, Normen und Verhaltensweisen einer Subkultur bzw. einer subkulturellen Gruppe erlent. Wenn es in einer Gesellschaft Subkulturen gibt, dann existieren auch Subkulturen, die nonkonformes, womöglich illegales Verhalten belohnen und sogar kriminelle Normen entwickeln. In dieser theoretischen Perspektive sind dann vor allem Jugendbanden zum Forschungsgegenstand avanciert (A.K. Cohen 1955).

Bei dieser Erklärung der Devianz bleiben einige Fragen offen: (a) weshalb das Individuum sich eben von der devianten Subkultur beeinflussen lässt, bzw. von ihr angezogen wird; (b) ob und wie es zu Abweichungen innerhalb einer Subkultur kommen kann; (c) wie sich Formen der Devianz erklären lassen, bei denen das Individuum sich nicht in einer devianten Subkultur befindet; und (d) – vielleicht am wichtigsten – weshalb in einer Gesellschaft überhaupt nonkonforme Subkulturen existieren und unter welchen Bedingungen sie sich entwickeln.

(3) Eine weitere soziologische Theorie, die *structural strain theory*, setzt an sozialstrukturellen Ursachen bzw. Belastungen an. Abweichendes Verhalten wird hier folgendermaßen erklärt: Auf Grund der Frustrationen, Enttäuschungen oder Entbehrungen, die jemand durch seine Position innerhalb der Sozialstruktur erfährt, ist er oder sie eher bereit, die gewünschten Ziele (oder Güter) auch mit illegalen Mitteln zu erreichen. (Z.B.: Jemand stiehlt ein Auto, weil er es auf legale Weise nicht erwerben kann.) Hier

wird also das deviante Verhalten durch die gesellschaftliche Position der Devianten und ihre Chancen zur Zielerreichung „erklärt" (Cloward 1959; Cloward & Ohlin 1960). Diese Theorie ist plausibel, wenn man daran denkt, dass Armut oder soziale Benachteiligungen zu Eigentumsdelikten verleiten können. Andererseits zeigen Studien, dass der Zusammenhang, die Korrelation, zwischen Einkommenshöhe und Kriminalität eher schwach ist. Schwer erklärbar ist mit dieser Theorie auch *white collar crime*, Delikte, die von Angehörigen mittlerer und höherer Einkommensgruppen begangen werden.

(4) Eine Gruppe von Theorien (*control theory*) setzt den Schwerpunkt der Erklärung ganz anders und fragt, weshalb Menschen überhaupt mit bestimmten Erwartungen konform gehen, weshalb sie sich also *nicht* abweichend verhalten. Der Grund hierfür wird in einem Nutzenkalkül gesehen, dem zufolge der „Preis", den man für Devianz begleichen muss, meistens zu hoch ist. Das Risiko, erwischt und bestraft zu werden, oder die Gefahr, aus der Gemeinschaft ausgegrenzt zu werden, stellen Kosten dar, die den Nutzen des abweichenden Verhaltens meistens übersteigen. Dieses Kosten-Nutzen-Verhältnis unterliegt der subjektiven Einschätzung – wobei sich die Subjekte natürlich täuschen können, insbesondere was die Beurteilung des Risikos, entdeckt zu werden, betrifft. Wenn hingegen Risiken und Kosten der Bestrafung gering sind, Gelegenheiten für nonkonformes Verhalten bestehen („Gelegenheit schafft Diebe"), erhöht sich die Wahrscheinlichkeit für abweichendes Verhalten. Devianz resultiert demnach aus dem Mangel an Kontrolle, bzw. stellt sich dort ein, wo der Einzelne nur ungenügend in soziale Beziehungen – die soziale Kontrolle beinhalten – eingebunden ist.

Nach den *control theories*, die es in verschiedenen Varianten gibt (Hirschi 1969; Gottfredson & Hirschi 1990), ist zu erwarten, dass in Gesellschaften immer ein gewisses Maß an Devianz und Kriminalität existieren wird, da es immer einige Individuen gibt, die sich von ihrem devianten Verhalten einen größeren Nutzen als von der Konformität versprechen. Zu fragen bleibt dann aber, wie es kommt, dass die Häufigkeit der Abweichungen in einer Gesellschaft zeitlich variiert und weshalb verschiedene Gesellschaften unterschiedliche Häufigkeiten abweichenden Verhaltens aufzuweisen haben. Diese Frage führt uns zu dem Klassiker Émile Durkheim und dem von ihm verwendeten Begriff der Anomie.

(5) Der Begriff Anomie ist von Durkheim in seinem Buch *Le suicide* (1897; dt. *Der Selbstmord*, 1983) eingeführt worden und meint einen Zustand der Gesellschaft, der durch Orientierungslosigkeit, Verlust an Klarheit der Normen oder Auflösung und Verschwinden von Normen gekennzeichnet ist. Wenn nun eine Gesellschaft ein hohes Maß an Anomie aufweist, dann tritt abweichendes Verhalten in verstärktem Maße auf. Eine Art des abweichenden Verhaltens, mit der sich Durkheim ausführlich beschäftigt hat, ist das Selbstmordverhalten. Durkheim hat untersucht, inwieweit die Zunahme von Selbstmordraten (d.h. die Zahl der Selbstmorde bezogen auf die Bevölkerung) auf Anomie zurückgeführt werden kann.

Mit Hilfe des Anomiebegriffs kann man die makrosoziologischen Veränderungen auf der Ebene der Gesellschaftsstruktur mit Verhaltensveränderungen auf der mikrosoziologischen Ebene des individuellen Verhaltens theoretisch verbinden. Um diesen

Zusammenhang auch empirisch herzustellen, muss man den Begriff Anomie operationalisieren, d.h. handhabbar machen bzw. in empirisch beobachtbare Phänomene übersetzen. So liegt die Annahme nahe, dass die Vielfalt und dann auch Widersprüchlichkeit und Unvereinbarkeit von Normen zunimmt, wenn sich die Zusammensetzung der Bevölkerung rasch und stark verändert. Für die Entwicklung der modernen Großstadt ist charakteristisch, dass sich die Zusammensetzung der Bevölkerung verändert. Wenn heterogene Gruppen von Menschen mit verschiedenen Orientierungen ein Gebiet (Stadt, Region oder Land) bevölkern, wenn sich die Zusammensetzung der Bevölkerung infolge von Fortzügen und Zuzügen häufig und rasch verändert und wenn damit einhergehend die Stärke der Bindungen der Menschen untereinander nachlässt, dann entwickelt sich das Gebiet bzw. die Gesellschaft in Richtung relativer sozialer Desintegration, bzw. nimmt einen anomischen Zustand an. Zu überprüfen wäre dann die Hypothese, dass es in solchen durch Anomie charakterisierten Gesellschaften zu mehr abweichendem Verhalten kommt als in weniger anomischen, stärker integrierten. Dieser Zusammenhang wurde von Durkheim im Hinblick auf die Selbstmordrate nachgewiesen.

Zahlreiche – vor allem amerikanische – Studien haben den Zusammenhang von Anomie und kriminellen Delikten untersucht. Es zeigte sich, dass die Kriminalitätsraten in Städten oder Regionen mit hoher Anomie höher waren als in Städten oder Regionen, die weniger anomisch und mehr integriert waren. In Großstädten gibt es mehr Kriminalität als in ländlichen Kleinstädten. Unter den amerikanischen Großstädten haben diejenigen höhere Kriminalitätsraten, in denen die Bevölkerung weniger homogen und weniger stabil ist. Auch auf der Ebene der US-Bundesstaaten zeigt sich dieser Zusammenhang: In Staaten wie Florida, Alaska oder Nevada verändert sich die Bevölkerungsstruktur stärker als in den Neuengland-Staaten. Kriminalitätsraten erreichen in Florida, Alaska und Nevada Spitzenwerte, während die Neuengland-Staaten vergleichsweise niedrige Kriminalitätsraten haben. Ein ähnlicher Zusammenhang lässt sich auch für Kanada feststellen (sozusagen ein West-Ost-Gefälle).

Dieser grob skizzierte Zusammenhang (an dessen Zustandekommen gewiss noch einige weitere Faktoren beteiligt sind) liefert ein Beispiel für eine *makrostrukturelle Erklärung* abweichenden Verhaltens. Das heißt, eine Größe (=unabhängige Variable) auf der makrosoziologischen Ebene (soziale Anomie von Städten, Regionen, Staaten) bestimmt eine andere Größe (=abhängige Variable), die zwar aus individuellem Verhalten resultiert, die aber als Aggregierung von einzelnen Fällen erfasst wird. Dabei interessiert nicht der einzelne Kriminalfall, und entsprechend kann diese makrostrukturelle Erklärung auch nicht erklären, weshalb gerade die Person A kriminell wurde, nicht aber die Person B. Erklärbar und sogar prognostizierbar ist aber, weshalb in der sozialen Einheit X (Stadt, Region, Staat) mehr Devianz-Fälle auftreten als in der Einheit Y.

Nun ist abweichendes Verhalten nicht gleich abweichendes Verhalten, Kriminalität nicht gleich Selbstmord. Und so sind auch die soziologischen Erklärungen für unterschiedliche Arten der Devianz (auch für unterschiedliche Verbrechensarten) in unterschiedlichem Maße stichhaltig. So besteht in den USA etwa eine stärkere Beziehung zwischen Anomie einerseits und Delikten wie Diebstahl und Vergewaltigung andererseits, während die Korrelationen von Autodiebstahl und Anomie sowie Mord und Anomie schwach sind (siehe Stark 1989: 195; Stark, Doyle & Kent 1980; Crutchfield, Geerken & Gove 1983).

(6) Durkheims Anomiebegriff, der in vielen makrosoziologischen Untersuchungen der Ursachen von Kriminalität, Selbstmord, Alkohol- und Drogenmissbrauch, aber auch von Ehescheidung eine Rolle spielt, hat Robert King Merton (1938, 1957) aufgegriffen und modifiziert. Unter Anomie versteht Merton nicht einfach die Auflösung oder eine Widersprüchlichkeit von Normen, sondern das Missverhältnis zwischen den Werten oder Zielen, die in einer Gesellschaft zentral sind, und der Verfügbarkeit legaler und institutioneller Mittel, diese Ziele auch zu erreichen. Solch ein Missverhältnis liegt z.B. vor, wenn einerseits Armen, Jugendlichen oder ethnischen Minderheiten durch Erziehung und Medien vermittelt wird, dass Erfolg (Karriere, Besitz etc.) erstrebenswert sei, wenn andererseits diese Gruppen aber nur geringe Erfolgschancen haben. Aus dieser Diskrepanz von Zielen und Mitteln kann dann abweichendes Verhalten resultieren.

Wenn die gesellschaftlichen Zielvorstellungen und die Möglichkeiten der institutionellen Mittel akzeptiert werden, ist konformes Verhalten das Resultat. Je nachdem, ob Ziele und/oder die legalen, institutionellen Mittel, diese zu erreichen, zurückgewiesen werden, ergeben sich verschiedene nonkonforme Verhaltensweisen: Innovation, Ritualismus, Rückzug oder Rebellion. Der Vorzug von Mertons Klassifizierung liegt darin, dass hier eine ganze Palette abweichenden Verhaltens dargestellt wird. Ein verwirrender Nachteil ist aber, dass Unterschiede zwischen positiv und negativ zu bewertender Abweichung verwischt werden. So können aus der Kombination von Akzeptanz der gesellschaftlichen Ziele und Zurückweisung der institutionellen Mittel begrüßenswerte Innovationen resultieren, aber eben auch Kriminalität (z.B. Diebstahl, Steuerhinterziehung), die weder als innovativ noch als positiv anzusehen ist. Davon abgesehen sind aber auch zwei theoretische Problempunkte erkennbar: Erstens wird unterstellt, dass es in einer Gesellschaft so etwas wie einen einheitlichen Kanon zentraler Werte oder Zielvorstellungen gibt. Zweitens konzentriert sich die Unterscheidung von Verhaltensoptionen („modes of individual adaptation") zu sehr auf das Individuum, auf das individuelle Verhalten und auf das individuelle Vermögen, Ziele und Mittel zu unterscheiden und in Beziehung zueinander zu setzen. Übersehen werden subkulturelle Kontexte des individuellen Verhaltens oder – im Falle der Rebellion wird das besonders deutlich – die Dynamik kollektiven Verhaltens. Gleichwohl hat Mertons Anomiekonzept vor allem in der amerikanischen Soziologie und Kriminologie breite Resonanz, aber auch Kritik und Modifikation erfahren (vgl. Adler & Laufer 1995).

(7) In einem anderen Ansatz zur Erklärung abweichenden Verhaltens verschiebt sich das Interesse weg vom Komplex von Werten, Normen, Mitteln und Abweichlern hin zum Prozess, in dem Abweichler als solche identifiziert und etikettiert werden. Entsprechend dem englischen Wort für „Etikett" wird dieser Ansatz als *labelling approach* oder *labelling theory* bezeichnet. Spricht man vom devianten Verhalten oder bezeichnet man jemanden als Dieb, Räuber, Vergewaltiger oder eben Kriminellen, dann hantiert man mit Etiketten, die dem Täter bzw. seinem Verhalten angeheftet werden. Der Gebrauch dieser Etiketten oder „labels" ist sozusagen legitim, da die „labels" vom Straf-

recht und der Verbrechensstatistik bereitgestellt werden. Für andere, nichtkriminelle Formen abweichenden Verhaltens hat die Gesellschaft ebenfalls Etiketten zur Hand, die dem Abweichler aufgedrückt werden. Die so gestempelte Person läuft dann als Verrückter, Zwielichtiger oder Perverser herum.

Es ist gerade dieser Vorgang des Etikettierens, der im Mittelpunkt der *labelling theory* steht. Von Interesse ist, *wie, d.h. durch welche soziale Prozesse* Menschen zu Abweichlern gemacht werden. Die Blickrichtung verschiebt sich weg vom Devianten und seinen möglichen Motiven hin zum Prozess, in dem und durch den ein Verhalten als abweichendes definiert wird. Es handelt sich hier um einen Interaktionsprozess, um ein Geschehen, in dem die Bedeutung eines Verhaltens „ausgehandelt" wird.

Unterschieden wird zwischen *primärer* und *sekundärer Devianz* (Lemert 1972). *Primäre Devianz* steht für das Verhalten eines Menschen, das oft gar nicht weiter bemerkt wird und eher unbedeutend ist, aber auf einmal die Aufmerksamkeit und womöglich Entrüstung der anderen erregt, die dann dieses Verhalten als unnormal, bizarr oder unanständig, eben als abweichend definieren. Wenn jemand bzw. sein Verhalten als abweichend etikettiert ist, dann haftet ihm ein Stigma an. Goffman (1963) hat gezeigt, wie das Stigma Teil der Identität des Individuums wird und wie Menschen mit dem Stigma umgehen.

Im weiteren Interaktionsgeschehen verhält sich der Stigmatisierte seinem Etikett entsprechend. Diesen Vorgang der Über- oder Annahme der Etikettierung wird als *sekundäre Devianz* bezeichnet. Das Etikett oder Label repräsentiert sozusagen ein Bündel von Erwartungen, der Etikettierte verhält sich den Erwartungen entsprechend und kultiviert damit das als abweichend definierte Verhalten. Z. B.: Der als ungeschickt Etikettierte verhält sich um so ungeschickter. Volksweisheiten wie „einmal dumm, immer dumm" oder „wer einmal klaut, klaut immer" deuten auf den gleichen Sachverhalt hin. Die Abweichung wird also durch *labelling* verstärkt und perpetuiert. Dem Devianten eröffnen sich „Karrieren", abweichende oder kriminelle Karrieren. Beispiele hierfür liefern Kinder, die als unangepasst oder lernunwillig etikettiert werden und im Zuge ihrer Etikettierung eben dieses unangepasste Verhalten verstärkt zeigen. Ein anderes Beispiel ist der Kleinkriminelle, der als Vorbestrafter in kriminelle Milieus gerät, zum Wiederholungstäter wird, wieder erwischt und inhaftiert wird, als Krimineller etikettiert sich zunehmend kriminell verhält und so eine „kriminelle Karriere" durchläuft.

Die *labelling theory* macht auf zweierlei aufmerksam. *Erstens* zeigt sie, dass sich Menschen sehr oft nach Maßgabe der *self-fulfilling prophecy* verhalten. Die „sich selbst erfüllende Prophezeiung" basiert auf dem nach William Isaac Thomas (1863-1947) benannten *Thomas-Theorem*: Wenn Menschen eine Situation als real definieren, dann ist sie auch in ihren Konsequenzen real (Thomas 1923, 1972). Der gleiche Mechanismus wirkt auch bei der „Definition" oder Beurteilung von Personen und ihrem Verhalten. Z.B. tendieren Schüler, die von ihren Lehrern in einer bestimmten Weise etikettiert (als intelligent, dumm, brav oder störend definiert) werden, auch dazu, das der Definition entsprechende Verhalten zu zeigen.

Derlei Definitionen sind allerdings weder zufällig noch individuell beliebig. In der Gesellschaft gibt es Gruppen, die das Interesse und die Möglichkeiten haben, andere Gruppen oder Individuen zu etikettieren. Institutionen – insbesondere „totale Institutionen" (Goffman 1961b) – üben über Menschen Definitionsmacht aus, d.h., sie können die Identitäten und Karrieren der ihnen „Anvertrauten" maßgeblich bestimmen. Auf diesen Sachverhalt hat auch Howard S. Becker, dessen Arbeiten über Außenseiter der Gesellschaft viel Beachtung gefunden haben (Becker 1963), hingewiesen: „A major element in every aspect of the drama of deviance is the imposition of definitions – of situations, acts, and people – by those powerful enough or legitimated to be able to do so" (Becker 1974: 62).

Man könnte sagen, dass die „Definitionsmacht" nicht nur zwischen korrektem und deviantem Verhalten unterscheidet, sondern Konformität anzieht, bzw. die Konformisten um sich schart und dass umgekehrt die Definitionsmacht auf der Macht der Mehrheit von Konformisten beruht. Dieser Zusammenhang wird schön erzählt in der Geschichte vom Kaiser und seinen neuen Kleidern, der tatsächlich nackt ist, was von den konformistischen Untertanen aber nicht „wahr"genommen wird. (Das oben geschilderte Experiment von Asch zur Konformität in Gruppen hatte diesen Sachverhalt einfach und einleuchtend dargestellt.)

Zweitens hebt die *labelling theory* hervor, dass Devianz nicht etwas ist, das von vornherein, d.h. vor oder außerhalb von Interaktionsprozessen, gegeben ist. Abweichung ist vielmehr relativ, gesellschafts- und kulturspezifisch, und wird in Interaktionen definiert und ausgehandelt. In dem Maße, wie sich die akzeptierten Normen einer Gesellschaft verändern, ändert sich natürlich auch das, was als abweichend definiert wird. Ein simples Beispiel bieten die veränderten Bademoden in Deutschland, die heute das Baden „oben ohne" zulassen, während noch vor dem Ersten Weltkrieg Männer und Frauen in der Öffentlichkeit den Badefreuden „hoch geschlossen" und voneinander getrennt nachgingen. Ein anderes, ernsthafteres Beispiel für den Wandel von „Abweichungen" bietet die Debatte und Gesetzgebung zur Abtreibung.

Auch die *labelling theory* hat ihre Schwächen, die offensichtlich werden, wenn man die theoretischen Annahmen übertreibt oder übergeneralisiert, d.h. auf alle Fälle von Devianz anwendet. Die *labelling theory* kann erklären, weshalb das Bemühen, Strafentlassene zu resozialisieren, so schwierig ist und so viele von ihnen wieder rückfällig werden. Sie kann aber weniger gut erklären, weshalb es anderen Etikettierten gelingt, sich von ihrem Etikett zu befreien. Die *labelling theory* macht den Prozess der Verstärkung von Abweichung deutlich – die Entstehung der sekundären Devianz. Die Theorie ist aber weniger überzeugend, wenn es darum geht zu klären, weshalb sich jemand im Sinne der primären Devianz abweichend verhält. (Ein Mörder wird nicht unbedingt deshalb zum Mörder, weil er zuvor als abweichend definiert wurde.) Diese Schwäche tritt um so deutlicher zu Tage, wenn man sich vor Augen hält, dass es sich nicht bei allen Fällen primärer Devianz um an sich unbedeutende und triviale Verhaltensbesonderheiten handelt, sondern mitunter auch um schwere Verletzungen von sozialen Normen. Weshalb ein Individuum aber von den Normen *primär* abweicht, also bevor es überhaupt auffällig und etikettiert wird, vermag die *labelling theory* nicht zu erklären.

6.4 Konsequenzen der Devianz – positive und negative Funktionen

Abweichendes Verhalten ist ein universelles Phänomen, in jeder Gesellschaft kommt Devianz vor. Wo eine soziale Norm existiert, dort gibt es auch Verstöße gegen sie. Schon Durkheim hat das Pathologische als normal betrachtet. Wenn etwas ein so allgemeines soziales Phänomen darstellt, wie das beim abweichenden Verhalten der Fall ist, liegt es nahe, eine funktionalistische Frage zu stellen. Der Funktionalismus ist eine in der Biologie und der Soziologie gängige Betrachtungsweise, die davon ausgeht, dass, wenn etwas existiert, es wohl auch zu irgendetwas „gut" ist, eine Funktion für etwas hat. Im Falle des abweichenden Verhaltens könnte man geneigt sein, ihm jegliche Funktionalität abzusprechen. Denn würde die Gesellschaft nicht besser funktionieren, wenn es keine Devianz gäbe? Die Menschen hätten doch wohl ein besseres Leben, wenn es keine Kriminalität gäbe. In der Devianz – und vor allem in Kriminalität – etwas Funktionales zu sehen, scheint abwegig, wenn nicht verwerflich. Und dennoch kann zumindest eine *latente* Funktionalität der Devianz festgestellt werden. So ist in der Soziologie des abweichenden Verhaltens auf folgende Funktionen der Devianz hingewiesen worden:

(1) Durch Abweichung wird deutlich, was als normal gilt.

Oft ist den Menschen gar nicht klar, worin eine soziale Norm besteht, welche Erwartungen sich mit ihr verbinden. Das wird erst deutlich, wenn jemand sich nonkonform verhält. Anhand von verschiedenen Graden der Abweichung wird auch deutlich, welche Toleranzräume offen stehen. So wirft Nonkonformität in den Bereichen der Manieren oder der Sexualität Fragen nach dem guten Geschmack oder der Gesundheit auf.

(2) Devianz kann die Solidarität einer Gemeinschaft stärken.

Beispielsweise formieren sich gegen Ruhestörer in der Nachbarschaft Widerstand und nachbarschaftlicher Zusammenhalt. Allerdings ist die Solidarität der Gruppe durch Ausgrenzung der Abweichler problematisch. Wenn eine Gruppe, Organisation, Institution oder Gesellschaft sich immer nur gegen die Abweichler abgrenzt, wird sie bald erstarren.

(3) Devianz kann eine gesellschaftliche Warnfunktion haben oder wie ein Sicherheitsventil wirken.

Wenn in einem Verkehrssystem viele Passagiere schwarzfahren, dann stimmt möglicherweise etwas mit der Organisation des Verkehrssystems nicht. Wenn es auf einem Autobahnabschnitt immer wieder zu Geisterfahrten kommt, dann liegt das vielleicht an der Konstruktion der Auffahrt. Werden bestimmte Verkehrsregeln immer wieder von vielen Verkehrsteilnehmern verletzt, dann sind diese möglicherweise nicht sinnvoll. Wenn ein Kaufhaus eine hohe Anzahl von Ladendieben anzieht, dann ist es vielleicht nicht richtig organisiert. Wenn es in einer Gesellschaft zahlreiche Drogenabhängige oder viele psychisch Kranke gibt, dann lässt das Rückschlüsse auf die moralische Verfassung der Gesellschaft zu und kann sensibilisieren für soziale Ungleichheiten, Benachteiligungen oder Ausweglosigkeiten, unter denen Teile der Bevölkerung möglicherweise leiden. Wenn in einer Gesellschaft die Rate für Vergewaltigungsdelikte hoch ist, dann stimmt womöglich etwas nicht mit dem Verhältnis, das diese Gesellschaft zur

Sexualität hat. Devianz kann also auf soziale Probleme aufmerksam machen, die in der Unzulänglichkeit oder in der Unzuträglichkeit bestimmter Formen und Verfahren sozialer Organisation bestehen.

(4) Devianz kann zu sozialem Wandel führen.
Wenn sich Menschen nonkonform verhalten, wird mitunter ein Klärungsprozess in Gang gesetzt, in dessen Verlauf sich die sozialen Normen auch ändern können. Durch die Devianz wird das Normale darauf hin befragt, inwiefern es sinnvoll ist. Was gestern noch abweichend war, kann dann morgen schon Norm sein. So kann man z.B. an Hand der Verhaltensänderungen in öffentlichen Grünanlagen feststellen, dass eine Vorschrift wie „Betreten des Rasens verboten" zuerst von einigen Nonkonformisten missachtet wird und dann sukzessive von weiteren Nutzern und schließlich von der Parkverwaltung selbst in Frage gestellt wird.

Wenn Devianz das Normale fragwürdig erscheinen lässt, dann kann schließlich auch eine Veränderung sozialer Normen erreicht werden, die das soziale Leben erträglicher, ja besser macht. In Deutschland stellte das Zusammenleben junger Paare ohne Trauschein in den 1960er Jahren noch eine Nonkonformität dar, die negativ und formal sanktioniert werden konnte, da sich Vermieter oder Eltern der Kuppelei schuldig machten. Doch diese Devianz führte schließlich dazu, dass rechtliche Normen und gesellschaftliche Werte überdacht und geändert wurden.

Devianz hat also eine Reihe positiver Funktionen. Man könnte deren Quintessenz überspitzt so zusammenfassen: ohne Devianz keine Reform, ohne Abweichung keine Innovation! Wie Beispiele aus der Kunstgeschichte zeigen, verbirgt sich im Pool der Abweichung auch ein Potential der Kreativität.

Nun sollte man aber nicht das Kind mit dem Bade ausschütten und die *negativen Funktionen der Devianz* übersehen. Devianz kann nicht nur eine soziale Norm zerstören, sondern auch ein soziales System, d.h. eine Gruppe, eine Organisation, eine Gesellschaft. Wenn jeder die Norm, die das Töten von Menschen untersagt, missachtete, wäre Gesellschaft schlichtweg unmöglich. Wenn jeder Steuern hinterzöge, würde der Staat zusammenbrechen. In der Regel kommt es selten zu solchen totalen Phänomenen der Devianz. Aber auch partielle Devianz, d.h. von einigen Gesellschaftsmitgliedern, kann negative Folgen haben, denn sie demotiviert möglicherweise die Konformen und kann auf diese „ansteckend" wirken. Wenn der brave Steuerzahler sieht, dass der Nachbar Steuern hinterzieht, fragt er sich, weshalb er seine Steuern zahlen soll. Wenn der eine sieht, dass ein anderer illegal mehr verdient als er selbst mit ehrlicher Arbeit, könnte er demotiviert sein und sich dem schlechten Beispiel anschließen. Wenn derjenige, dessen Verhalten normenkonform ist, sich im Vergleich zum Abweichler benachteiligt sieht und feststellen muss, dass sich Devianz auszahlt, dann wird der Gerechtigkeitssinn erschüttert und das Vertrauen in Prinzipien sowie in die Institutionen, die diese Prinzipien schützen sollen, unterminiert.

Das Verhältnis von Konformität und Nonkonformität, von Normalität und Devianz ist keine Frage des Entweder-Oder. „Any representation of social life as consisting of norm following and deviance alone therefore misses the knowledge-using and knowledge-generating improvisation that makes effective social interaction possible" (Tilly 2005: 82). Gesellschaften – wie auch ihre einzelnen Mitglieder – müssen das für sie optimale Verhältnis von Konformität und Nonkonformität finden und in sozialer Interaktion aushandeln. Die Soziologie interessiert sich dafür, wie die Gesellschaft oder deren Einheiten (Organisationen und Gruppen) dieses Verhältnis herstellt. Sie interessiert sich für den Wandel dessen, was als normal und was als unnormal definiert wird. Sie untersucht, mit welchen Mitteln Gesellschaften soziale Kontrolle durchführen, wie sie also Konformität und Nonkonformität zulassen bzw. ermöglichen. Sie zeigt die Bedingtheit der Normen auf, nicht zuletzt durch die Aufklärung darüber wie Abweichler – im Sinne der *labelling theory* – „gemacht" werden. So spiegelt dann auch der Wandel der in der Soziologie gängigen Theorien das Verhältnis der Gesellschaft zu ihren Normen und ihrer „Normalität" wider. Das wird beispielsweise deutlich an der in den 1960er und 70er Jahren zunehmenden Popularität der *labelling theory* in einem gegenüber den 50er Jahren liberaleren und permissiveren gesellschaftlichen Umfeld (Sumner 1994).

Der soziologisch-historische Blick lässt vielfach erkennen, dass die Abweichung von gestern zur Normalität von heute geworden ist, und lässt mutmaßen, dass die aktuelle Devianz in der Zukunft zur Normalität oder auch zur Belanglosigkeit werden kann. Zugleich zeigt sich aber auch, dass bestimmte Werte und Normen doch über gesellschaftliche und historische Veränderungen hinweg gültig bleiben und ihre Missachtung negativ sanktioniert wird. Möglicherweise verhält es sich so, dass in Fragen des Geschmacks und der „persönlichen" Vorlieben die moderne Gesellschaft toleranter wird, dass aber in vitalen Kernfragen des sozialen Zusammenlebens bestimmte Normen und Werte nach wie vor gelten. In Bereichen der Mode, oder sogar allgemein der Kultur, scheinen Abweichungen als „letzter Schrei" angesagt, kreativ oder innovativ, während in substantiellen Bereichen von Ethik, Moral und Recht die Beachtung von Grundwerten und Menschenrechten umso nachdrücklicher gefordert und sanktioniert wird. Oder um es exemplarisch zu verdeutlichen: im Bereich der Sexualität werden in der permissiven Gesellschaft diverse Spielarten und Vorlieben toleriert, so dass man kaum mehr von Abweichungen von irgendeiner Norm sinnvoll sprechen kann. Gleichwohl besteht weitgehender Konsens darüber, dass Menschen vor Gewalt zu schützen sind. Im „persönlichen Verkehr" hat das Individuum relativ große Spielräume, sich selbst Regeln und Normen zu geben, während im „sozialen Verkehr", d.h. dort, wo Menschen aufeinander angewiesen sind und das Funktionieren der sozialen Organisation von der Beachtung teils moralischer, teils technischer Regeln und Normen (Straßenverkehr!) abhängt, die Nichtbefolgung der Regeln und Missachtung sozialer Normen als deviant oder gar kriminell definiert und behandelt wird.

Bei der Ursachenforschung sowie der Folgenabschätzung von Devianz kann die Soziologie ganz konkrete und praktisch wirksame Erkenntnisse vorlegen, Erkenntnisse, wie sie etwa in der Kriminalsoziologie gesammelt werden. Von daher scheint auch der Nachruf auf die Soziologie des abweichenden Verhaltens, wie ihn Colin Sumner (1994) in seiner Darstellung der historischen Entwicklung des Fachs hält, verfrüht – und widerspricht auch dem Umstand, dass innerhalb der amerikanischen Soziologie die Devianz- und Kriminalsoziologie eine der personell quantitativ am stärksten besetzten speziellen Soziologien ist. Erkenntnisse über den Zusammenhang zwischen der Häufigkeit verschiedener Arten von Kriminalität und Formen sozialer Anomie oder sozialer Disorganisation haben praktischen und politischen Wert. Auch die Frage, welche Konsequenzen bestimmte Sanktionen von abweichendem Verhalten nach sich ziehen, stellt sich im praktischen und konkreten Sinne in der Präventionsforschung. Zum Beispiel zeigen amerikanische Studien, dass die Todesstrafe kaum dazu taugt, potentielle Mörder abzuschrecken, also die Mordrate zu reduzieren. Umgekehrt zeigen Studien, dass das Verbot von Waffen eine gute Präventionsmaßnahme gegen Gewaltdelikte ist. Dass gleichwohl in einigen US-Staaten die Todesstrafe verhängt wird und der uneingeschränkte Zugang zu Waffen populär ist, zeigt allerdings auch, dass Politik und Gesellschaft nicht immer der sozialwissenschaftlichen Erkenntnis folgen (wollen). Dies wiederum hat sicher auch mit dem gegenüber persönlicher Einsicht und individuellem Verhalten resistenteren Charakter sozialer Institutionen und Organisationen zu tun. Was Institutionen und Organisationen sind, ist Gegenstand des nächsten Kapitels.

Kapitel 7:
Institutionen und Organisationen

Begriffe:

Institution
Institutionalisierung
De-Institutionalisierung
Totale Institution
Organisation
Bürokratie
Formale und informelle Organisation
Humanfaktor und Human Relations-Bewegung
Organisationskultur
Organisationsumwelt, Organisationswandel, Organisationsentwicklung
Voluntary organizations, non-governmental organizations
Organisationsgesellschaft, organizational man

Die Begriffe *Institution* und *Organisation* sind für die soziologische Analyse auf der Meso- und Makroebene des Sozialen unverzichtbar. Gesellschaften bestehen aus sozialen Organisationen und Institutionen bzw. institutionellen Bereichen. Allerdings werden die Grenzen zwischen *Institution* und *Organisation* im soziologischen Sprachgebrauch – und erst recht in der Alltagssprache – nicht immer exakt gezogen. Mitunter werden *Organisation* und *Institution* synonym verwendet. Gleichwohl gilt es auch hier zu unterscheiden.

7.1 Institutionen

Beispiele für Institutionen sind Familie, Verwandtschaft, Religion, das Recht, das Bildungswesen, Wissenschaft, Massenmedien, politische Institutionen. Das Bundesverfassungsgericht etwa wird als eine Institution bezeichnet, wir sprechen von der Institution der Ehe, und in der Alltagssprache ist oft davon die Rede, dass eine Person zur Institution geworden sei. Im soziologischen Sinne meint aber *Institution* nicht eine Person und ist auch nicht gleichzusetzen mit einer Organisation. Der Unterschied lässt sich an Beispielen deutlich machen: das Recht ist eine Institution, Anwaltskanzleien und Gefängnisse sind Organisationen. Hier haben wir es mit einer klaren Unterscheidung zu tun: Das Recht ist ein Gebäude von Grundsätzen, Regeln und Verfahren, das eine Tradition und eine in dieser Tradition gewachsene Legitimität hat. Eine Anwaltskanzlei ist eine soziale Organisation, d.h. eine soziale Einheit mit einem bestimmten Zweck, mit Mitgliedern und einer sozialen Struktur. In diesem Beispiel ist Mitgliedschaft ein gutes Kriterium, zwischen Institution und Organisation zu unterscheiden. Die Anwaltskanzlei hat „Mitglieder" bzw. Mitarbeiter, Sozien, Eigentümer, das Recht hat keine Mitglieder.

Auch die Familie ist eine Institution: ein Gebilde aus Überzeugungen und Umgangsweisen, das in einer Gesellschaft tradiert worden ist. Im konkreten Fall, wenn es um eine einzelne Familie geht, hat man es auch mit Familienmitgliedern zu tun. Wenn aber *die* Familie als eine wichtige Institution der Gesellschaft angesehen wird, dann geht es nicht um konkrete Familienmitglieder, sondern um die Familie als gesellschaftliche „Einrichtung" oder „Erfindung", um ihre Entstehungsgeschichte, ihre Bedeutung, Funktion und Legitimation, um ein Muster der sozialen Organisation – Organisation hier im Sinne des Prozesses der Herstellung gesellschaftlicher Ordnung.

Ein weiteres Beispiel zeigt, dass die Unterscheidung von Institution und Organisation auch weniger in der betrachteten Sache selbst liegt als in dem Aspekt, unter dem eben diese Sache betrachtet wird. So kann die katholische Kirche sowohl als Institution wie auch als Organisation betrachtet werden. Wenn wir sie als ein in 2000 Jahren gewachsenes Gebäude von Weltdeutungen, Sinnstiftungen, Rechtfertigungen und Ritualen betrachten, dann haben wir die Kirche als Institution im Auge. Interessiert man sich dafür, welche Mitglieder die Kirche hat, wie die innerkirchliche Hierarchie beschaffen ist, wie die Beziehungen zwischen Klerus und Laien strukturiert sind und welche Ziele die Kirche mit welchen Mitteln verfolgt, dann betrachten wir die Kirche als soziale Organisation.

Angesichts der Unterschiedlichkeit der Phänomene, die man als Institutionen bezeichnet, ist es schwer, einen gemeinsamen Nenner für diesen Begriff zu finden, der dann auch eher abstrakt ausfällt. Institutionen ist gemeinsam, dass sie Sinn stiften, Orientierungsmöglichkeiten bieten und damit das Handeln des Individuums entlasten. Diese Entlastungsfunktion der Institutionen ist etwa von Arnold Gehlen (1950, 1956) behauptet worden. Der Mensch, so Gehlen, sei aufgrund seiner relativ geringen Festlegung durch Instinkte ein Mängelwesen. Die mangelnde Festlegung des Verhaltens stelle eine Offenheit für Handlungsalternativen dar. Diese Offenheit überfordere den Menschen. Um den Instinktmangel auszugleichen, bedürfe es der Orientierungsangebote seitens der Institutionen. Institutionen stiften Sinn, geben Welterklärungen, bieten Legitimationen an und sind daher handlungsleitend und -stabilisierend.

In einer Gesellschaft, die sich nur langsam wandelt, erscheinen die Institutionen als selbstverständlich, werden als natürlich oder gottgegeben angesehen. Dass Institutionen aber aus sozialen Prozessen hervorgehen und damit auch mehr oder weniger willkürlich sind, das wird insbesondere unter Bedingungen rapiden sozialen Wandels deutlich. Dann hinterfragen Menschen auch die Selbstverständlichkeit der Institutionen und machen sich womöglich daran, die Institutionen umzugestalten. Dann wird auch deutlich, dass Institutionen aus sozialen Prozessen hervorgehen. Es ist daher sinnvoll, die Erörterung der Charakteristik von Institutionen in eine Frage nach dem Prozess zu übersetzen, in dem und durch den Institutionen entstehen und vergehen.

7.1.1 Institutionalisierung

Den Prozess der *Institutionalisierung* haben Peter Berger und Thomas Luckmann (1966/1969) in ihrem schon klassischen Buch *Die gesellschaftliche Konstruktion der Wirklichkeit* beschrieben. Institutionalisierung wird als ein Vorgang dargestellt, der folgende Stufen durchläuft: *Habitualisierung, Typisierung, Objektivierung/ Historisierung* und *Legitimierung*. Erste Voraussetzung der Institutionalisierung ist, dass sich Handlungen wiederholen, dass sie gewohnheitsmäßig, *habitualisiert* werden. In einem weiteren Schritt wird das zur Gewohnheit gewordene Handeln *typisiert*, und zwar in reziproker Weise; d.h., dass zwei oder mehrere Handelnde sich beiderseits auf das Handeln als typisches beziehen. Das Handeln bzw. bestimmte Handlungen werden von den Handelnden standardisiert und typisiert. Durch die Typisierung erlangt das Handeln *Objektivität*, wird zu einer Sache, die scheinbar jenseits und außerhalb der Handelnden existiert. Das Handeln wird zu einem *historischen Faktum*. Der Prozess der Institutionalisierung gelangt schließlich zur Vollendung, wenn das durch Habitualisierung und Objektivierung gefestigte Handeln *legitimiert*, d.h. begründet und gerechtfertigt wird und dadurch eine symbolische Überhöhung erfährt.

Eine Veranschaulichung des Prozesses der Institutionalisierung liefert die Religionsgeschichte. Wie kann man sich die Institutionalisierung von Religion im allgemeinen oder die der christlichen Religion im besonderen vorstellen? Die Jünger Christi haben bestimmte Handlungen immer wieder vollzogen, haben sie habitualisiert; so z.B. das gemeinsame Zusammenkommen im Namen Christi, zum Gebet, zum Gedenken oder zur Feier des Abendmahls. Diese Habitualisierungen wurden dann typisiert, d.h. nach einem bestimmten Modell, nach einem bestimmten Ritus durchgeführt. Dieser Ritus wurde zum objektiven historischen Faktum, unabhängig von den einzelnen Menschen, die ihn ausführen. Dieses historisch Gewordene erfuhr schließlich auch Legitimierung, wurde begründet und gerechtfertigt, symbolisch überhöht und geregelt. Die spätere Institutionalisierung bildete einen Kanon des Legitimen und Illegitimen aus, entwickelte eine Unterscheidung von Orthodoxie und Häresie. Liturgie, Dogmatik und schließlich Kirchenrecht vervollständigten die Symbolisierung und Legitimierung der Institution.

Institutionen sind demnach Gebilde, deren Entstehung auf soziale Handlungen und Interaktionen zurückgeht, die aber auch hochgradig symbolisch aufgeladen sind. Der Philosoph Cornelius Castoriadis hat in seiner Institutionentheorie auf den Stellenwert des Symbolischen für die Institutionen hingewiesen: „Die Institutionen lassen sich nicht auf das Symbolische zurückführen, doch können sie nur im Symbolischen existieren" (Castoriadis 1990: 200). Institutionen sind gesellschaftlich geschaffen; als Symbolsysteme beherbergen und schaffen sie das *Imaginäre* (Castoriadis), Vorstellungswelten und Wahngebilde, die wiederum auf die Gesellschaft bezogen sind und die Gesellschaftsgeschichte fortschreiben. „Die Institution ist ein symbolisches, gesellschaftlich sanktioniertes Netz, in dem sich ein funktionaler und ein imaginärer Anteil in wechselnden Proportionen miteinander verbinden" (Castoriadis 1990: 226).

7.1.2 De-Institutionalisierung

Institutionen geben sich gerne die Aura des Heiligen. Im Falle der Religion scheint das selbstverständlich und evident, aber auch andere Institutionen sind von einem „Heiligenschein" umgeben. Man denke an die Symbolik der politischen Institution des „Heiligen Römischen Reiches" oder an die Polemik von Karl Marx gegen die „Heilige Familie". Tatsächlich sind Institutionen aber weder heilig noch ewig. Sie unterliegen auch Prozessen der *De-* oder *Entinstitutionalisierung*. Darunter ist die Umkehrung der Institutionalisierung zu verstehen: Zunächst wird die Legitimation der Institution in Frage gestellt, sodann wird die Typik immer unschärfer und schließlich wird das Gewohnheitsmäßige aufgeweicht. Ein Beispiel aus der Religionsgeschichte wäre die De-Institutionalisierung der „Heiligen Inquisition".

Heute ist davon die Rede, dass die Institution der Ehe einem Auflösungsprozess unterworfen sei. Steigende Scheidungsraten werden als Indikator für die De-Institutionalisierung der Ehe interpretiert. Da die Ehe allerdings nach wie vor populär ist und zudem ein Großteil der Geschiedenen wieder heiratet, kann man nicht von einer Entinstitutionalisierung der Ehe sprechen. Wenn sogar gleichgeschlechtliche Paare anstreben, dass ihre Beziehung als Ehe anerkannt wird, dann deutet das darauf hin, dass sich die Institution Ehe verändert hat, in ihrer Legitimation, Typik und Habitualisierung, dass sie aber keineswegs aufgehört hat, als Institution zu existieren. Die Institution Ehe hat wohl ihren Ausschließlichkeits- und Einmaligkeitscharakter verloren, wird transformiert in *sequentielle Monogamie* (i.e. ein Nacheinander von Beziehungen mit jeweils einem exklusiven Sexualpartner) oder sogar – wenn auch seltener – in einem *polygam* ausgerichteten Beziehungsmuster platziert. Gleichwohl behauptet die Ehe ihren Platz als zentrale Institution im gesellschaftlichen Gefüge wie auch im privaten und intimen (Gefühls-)Leben. In gewisser Weise orientieren sich sogar nichteheliche Lebensgemeinschaften an der Ehe, insofern rechtliche und soziale Gleichbehandlung beider Lebensformen angestrebt wird oder erfolgt.

Institutionen – das zeigt das Beispiel Ehe – sind also durchaus flexibel und damit gegenüber vollständiger De-Institutionalisierung ziemlich resistent. In einer historisch weiter ausgreifenden Perspektive findet man aber durchaus Beispiele für echte und vollständige Entinstitutionalisierung: das Duell, das Gottesgericht, das auf Gottesgnadentum beruhende Königtum. Wie aber auch gerade das Beispiel der Monarchie zeigt, kann man in vielen Fällen des institutionellen Wandels darüber streiten, ob man es mit der De-Institutionalisierung oder einer Transformation der fraglichen Institution zu tun hat.

„Lebendige", d.h. funktionstüchtige Institutionen geben den Menschen wirklich Orientierung und Sinn. Sie ermöglichen die Bildung von Persönlichkeit, denn im institutionellen Rahmen vollziehen sich Sozialisation und Individuation der Menschen. In einer Institution wie dem Bildungswesen steht ja – zumindest der Idee nach – die Persönlichkeitsbildung des Menschen im Mittelpunkt. Aber es gibt auch Institutionen, die den Menschen völlig vereinnahmen, in denen Sinnvorgaben nicht Orientierungshilfen darstellen, sondern wie Korsette oder Zwangsjacken wirken. Wenn eine Institution ein Sinnmonopol beansprucht, Suprematie gegenüber anderen Institutionen durchsetzt und

Gesellschaftsmitglieder vollständig vereinnahmt, dann haben wir es mit *totalen Institutionen* (Goffman 1961b) zu tun. Goffmans Beispiele hierfür sind Gefängnisse und psychiatrische Anstalten. Man könnte hinzufügen: Konzentrationslager, die Inquisition, Sekten, Geheimbünde. Totale Institutionen wie Konzentrationslager, Gefängnisse und psychiatrische Anstalten sind allerdings auch soziale Organisationen – womit wieder deutlich wird, wie auch im soziologischen Sprachgebrauch die Übergänge zwischen *Institution* und *Organisation* durchaus fließend sind (vgl. Powell & DiMaggio 1991; Scott 1995; Zucker 1987, 1988).

7.2 Organisationen

Institutionen sind langlebige und schwerfällige Gebilde. Im Vergleich dazu haben Organisationen eine geringere Lebensdauer. Anders als Institutionen haben Organisationen auch nicht eine so starke Tendenz, sich als ewig, naturgegeben oder gar gottgewollt und heilig darzustellen. Organisationen sind mehr an konkrete und diesseitige Zwecke gebunden. In diesem Sinne ist in der Soziologie von einer Organisation als sozialer Einheit, sozialem Gebilde oder Teilsystem der Gesellschaft die Rede. Gegenüber dem weiteren Begriff von sozialer Organisation im (allgemeinsoziologischen) Sinne des Herstellungsprozesses von sozialer Ordnung versteht man im engeren (auch organisationssoziologischen) Sinne unter *Organisationen* soziale Gebilde wie Unternehmen und Behörden. Auch Vereine, Verbände und Parteien werden als Organisationen betrachtet. Organisationen sind zumeist Teile oder Einheiten in einem größeren institutionellen Gefüge. Einige Beispiele hierfür:

Institutionelles Gefüge:	**Organisationen**
Wirtschaft:	Betriebe, Gewerkschaften, Arbeitgeberverbände
Religion:	Kirchen
Bildungswesen:	Schulen, Hochschulen, Institute
Gesundheitswesen:	Krankenhäuser, Arztpraxen, Krankenkassen
Rechtswesen:	Gerichte, Gefängnisse, Anwaltskanzleien

Die Beispiele lassen ein breites Spektrum ziemlich unterschiedlicher Gebilde erkennen. Der gemeinsame Nenner dieser Gebilde ist ihr *formaler* Charakter, bzw. die aufgeführten Fälle werden auch als *formale Organisationen* bezeichnet. Merkmal formaler Organisationen ist, dass sie ein Ziel oder einen Zweck haben, der für das Funktionieren der Organisation bzw. für das Handeln im Rahmen der Organisation von Belang ist. In Abhängigkeit von diesem Ziel oder Zweck ergeben sich auch bestimmte Strukturen, Positionen und Rollen innerhalb der Organisation wie auch zwischen der Organisation und ihrer Umwelt. Organisationen haben ein Design, das oft auch in Form einer Satzung oder eines Organisationsplans erkennbar ist. Organisationen sind bemüht – oder sollten es sein –, die ihnen zur Verfügung stehenden Mittel (Ressourcen) möglichst effektiv und kontrolliert zur Erlangung des Organisationsziels einzusetzen.

7.2.1 Bürokratie – Idealtypus, Modelle und Wirklichkeit der Organisation

Als Prototyp formaler Organisation hat Max Weber die moderne *Bürokratie* angesehen. Dieses in der Organisationsforschung vieldiskutierte Bürokratiemodell hat nach Max Weber (2005: 703ff.) folgende Merkmale:

1. Es herrschen Regeln (Gesetze oder Verwaltungsreglements), die die Aufgaben und Zuständigkeiten verteilen. Diese Regeln ordnen Pflichten und Rechte sowie die Befehlsgewalten in der Organisation. Personen werden nach Gesichtspunkten der Qualifikation ausgewählt und den Aufgaben zugeordnet.
2. Es gibt eine Amtshierarchie, ein feststehendes System der Über- und Unterordnung von Instanzen.
3. Die Amtsführung beruht auf einer prinzipiellen Trennung von Privatem und Dienstlichem. Die Form der Amtsführung beruht auf Aktenmäßigkeit.
4. Die Amtstätigkeit setzt eine entsprechende Fachschulung voraus. Dieses Merkmal ist, so Weber, das spezifisch Moderne der Bürokratie.
5. Die Tätigkeit ist hauptamtlich.
6. Die Amtsführung folgt generellen, mehr oder weniger feststehenden, erlernbaren Regeln (Rechtskunde, Verwaltungslehre).

Aus diesen Merkmalen folgt, dass das Amt des Beamten Beruf ist. Damit einher gehen der Pflichtcharakter, die Amtstreue und die Vertraglichkeit der Tätigkeit. Die Amtsführung ist rational in dem Sinne, dass sie sachbezogen und nicht emotional ist („sine ira et studio"). Der Beamte hat eine „Laufbahn", er ist lebenslänglich beamtet und wird regelmäßig entlohnt bzw. besoldet und schließlich pensioniert.

Zur Bürokratie im vollständigen Sinne kommt es erst in der Moderne. Voraussetzung hierfür ist die Entwicklung der Geldwirtschaft. Sie setzt die Konzentration finanzieller Mittel voraus, wie sie erst in der Moderne voll entwickelt ist, und zwar durch den modernen Staat mit seinem Steuerwesen und der Ausweisung des öffentlichen Haushalts. Die Bürokratie ist dann selbst auch ein wesentliches Merkmal moderner Gesellschaften, in denen ständische Gemeinschaften durch Vergesellschaftungsformen ersetzt werden, die auf Arbeitsteilung beruhen und in denen das zweckrationale Handeln immer bedeutsamer wird. „Die Bürokratisierung ist *das* spezifische Mittel, ‚Gemeinschaftshandeln' in rational geordnetes ‚Gesellschaftshandeln' zu überführen" (Weber 2005: 726; Hervorh. ebd.).

Nun sind einem genügend Beispiele bekannt, die zeigen, dass Bürokratien gar nicht so effektiv sind, wenn es darum geht, bestimmte Ziele mit möglichst effizientem Einsatz von Mitteln zu erreichen. In der Organisationsforschung hat man sich mit dem Weberschen Bürokratiemodell kritisch auseinandergesetzt und auf die Mängel bürokratischer Organisation hingewiesen. Empirische Untersuchungen zeigen, dass Bürokratie nicht immer die effektivste Organisationsform ist und dass erfolgreiche Organisationen von diesem Modell erheblich abweichen.

Auf Disfunktionen der bürokratischen Organisation hat Robert K. Merton (1957) hingewiesen:

(1) Aufgrund ihrer Orientierung an Regeln sind Bürokraten oft zu unflexibel. Da ihre Beförderung auf dem Befolgen der Regeln beruht, sind sie auch gar nicht daran interessiert, Regeln zu ändern.
(2) Die Verpflichtung gegenüber Regeln kann dazu führen, dass sie im Zentrum des Organisationsgeschehens stehen, während die Ziele der Organisation hinter den Regeln zurücktreten.
(3) Der unpersönliche Charakter des bürokratischen Verfahrens kann dazu führen, dass ein tiefer Graben zwischen den Bürokraten und ihrer Klientel entsteht. Es entsteht Misstrauen gegenüber den Bürokraten, und den Bürokraten fehlt das Gespür für die Belange der Klienten.

Insgesamt ergibt sich hier ein funktionales Paradox: Ausgerechnet die Eigenschaften, die die bürokratische Organisation generell so effektiv machen, erzeugen in einer Reihe von spezifischen Fällen Disfunktionen.

Peter M. Blau (1955; Blau & Scott 1962; Blau & Schoenherr 1971) hat Organisationen untersucht und entgegen dem Weberschen Modell festgestellt, dass Organisationen oft gerade dann erfolgreich sind, wenn bestehende Regeln missachtet werden. In einer Regierungsbehörde entdeckte Blau, dass sich die Sachbearbeiter bei Problemen an Kollegen auf der selben Ebene wandten, anstatt ihre Vorgesetzten zu konsultieren, wie es das bürokratische Regelwerk vorsah. Kein Regelwerk kann so vollkommen sein, dass es für jeden erdenklichen Fall das passende Muster bereit hält. Bei bestimmten Problemen der Organisation ist es effektiver, wenn ad hoc Verfahrensweisen gefunden werden bzw. improvisiert wird.

Alvin W. Gouldner (1954) hat gezeigt, dass Organisationen unterschiedliche Grade der Bürokratisierung aufweisen. Das liegt daran, dass das bürokratische Modell je nach Aufgabenstellung der Organisation mehr oder weniger erfolgreich ist. Hat es die Organisation mit routineartigen, einander ähnlichen Aufgaben zu tun, mag die bürokratische Organisation effektiv sein. Wenn aber die Organisation Aufgaben zu bearbeiten hat, die sehr unterschiedlich sind und deren Lösungsweg schwer voraussehbar ist, dann ist das bürokratische Organisationsmodell eher hinderlich als nützlich.

Es gibt zahlreiche empirische Untersuchungen, die die Rationalität des Weberschen Bürokratiemodells in Frage stellen. Ist damit das Bürokratiemodell Webers widerlegt? Um diese Frage zu beantworten, müssen wir uns klar machen, dass Webers Bürokratiemodell ein *Idealtypus* ist. Unter einem Idealtypus versteht Weber eine Konstruktion des Wissenschaftlers, die in der Realität so nicht existiert. Das heißt nicht, dass der Idealtypus nichts mit der Realität zu tun hätte. Der Wissenschaftler gelangt zum Idealtypus, indem er bestimmte empirische Phänomene begrifflich verdichtet, konzentriert, überzeichnet. In diesem Sinne handelt es sich um einen „idealen" Typus – ideal nicht im Sinne von „gut" oder „erstrebenswert", sondern als Gedankenspiel, als „reiner" Typ, bei dem die zentralen Merkmale kondensiert und die in der Empirie vorfindbaren „Unsauberkeiten", „Verwässerungen" ausgeblendet werden. In der Welt der Fakten, in der empirischen Welt, kommt der Idealtypus also nicht vor. Wozu dient er dann? – Er stellt einen Maßstab dar. Mit ihm kann man die empirische Welt beschreiben, gerade dadurch, dass man den Abstand bemisst, der zwischen dem Idealtypus und den empirischen Fällen besteht. So kann man mit dem Idealtypus der Bürokratie reale Organisationen daraufhin untersuchen, bis zu welchem Grade sie diesem Idealtypus entsprechen. Eine vollständige Entsprechung wird man dabei nicht antreffen. Man kann also nicht sagen, dass Webers Modell durch die Empirie widerlegt sei, denn es beansprucht ja gar nicht, die Empirie abzubilden.

Die Untersuchung realer Organisationen kann allerdings zu dem Ergebnis führen, dass das Webersche Bürokratiemodell vielleicht nicht der sinnvollste Idealtypus ist, mit dessen Hilfe man die empirische Realität in einem Abstandsmessverfahren zu beschreiben versucht. Andere idealtypische Modelle wären denkbar: etwa die Organisation als darwinistischer Krieg aller gegen alle, als Bühne für die Selbstdarstellung der Organisationsmitglieder oder als Selbstbedienungsladen für die ihre eigenen Interessen verfolgenden Organisationsmitglieder. Allerdings würden diese Modelle der Erwartung widersprechen, dass Organisation etwas mit Zweckrationalität zu tun haben soll, zumindest würde hier der Zweck sonderbar verschoben.

Tatsächlich gibt es aber Organisationsmodelle, die behaupten, dass eine Organisation am besten dann funktioniert, wenn jedes Organisationsmitglied seine eigenen persönlichen Ziele verfolgt. Solche Modelle unterstellen, dass, wenn Menschen subjektiv rationale Ziele verfolgen (die im Hinblick auf die Ziele der Organisation „irrational" scheinen), am Ende auch etwas für die Organisation Rationales herauskomme.

Ein Großteil der Organisationsforschung – und hier stellt die Organisationssoziologie (Preisendörfer 2005) neben der Organisationspsychologie und der wirtschaftswissenschaftlichen Organisationsforschung nur einen Zweig unter anderen dar – hat versucht, rationale Wege der Entscheidungsfindung und -durchsetzung zu erkunden. Nun hat man aber festgestellt, dass in der empirischen Wirklichkeit, die Rationalität oft sehr begrenzt ist („bounded rationality"; Simon 1957). Als Gegenmodell rationaler Organisation wurde das *garbage can model* (Mülleimer-Modell) beschrieben (Cohen, March & Olsen 1972). Hier wird behauptet, dass in einer Organisation die Ziele, Probleme und Problemlösungen gar nicht feststünden und eher unklar seien. Probleme und Ziele verändern sich und werden auch miteinander vermengt. Ziele generieren Probleme, deren Lösung zum Ziel wird, während das „ursprüngliche" Ziel aus dem Blick gerät. All diese Setzungen, Verwerfungen und Veränderungen von Zielen vermischen sich und werden, bildlich gesprochen, zu einem großen Komposthaufen. Welche Entscheidungen die Organisation letztlich trifft, wie sie sich verhält, ist dann kein planmäßiges, „rationales" Ergebnis, sondern hängt davon ab, welche Informationen und Handlungsmöglichkeiten im Wettkampf mit Alternativen zum rechten Zeitpunkt mehr Aufmerksamkeit erhalten. Man greift dann auf „Lösungen" zurück, die im Papierkorb deponiert wurden. Wenn in Entscheidungen unterschiedliche Interessen verschiedener Entscheidungsträger eingehen, dann folgt der Entscheidungsprozess weniger einer Sachlogik als vielmehr der Koalitionslogik und einer Rationalität des Aushandelns und Ausgleichens von Interessen.

Beispiele für dieses Verfahren liefern politische Parteien, insbesondere wenn sie sich zu Koalitionen zusammenschließen müssen und in mühsamen Aushandlungsprozessen zu einem konsensfähigen Ergebnis kommen wollen. Die resultierenden Organisationsstrukturen, die Zusammensetzung des Kabinetts und die Vergabe von Posten, mögen dann Zwecken dienen wie Koalitionsfrieden, Wahrung des Gesichts und Sicherung günstiger strategischer Ausgangspositionen und haben möglicherweise nicht mehr viel mit den „ursprünglich", im Wahlprogramm, deklarierten Zielen zu tun. Gewiss handelt es sich auch beim *garbage can model* um einen Idealtypus, und zwar ironischer Art, der in „Reinform" nicht anzutreffen sein wird. Aber bestimmte Züge des tatsächlichen Geschehens in Organisationen wird man damit annäherungsweise, bzw. im Abstandsbemessungsverfahren durchaus treffend beschreiben können.

7.2.2 Formale und informelle Organisation

Die Organisationsforschung hat eine Reihe von Modellen entworfen, wie Organisationen funktionieren sollten. Sie hat aber auch untersucht, wie Organisationen tatsächlich funktionieren. Eine wichtige Unterscheidung in diesem Zusammenhang ist die von *formaler* und *informeller Organisation*. Eine Organisation weist eine *formale* Struktur auf. Mitgliedschaften, Aufgaben, Kompetenzen, Kommunikationskanäle machen diese Struktur aus. Dimensionen der Organisationsstruktur, für die man sich hier interessiert und die man zu optimieren versucht, sind die Größe der Organisation oder die einzelner Abteilungen, die Komplexität zugeteilter Aufgaben, die hierarchische Tiefe und die Kontrollspanne (d.h. die Zahl der Untergebenen, die einem Vorgesetzen unterstellt sind, und die Befugnisse, auf sie einzuwirken). Das besprochene Bürokratiemodell Webers ist *ein* Modell formaler Organisation.

Will man die formale Organisation eines Industriebetriebs erkennen, dann hilft der Blick auf den Organisationsplan, die Betriebsverfassung oder ähnliche Dokumente. In jedem Betrieb bilden sich sozusagen im Windschatten der formalen Organisation aber auch informelle Strukturen heraus, die in den Plänen und Konzepten der Organisation nicht vorgesehen sind. Hierzu zählen die Beziehungen zwischen den Kollegen, ihre Kommunikationswege und -mittel, Routinen des Umgangs miteinander sowie die Art und Weise, wie die offiziellen Ziele der Organisation interpretiert werden und die Ressourcen der Organisation tatsächlich eingesetzt werden. In den zwanziger Jahren des 20. Jahrhunderts hat Elton Mayo (1933) in den Hawthorne-Werken, einem Zweig von Western Electric in Chicago, solche informellen Organisationsstrukturen entdeckt. In einem Experiment war es zunächst darum gegangen, festzustellen, wie die Leistung der Arbeiter in Abhängigkeit von der Beleuchtung am Arbeitsplatz variierte. Als man die Beleuchtung immer weiter abdunkelte, zeigte sich wider Erwarten, dass die Arbeitsleistung der untersuchten Arbeitsgruppe nicht etwa zurückging, sondern zunahm. Der Grund hierfür war, dass die Beschäftigten sich als Gruppe erlebten. Die Gruppenmitgliedschaft war Grund zur Zufriedenheit und Arbeitsmotivation. Dieser „Gruppenfaktor" trug also zur Leistungssteigerung bei, obwohl sich die objektiven Arbeitsbedingungen (Beleuchtung) verschlechterten.

An die Entdeckung der *informellen Organisation* durch Mayo schlossen sich weitere Untersuchungen an (Roethlisberger & Dickson 1939), bei denen die Bedeutung der informellen Organisation und des Humanfaktors herausgearbeitet wurde. Die Hawthorne-Experimente hatten gezeigt, dass die informelle Organisation für die Erreichung von formalen Organisationszielen (Arbeitsproduktivität) durchaus nützlich sein kann. In anderen Fällen ist es möglich, dass sich die informelle Organisation im Gegensatz zur formalen Organisation entwickelt. Zufriedenheit am Arbeitsplatz und in der Arbeitsgruppe kann, muss aber nicht die Produktivität erhöhen. In der sogenannten *Human Relations-Bewegung*, in der man sich für die Bedeutung der sozialen Beziehungen am Arbeitsplatz und ihre Verbesserung interessiert hat, bemühte man sich, die informelle Organisation positiv zu gestalten. Diese auch als „Humanisierung der Arbeitswelt" populär gewordene Strategie der Organisationsgestaltung ist freilich nicht als Ausdruck eines humanitären Idealismus zu sehen, sondern beruht auf der praktischen Annahme, dass zufriedenere Beschäftigte auch motivierter und damit produktiver seien. Konsequenterweise hat die Optimierung des Verhältnisses von formaler und informeller Organisation dann auch weite Teile der Organisationsforschung beschäftigt.

Die Unterscheidung von formaler und informeller Organisation ist begrifflich-analytisch. Dass die auf ihr beruhenden Vorstellungen und Modelle auch an der Wirklichkeit vorbeigehen mögen, mutmaßt Charles Tilly (2005: 82):

> „(..) The common idea that workplaces ordinarily contain two competing sets of rules, practices, or social ties (the one ‚official' or ‚formal', the other ‚unofficial' or ‚informal') misses the point: it contrasts scripts with shared local knowledge, when the two necessarily interwine. Organizations typically herd social interaction toward the middle ground in the scripting/local knowledge space, providing enough scripts that relations have broadly predictable rhythms and consequences, but enough local knowledge that members can improvise effectively in the face of unexpected threats and opportunities."

In der Wirklichkeit sind formale und informelle Organisation nicht sauber voneinander getrennt, sondern beeinflussen sich wechselseitig, da Menschen mit ihrem intuitiven Wissen und ihrer Organisationserfahrung auf die formale Organisation reagieren und sie in ihren Interaktionen interpretieren und mitgestalten. Dass Organisation etwas mit Wissen und Praktiken zu tun hat, darauf weist auch der Begriff *Organisationskultur* hin.

7.2.3 Organisationskultur

Ein Zweig der Organisationsforschung hat den Begriff Organisations*kultur* in den Mittelpunkt ihres Interesses gerückt (Frost et al. 1985, 1991; Martin 1992). In dieser Perspektive – bei der sich die auf vielen sozialwissenschaftlichen Feldern vollzogene Kulturalisierung bzw. die inflationäre Verwendung des Kulturbegriffs zeigen – stehen weniger die klassischen organisationssoziologischen Probleme von formaler und informeller Organisation auf dem Prüfstand als vielmehr Fragen folgender Art: Welche Werte verkörpert die Organisation? Hat die Organisation eine Identität? In welcher Weise verknüpft die Organisation ihre eigene Identität mit den Identitäten ihrer Mitglieder? Welches Bild vermittelt sie von sich, gegenüber den Mitgliedern bzw. nach außen? Wie sieht das Image der Organisation aus? Wie gelingt es der Organisation, Mitglieder und Klienten an sich zu binden?

Die Organisationskultur wird nicht einfach aus dem Organisationsplan oder der Struktur der informellen Beziehungen ersichtlich. Bestimmte Komponenten der

Organisationskultur, wie etwa die *corporate identity*, mögen sich aus den öffentlichen Selbstdarstellungen der Organisation erkennen lassen, doch dabei handelt es sich nur um oberflächliche Facetten. Auf die kulturelle Dimension von Organisationen wurde man in Amerika und Europa aufmerksam, als die atemberaubenden Erfolge der Konkurrenten aus Fernost (allen voran Japan, dann Korea, Singapur, Hong-Kong, Thailand, Indonesien, Malaysia, heute China und schließlich Indien) die Frage aufwarfen, worauf die Leistungen asiatischer Unternehmen gründen und welchen Anteil am wirtschaftlichen Erfolg die jeweiligen Kulturen haben. Beeinflussen die traditionellen Kulturen dieser Länder auch die Organisationskulturen in charakteristischer Weise?

Der Blick auf die erfolgreichen japanischen Unternehmen zeigt, dass ihre Beschäftigten Werte, Einstellungen, Emotionen und Bindungen zur Organisation und zu den Kollegen aufweisen, die sich von den kulturellen Mustern in amerikanischen oder europäischen Organisationen unterscheiden. Das „Arbeitsethos" sowie die Art und Weise miteinander umzugehen sind in „der westlichen" und „der japanischen" Organisationskultur verschieden. Zum einen scheinen Arbeitseifer und Einsatzfreude in den japanischen Firmen intensiver als in westlichen Betrieben, zum anderen haben in Japan Firmenbindung und -solidarität, auch in Form der Verantwortung der Firmen für ihre Mitarbeiter, einen größeren Stellenwert. Japanische (und andere fernöstliche) Organisationen haben sich auch sehr erfolgreich darin gezeigt, die eigenen kulturellen Traditionen mit Elementen westlicher Kulturen zu kombinieren. Vom japanischen Wirtschaftswunder fasziniert und irritiert, haben Manager aus Europa und den USA versucht, japanische Organisationsrezepte zu importieren. Da es sich bei kulturellen Mustern aber meist um tiefer verwurzelte Phänomene handelt, die auch nur in einer passenden kulturellen „Muttererde" gedeihen und kultiviert werden können, dürfte einer überstürzt und oberflächlich erfolgenden Verpflanzung kultureller „Blüten" nur geringer Erfolg beschieden sein.

7.2.4 Organisationsumwelt, Organisationswandel

Eine weitere Fragestellung, die von der Organisationssoziologie behandelt wird, betrifft das Verhältnis zwischen der Organisation und ihrer Umwelt (Lawrence & Lorsch 1967; Aldrich 1979). Organisationen operieren ja nicht im luftleeren Raum, sondern in einer bestimmten, mehr oder weniger chaotischen, wirtschaftlichen, gesellschaftlichen, politischen und ökologischen Umwelt. Dabei stehen die Organisationen nicht nur in Beziehungen untereinander, sondern auch im Wettbewerb um Ressourcen aus der Umwelt. Erfolgreiche Organisationen versuchen sich auf ihre Umwelt einzustellen. Sie passen sich ihr entweder an oder verändern die Umwelt, wenn sie die Möglichkeit dazu haben. Organisationen suchen und schaffen sich ihre ökologische Nische. Entsprechend hat dann auch die Organisationssoziologie ökologische und evolutionistische Modelle aus der Biologie übernommen und auf das Organisationsgeschehen übertragen (Aldrich 1999; Baum & Singh 1994; Hannan & Freeman 1989). In den Blickpunkt geraten die Überlebens- und Durchsetzungsstrategien, die Organisationen innerhalb einer Organisationspopulation (Hannan & Carroll 1992), d.h. einer Anzahl konkurrierender

Organisationen, analog natürlichen Selektionsprozessen entwickeln (Aldrich & Pfeffer 1976; Hannan & Freeman 1977). So lässt sich etwa die generalistische Strategie von der der Spezialisten unterscheiden (Carroll 1985).

Wenn Organisationen in einer dynamischen Umwelt operieren – und das ist in der modernen oder postmodernen Gesellschaft für die meisten Organisationen der Fall –, dann stehen auch Fragen des *Organisationswandels* im Mittelpunkt. Das Webersche Bürokratiemodell sieht ja von Aspekten der Organisationsumwelt und ihrer Dynamik weitgehend ab und gelangt daher auch zu einer statischen Konzeption formaler Organisation. Organisationen müssen sich aber in turbulenten Umwelten flexibel verhalten. Während das Bürokratiemodell und viele real existierende Bürokratien den Anschein geradezu ewiger Beständigkeit und Festgefügtheit vermitteln, ist, wie Weber ja selbst sagt, die Bürokratie ein modernes, also historisch relativ spätes Produkt. Warum aber sollte dieses Modell die Krönung der Organisationsentwicklung sein? Fast alle großen Organisationen, die das Bild der heutigen Organisationsgesellschaft prägen, sind ja noch gar nicht so alt. Einhundert Jahre stellen auch für Organisationen schon ein respektables Alter dar, das nur von einigen Organisationen übertroffen wird, die schon in der Frühphase der modernen Wirtschafts- und Finanzgeschichte entstanden sind. Die meisten Organisationen haben eine geringere „Lebenserwartung". Wie natürliche Organismen so durchlaufen auch Organisationen einen „Lebenszyklus" (Kimberly & Miles 1980). Eine Organisation wird in unterschiedlichen „Lebensphasen" mit unterschiedlichen „Lebens-" bzw. Umweltbedingungen konfrontiert. Es wäre unrealistisch anzunehmen, dass die Strategien und Strukturen, die für die Organisation in ihrer Gründerphase optimal sind, auch in späteren „Lebensphasen" angemessen sind.

7.2.5 Organisationsgesellschaft

Das Leben in heute existierenden Gesellschaften ist in hohem Maße von Organisationen bestimmt, und das Erscheinungsbild heutiger Gesellschaften ist hochgradig von Organisationen geprägt (Perrow 1991). Lebensinhalte und -rhythmen der Individuen werden von Organisationen beeinflusst oder sogar beherrscht. Die Menschen interagieren in, durch und mit Organisationen (Ahrne 1994). Dem versuchen Begriffe wie *Organisationsgesellschaft* und *organizational man* Ausdruck zu verleihen. Nicht nur Unternehmen und Behörden, auch Professionen sind „organisiert" bzw. stellen sich als Organisationen dar. Neben und unterhalb privatwirtschaftlicher und staatlicher Organisationen formieren sich auch immer mehr *voluntary organizations*, d.h. Aktions- und Organisationsformen, die auf bestimmte Problemlagen hin relativ spontan initiiert werden („Bürgerinitiativen"), entweder nur projektbezogen existieren oder aber sich längerfristig als Organisation etablieren. Im politischen Bereich spricht man hier von NGOs (*non-governmental organizations*). Solche Organisationen haben zum Teil ähnliche Organisationsprobleme wie die bürokratischeren Konkurrenten, entwickeln aber andererseits Strategien, von denen die „klassischen" Organisationen lernen können (z.B. Strategien der Mitgliederwerbung und -bindung, der Aquise von Klienten und Ressourcen).

In der heutigen Organisationsgesellschaft ist der Einzelne mit einer Vielzahl von Organisationen konfrontiert, die an ihm ein Interesse haben, sei es als Mitglied, als Klient oder mitunter auch als Opfer. Immer mehr und immer vielfältigere Organisationen werben um Mitglieder und Klienten. Das sozialistische Gesellschaftsmodell, das eine superbürokratische gesellschaftliche Organisationsstruktur zu entwickeln versuchte, ist gescheitert. Die reale Welt der Organisationen ist vielschichtiger, marktähnlicher und z.T. auch chaotischer als jedes Gesellschaftsmodell. Wie das Beispiel der Gewerkschaften zeigt – oder auch das der wechselnden Parteiloyalitäten oder das der abnehmenden religiösen Bindungen –, lassen sich die Einzelinteressen nicht mehr so einfach und dauerhaft unter dem Dach einer großen, übergreifenden Organisation einfangen, wie auch Dachorganisationen immer größere Probleme mit ihren Unter- und Tochterorganisationen haben.

Die Organisationsgesellschaft ist kein einheitlicher Organismus. Der Einzelne ist nicht mit *der* Gesellschaft unvermittelt konfrontiert. Gesellschaft begegnet dem Einzelnen vielmehr ausschnitthaft, d.h. vermittelt in und durch eine Vielzahl von Organisationen und Institutionen, die untereinander im Kampf um den Einzelnen als Mitglied, Kunde, Mandant, Patient etc. konkurrieren. Abgesehen vielleicht noch von der Staatsbürgerschaft, sind die Beziehungen, Bindungen und Engagements, die der Mensch der Organisationsgesellschaft zu den einzelnen Organisationen und Institutionen unterhält, partieller und spezieller, mehr projekt- und zeitbezogen geworden. Das mag zu der viel beklagten Orientierungslosigkeit beitragen, eröffnet andererseits aber auch Freiräume jenseits des von Max Weber bedrohlich gezeichneten stählernen Gehäuses der Moderne. Dem scheint auch die Entwicklung der großen Strukturen der Gesellschaft – Klassen und Schichten – zu entsprechen. Doch das ist ein anderes Kapitel, bzw. gehört zur Thematik des nächsten.

Kapitel 8:
Makrostrukturen der Gesellschaft – soziale Diversifikation, Stratifikation und Mobilität

Begriffe:

Makrosoziologie, Sozialstruktur
Diversifikation, Stratifikation, soziale Ungleichheit
Erworbener und zugeschriebener Status
Geschlecht, Alter, regionale Herkunft
Ethnie, Ethnizität, Rasse
Kaste, Stand, Klasse, Schicht
Status(in)konsistenz
Soziale Lage, soziales Milieu, Mentalität, Lebensstil
Randgruppen, Armut, Marginalität
Räumliche und soziale Mobilität
Intra- und intergenerationale Mobilität

8.1 Makrosoziologie und Sozialstruktur

Zu den vorrangigen Aufgaben der Soziologie bzw. der *Makrosoziologie* gehört es, die „großen" Strukturen von Gesellschaften zu untersuchen, d.h. aufzuzeigen und womöglich zu erklären, nach welchen Kriterien die Gesellschaft ihre Bevölkerung unterscheidet und organisiert. Oder in Worten von Jonathan H. Turner (1995: 1):

> „Macro sociology is the study of how relative large populations of humans are organized over significantly long periods of time in comparatively large amounts of space. In order to constitute the subject matter of macro sociology, however, it is not clear just how large a population must be, how long it must remain a coherent and identifiable whole, and how much space it must use and control."

Die Aufteilung der Bevölkerung nach sie unterscheidenden Merkmalen kann *Diversifikation* gennant werden. Wenn die sozialen Unterschiede auch eine hierarchische Gliederung beinhalten, hat man es nicht mehr nur mit Diversifizierung zu tun, sondern mit *sozialer Stratifikation* bzw. mit der *Schichtung* der Gesellschaft. Die soziologische Annahme ist, dass Diversifikation und Stratifikation der Gesellschaft nicht zufällig und unsystematisch erfolgen, sondern strukturiert sind. Als Bezeichnung für diese strukturierten, systematischen Zusammenhänge wird der Begriff *Sozialstruktur* verwendet (vgl. Knottnerus & Prendergast 1994).

Wohl trifft zu, was Rainer Geißler (2006: 17) schreibt: „Der Begriff Sozialstruktur wird häufig benutzt, aber selten genauer definiert." Der Begriff meint den Zusammenhang von Teilen der Gesellschaft untereinander und mit dem gesellschaftlichen Ganzen. Mitunter wird ‚Sozialstruktur' so weit (und auch beliebig) gefasst, dass fast alles, was eine gewisse Bedeutung in der und für die Gesellschaft hat (von der Bevölkerungsstruktur bis zur Mitbestimmung, von den Familienstrukturen bis zum Rentensystem, vom Wählerverhalten bis zu Freizeitaktivitäten) in den Begriffscontainer gesteckt wird. In einem engen Sinne von *Sozialstruktur* oder *social structure* wird damit das in einer Gesellschaft geltende Gefüge von sozialen Positionen mit ihren entsprechenden Status gemeint. Die meisten Begriffe und Darstellungen von Sozialstruktur bewegen sich irgendwo zwischen dem „weiten" und „engen" Ende des begrifflichen Kontinuums, ohne die Auswahl der unter ‚Sozialstruktur' erfassten Aspekte zu begründen oder theoretisch zu untermauern.

Zu den allgemeinsten Merkmalen der Diversifikation – Merkmalen, nach denen die Gesellschaft aufgefächert ist – zählen Geschlecht, Alter, ethnische und regionale Herkunft. Diese Merkmale dienen der Abgrenzung und Identifizierung von Bevölkerungsgruppen. Mit den Merkmalen bzw. ihren Ausprägungen verbinden die Gesellschaft bzw. ihre Mitglieder Bewertungen, so dass sich in Abhängigkeit von Geschlecht, Alter, ethnischer und regionaler Herkunft auch Status ergeben.

8.2 Diversifikation: Auffächerung der Gesellschaft nach Geschlecht, Alter, ethnischer und regionaler Herkunft

Grundsätzlich kann man zwischen *erworbenem* und *zugeschriebenem Status* unterscheiden. Für den erworbenen Status trägt der Statusinhaber vergleichsweise mehr Eigenverantwortung als für den Status, der ihm zugeschrieben wird. Durch Einkommen, Beruf und Bildung kann man einen Status erwerben. Je nachdem, welchen Platz man auf den Ranglisten von Einkommen, Beruf bzw. Berufsprestige und Bildung erzielt, erwirbt man den entsprechenden Status. Der Status, der einem auf Grund von Geschlecht, Alter, ethnischer und regionaler Herkunft zukommt, ist zugeschrieben. Sein Alter kann man sich nicht aussuchen und sein Geschlecht – normalerweise – auch nicht. Auch wenn sich der Status des einen oder anderen Geschlechts sowie die Status der verschiedenen Altersklassen ändern mögen, so hat der Einzelne auf diese durch die Gesellschaft vorgenommenen Statusdefinitionen und -zuschreibungen kaum Einfluss.

Etwas anders verhält es sich mit dem Status, der einem aus der Zugehörigkeit zu einer ethnischen Gruppierung erwächst. Wie man sich normalerweise das eigene Geschlecht und die eigenen Eltern nicht selbst aussuchen kann, so wird man auch ohne eigenes Zutun in eine ethnische Gruppierung hineingeboren. Die Begriffe *Ethnie* und *Ethnizität* leiten sich vom altgriechischen „ethnikos" ab, einer Bezeichnung für Heiden, Außenseiter und kulturell Fremde. Damit wird deutlich, dass durch diesen Begriff die eigene Identität von vornherein durch Abgrenzung von einer fremden Identität, die zugleich abgewertet wird, erfolgt. Eine ethnische Gruppierung definiert sich (oder wird von anderen definiert) als eine, die sich durch Besonderheiten wie Abstammung,

Geschichte, Sprache, Lebensweise von anderen Ethnien unterscheidet. Besonderheiten können genetischer Art sein, die mit einer durch den politischen Missbrauch – zumindest in Deutschland – problematisch gewordenen Begrifflichkeit auch als „rassische" Unterschiede bezeichnet werden. Im angelsächsischen Sprach- und Kulturraum geht man mit dem Begriff *race* unbefangener um: „Race in principle refers to biological characteristics, such as skin colour, body hair and certain physical features; ethnicity, in contrast, refers to cultural characteristics of various kinds" (Allum 1995: 64). *Race* wird als ein Kriterium sozialer Unterscheidung neben anderen angesehen (Rex 1979, 1986), wobei freilich nicht übersehen wird, dass die Beziehungen zwischen den Rassen durch unterschiedlich intensive Arten der Trennung und Ausgrenzung (Segregation, Diskriminierung und Apartheid) charakterisiert sein können.

In der amerikanischen Soziologie hat die Verwendung von *race* und von *ethnic groups* eine wechselvolle Begriffsgeschichte, die Mathias Bös (2005) rekonstruiert hat. Für das Selbst- und Fremdverständnis einer Bevölkerungsgruppe als Ethnie sind die tatsächlichen biologischen Unterschiede weniger bedeutsam als die kulturellen, bzw. werden Unterschiede als naturgegebene imaginiert, die aber tatsächlich kulturell definiert sind. Wie etwa der Zusammenbruch Jugoslawiens zeigt, kann es sein, dass Ethnizität, die Bestimmung von kollektiven Identitäten erst im Zuge der Abgrenzung gegen andere Gruppierungen und deren Interessen ins Spiel gebracht wird und eine „Ursprünglichkeit" oder „Authentizität" der jeweiligen ethnischen Identität historisch rekonstruiert und dramatisiert wird.

Leichter als vom Alter oder Geschlecht kann man sich allerdings von seiner ethnischen Herkunft auch distanzieren. Die ethnische Identität kann man einfacher als die Geschlechtsidentität wechseln. In der Soziologie und den Kulturwissenschaften neigt man dazu, ethnische Identität bzw. Ethnizität weniger als biologisch vorgegebene Größe anzusehen, sondern vielmehr als „soziales Konstrukt" zu verstehen, d.h. als Prozess und Ergebnis sozialer Definitionen. Und in eben dem Maße, wie die ethnische Identität und Zugehörigkeit sozial aushandelbar ist, erwachsen für das Individuum Möglichkeiten, sich selbst zu definieren. Die Möglichkeiten der „kulturellen Selbsterfindung" sind allerdings auf Grund nicht nur kultureller Bedingungen, sondern auch sozialer Barrieren und politischer Konstellationen begrenzt. Wie die realen Beispiele zeigen, kann man sich von dem Status, der einem als Jude oder Schwarzer zugeschrieben wird, nicht so leicht lösen.

Da die USA ein klassisches Einwanderungsland sind und sich die amerikanische Gesellschaft aus zahlreichen Ethnien zusammensetzt, sind in der US-Soziologie, anders als in der deutschen, ethnische Gruppierungen und interethnische Beziehungen immer ein Thema gewesen. Man hat sich dafür interessiert, wie die soziale Stellung, die Lebenschancen und die kulturellen Verhaltensweisen systematisch mit der ethnischen Zugehörigkeit variieren. Dabei zeigt sich auch, dass die Vielzahl der ethnischen Gruppierungen in den USA keineswegs nur eine horizontal gelagerte Pluralität darstellt, sondern auch eine vertikal angeordnete Struktur. Entsprechend sind auch Häufigkeit und Qualität der Kontakte zwischen den ethnischen Gruppierungen strukturiert, d.h. die Realität der interethnischen Beziehungen entspricht nicht unbedingt dem egalitären Ideal.

In der deutschen Soziologie nach dem Zweiten Weltkrieg hat man sich wenig für Ethnizität interessiert – was nach der fatalen Überbetonung des „Rassischen" und der Vernichtung von Angehörigen „nichtarischer Rassen" im Nationalsozialismus nachvollziehbar ist. In Analysen der Schichtung der nachkriegsdeutschen Bevölkerung gingen allenfalls die grobe Kategorie „Ausländer" oder der unscharfe Begriff „Gastarbeiter" ein. In dem Maße, wie die Struktur der Bevölkerung in Deutschland auch in ethnischer Hinsicht pluraler wird, stellt die ethnische Zugehörigkeit auch hier ein Differenzierungskriterium hinsichtlich sozialer Position und sozialem Status, Lebenslage und Lebensstil dar – ein Kriterium, das quer zu den klassischen Schichtungskriterien wie Einkommen, Beruf und Bildung liegt. Das zeigen beispielhaft der gut ausgebildete Asylbewerber aus Bosnien oder der reiche, aber ungebildete Drogendealer aus Südamerika oder die gutverdienende Prostituierte aus Südostasien. Die ethnische Zugehörigkeit differenziert hier zwar – und diskriminiert unter Umständen. Um ein Kriterium, das wie Schichten übereinander liegende Gruppierungen schafft, handelt es sich hier jedoch nicht.

Vergleichsweise großen Spielraum der Selbstdefinition hat das Individuum beim Status, der ihm auf Grund der regionalen (oder lokalen) Herkunft zugeschrieben wird. Den eigenen Geburtsort kann man sich zwar ebenso wenig aussuchen wie die eigene Geburt bestimmen, doch kann man sich später selbst entscheiden, den Geburts- oder Wohnort zu wechseln. Und man kann versuchen, die regionale Herkunft zu verleugnen. (Man darf sich dann allerdings nicht durch Sprache oder Dialekt verraten.) Wie schwer es allerdings sein mag, sich von den durch regionale Herkunft bedingten Statuszuschreibungen zu lösen, zeigen Vorurteile, die man als „Ossi" in Westdeutschland, als „Wessi" in Ostdeutschland oder als Bayer in Norddeutschland erfährt.

Die Bevölkerung einer Gesellschaft ist also nach Geschlecht, Alter, ethnischer und regionaler Herkunft aufgefächert. Logisch nicht notwendig, doch zumeist faktisch nehmen Gesellschaften mit der Diversifikation auch Bewertungen vor: Das eine Geschlecht wird gegenüber dem anderen bevorzugt, das Erwachsenenalter wird als das reifere angesehen, die Jugend wird romantisiert, bestimmte ethnische Gruppierungen erklären sich anderen gegenüber als überlegen, und bestimmte Orte und Regionen werden gegenüber anderen bevorzugt. Unter ungünstigen Vorzeichen resultiert aus der Diversifizierung von Bevölkerungsgruppen die *Diskriminierung* von Minderheiten. Zumindest können sich aus der Diversifizierung soziale Ungleichheiten ergeben, Ungleichheiten hinsichtlich Bewertung, Behandlung, Rechten, Freiheiten und Lebenschancen.

8.3 Stratifikation: Klassen und Schichten

Während man die „horizontale" Aufteilung der Gesellschaft als Auffächerung oder Diversifikation bezeichnen kann, handelt es sich bei der Stratifikation oder Schichtung der Gesellschaft um eine „vertikal" gedachte Anordnung von Bevölkerungsgruppen. Der Zweig der Soziologie bzw. der Sozialstrukturanalyse, der sich mit der Schichtung der Gesellschaft und den daraus ergebenden Unterschieden befasst, trägt auch das Etikett *Soziologie der Ungleichheit(en)*. Die Schichtungssoziologie hat sich für Ungleichheiten interessiert, die aus dem vertikalen Aufbau der Gesellschaft in Klassen und Schichten resultieren. Geschlecht, Alter, ethnische und regionale Herkunft bringen zwar durchaus auch soziale Ungleichheiten mit sich, wurden aber von der herkömmlichen Klassenanalyse und Schichtungssoziologie als Untersuchungsgegenstand vernachlässigt. Wo allerdings in Abkehr von herkömmlichen vertikalen Klassen- und Schichtungsmodellen von „neuen Ungleichheiten" die Rede ist, werden nun auch solche „horizontalen" Ungleichheiten thematisiert, die durch Geschlecht, Alter, Familienstand oder Ausländerstatus bedingt sind.

Soziale Ungleichheit beruht nicht notwendigerweise auf einer hierarchischen Gliederung der Gesellschaft, sondern zeigt sich an diversen Frontlinien sozialer Unterscheidungen, die – wie Charles Tilly (2005: 71) befindet – auf teils wissentlich, teils unwissentlich errichteten Barrieren beruhen: „Most vivid accounts of inequality employ the image of a giant ladder on which individuals or groups occupy rungs higher or lower than all the rest. Let me make the case for inequality as a maze in which clusters of people wander separated by walls they have built themselves, not always knowingly".

Die Etikettierung *Soziologie der Ungleichheit(en)* ist insofern etwas unglücklich, als der Eindruck entstehen könnte, als seien Ungleichheiten an und für sich zu kritisieren und eine auf Gleichheit beruhende Gesellschaft zu bevorzugen. Doch ist mit Rainer Geißler (1998: 207) festzuhalten: „Soziale Ungleichheiten, d.h. systematisch ungleich verteilte Privilegien und Benachteiligungen, der gesellschaftlich geregelte ungleiche Zugang zu erstrebenswerten Ressourcen, Gütern und Positionen, die sich vorteilhaft oder nachteilig auf die Lebensbedingungen und Lebenschancen der Menschen auswirken, sind gesellschaftliche Universalien."

Es geht in der Soziologie der Ungleichheit nicht um irgendwelche Ungleichheiten, sondern um:

(1) Ungleiche Ressourcen sozialer Macht, ungleiche Lebenschancen und Handlungsspielräume;
(2) die ungleiche Verteilung von gesellschaftlich hoch bewerteten Gütern;
(3) die systematischen sozialen Ursachen von Ungleichheiten und ihre strukturellen Bedingungen;
(4) die systematischen Konsequenzen von Ungleichheiten.

Fragt man sich, weshalb in einer Gesellschaft bestimmte Personen über bestimmte hoch geschätzte Güter verfügen, weshalb es beispielsweise reiche und arme Menschen gibt, manche Personen Ansehen, Einfluss und Macht haben und andere nicht, und untersucht man die Systematik solcher Ungleichheiten, findet man eine (zunächst grobe) Antwort im Hinweis auf Systeme der Klassifikation von Bevölkerungsgruppen. Gesellschaften klassifizieren ihre Bevölkerung. Um horizontale Klassifikationen handelt es sich bei der dargestellten Auffächerung der Gesellschaft nach Geschlecht, Alter, ethnischer und regionaler Herkunft. Um eine vertikale Klassifikation handelt es sich hingegen bei der Einteilung in soziale Klassen und/oder Schichten.

Der Begriff *Klasse* im soziologischen und ökonomischen Verständnis hat seinen Ursprung in der Einteilung der Bevölkerung in *classes* (lateinisch), die im antiken Rom zum Zwecke der Besteuerung und Wehrverpflichtung vorgenommen wurde, hat also eine ökonomisch-finanzielle Bedeutung. Eine andere Klassifizierung der Bevölkerung stellt die indische Einteilung in *Kasten* dar. Zwar resultieren auch aus dieser Einteilung ökonomische Unterschiede, doch wird die Kaste bzw. die Zugehörigkeit zu einer Kaste nicht über ökonomische Merkmale festgelegt. Die Kriterien der Unterscheidung sind vielmehr religiöser und kultureller Art, meint doch der vom Portugiesischen *casta* abgeleitete Begriff der Kaste „rein" und „unvermengt". Doch sowohl die Einteilung der Gesellschaft in Klassen wie auch die in Kasten sind vertikaler Art, ergeben sich aus ihr doch Hierarchien und Verhältnisse der *Unter- und Überordnung*.

Zwei weitere Klassifikationsarten, die für den Gesellschaftsaufbau zumindest historische Bedeutung haben, sind die Einteilung der Bevölkerung in *Freie und Unfreie* (Sklaven) sowie in *Stände*. Die „Sklavengesellschaft" ist Charakteristikum der Sozialstruktur antiker Gesellschaften (Griechenland, Rom), vorneuzeitlicher Gesellschaften in Afrika, von Kolonialgesellschaften und der Sozialstruktur der amerikanischen Südstaaten noch bis zum Ende des Bürgerkriegs (1861-1865). In *Stände* (durch Ehre und Privilegien definierte Gemeinschaften) eingeteilt waren die Gesellschaften Europas im Mittelalter und bewahrten „ständische" Elemente bis weit in die Moderne.

Percy Allum (1995: 56f.) bemerkt, dass der Begriff *Klasse* in den Werken von Karl Marx und Max Weber erstaunlicherweise relativ wenig ausgearbeitet sei. Gleichwohl kommt dem Begriff in marxistischen Klassentheorien und auch in solchen, die sich auf Weber berufen, eine große Bedeutung zu. Im Gegensatz zu einer oft lockeren und unübersichtlichen Verwendung des Klassenbegriffs (auch im Marxismus und Neomarxismus) ist bei Marx selbst *Klasse* doch immerhin klar und deutlich, und zwar ökonomisch, definiert. Die Verfügung über Produktionsmittel (d.h. Besitz der und/oder Kontrolle über die Produktionsmittel) ist das Kriterium, nach dem sich die Klassenmitgliedschaft bestimmt. Somit gibt es streng genommen nur zwei Klassen: die Klasse derer, die über Produktionsmittel verfügen (Unternehmer, Kapitalisten, Bourgeoisie), und die Klasse derer, die über keine Produktionsmittel verfügen (Arbeiter, Lohnabhängige, Proletariat). Diese Unterscheidung stellt dann auch das zentrale Mittel marxistischer Gesellschaftsanalyse dar. Die Gesellschaft wird von Marx als Klassengesellschaft beschrieben und analysiert, d.h., sie ist vom Antagonismus der Klassen, dem Gegensatz von Kapital und Arbeit und dem daraus resultierenden Klassenkampf beherrscht.

Nach Marx ist die gesamte Geschichte eine Geschichte von Klassenkämpfen. Für die nichtmarxistische Geschichtsbetrachtung und Gesellschaftsanalyse ist der Klassenantagonismus allenfalls *eine* Ursache sozialer Ungleichheiten unter anderen. Von Klassen und Klassenkämpfen als dem zentralen gesellschaftlichen Unterscheidungskriterium bzw. geschichtlichen Entwicklungsmotor auszugehen, mag für industriekapitalistische Gesellschaften (begrenzten) Sinn machen. Bei der Analyse vor- und nachindustrieller Gesellschaften verliert aber das Klassenkonzept an Überzeugungskraft.

Schon Max Weber hatte dem Klassenbegriff den Begriff *Stand* zur Seite gestellt. Für ihn hat *Klasse* mit wirtschaftlichen Bedingungen zu tun, *Stand* mit einer auf *Ehre* beruhenden *Lebensführung*. In *Wirtschaft und Gesellschaft* formuliert Weber (2005: 679): „Wir wollen da von einer ‚Klasse' reden, wo 1. einer Mehrzahl von Menschen eine spezifische ursächliche Komponente ihrer Lebenschancen gemeinsam ist, soweit 2. diese Komponente lediglich durch ökonomische Güterbesitz- und Erwerbsinteressen und zwar 3. unter den Bedingungen des (Güter- oder Arbeits-) Markts dargestellt wird (‚Klassenlage')."

Klasse meint hier also eine Lagerung von ökonomischen Bedingungen und Interessen. Klassen sind mithin auch keine Gemeinschaften, die etwa als Kollektive handeln würden. Hingegen sind *Stände* Gemeinschaften, wenn auch loser Art, die sich auf Grund ähnlicher Eigenschaften und Eigenarten ergeben, die sich unter den Begriffen *Ehre* und *Lebensführung* subsumieren lassen.

> „Stände sind, im Gegensatz zu den Klassen, normalerweise Gemeinschaften, wenn auch oft solche von amorpher Art. Im Gegensatz zur rein ökonomisch bestimmten ‚Klassenlage' wollen wir als ‚ständische Lage' bezeichnen jede typische Komponente des Lebensschicksals von Menschen, welche durch eine spezifische, positive oder negative, soziale Einschätzung der ‚Ehre' bedingt ist, die sich an irgendeine gemeinsame Eigenschaft vieler knüpft." (Weber 2005: 683)

Wenn wir es also mit sozialen Gruppierungen zu tun haben, die sich hinsichtlich ihrer *ökonomischen* Lage unterscheiden, ist es nach Weber sinnvoll, von *Klassen* zu sprechen. Unterscheiden sich die Gruppierungen im Hinblick auf wesentliche Merkmale der *Lebensführung* und hinsichtlich *symbolischer* Merkmale, dann spricht Weber von *Ständen*. In diesem Sinne gliedert sich nicht nur die mittelalterliche Gesellschaft in Stände. Auch die moderne Gesellschaft kennt ständische Elemente, vor allem im Zusammenhang mit beruflichen Gruppierungen und deren Privilegien. Man denke etwa an Handwerkerinnungen, Juristenvereinigungen, Ärztekammern, Professorenschaft und deren „ständisches" Selbstverständnis. Die Klarheit, die Weber mit der begrifflichen Unterscheidung von *Klasse* und *Stand* erreicht, macht er allerdings durch weitere begriffliche Differenzierung teilweise wieder zunichte, wenn Weber (2005: 223) zwischen Besitzklasse, Erwerbsklasse und sozialer Klasse unterscheidet, wobei „soziale Klasse" merkwürdig unklar bleibt, bzw. sich auch teilweise wieder mit „Besitz-" und „Erwerbsklasse" überschneidet. Das Bild wird nicht klarer, wenn Weber außerdem den Begriff *Schicht* verwendet, ohne ihn in der sonst so charakteristischen Weise („...soll heißen") zu definieren.

Soziologen haben nach Marx und Weber deren Konzepte übernommen, modifiziert und weiterentwickelt (vgl. Wright 1997: 29-37), mitunter auch verwässert oder vermischt. In der marxistischen Klassenanalyse steht die ökonomistische Betrachtung im Mittelpunkt, während Weberianische Ansätze ökonomische Unterschiede nur als *ein* Ungleichheitsmoment unter anderen erfassen. Die Einteilung der Bevölkerung in zwei Klassen à la Marx scheint zunächst einfach und übersichtlich, stellt sich aber doch als ein zu grobes Klassifikationsmodell heraus. Innerhalb und zwischen den Klassen gibt es „feine Unterschiede" (Bourdieu 1979/ 1982).

Ebenfalls in Auseinandersetzung mit Marx hat schon Theodor Geiger (1891-1952) den Begriff *Schicht* (der, wie gesehen, allerdings schon bei Max Weber auftaucht) entwickelt. Die Feststellung folgender Punkte veranlasste Geiger, vom Klassenbegriff Abstand zu nehmen und statt dessen von Schichten zu sprechen:

(1) zunehmende Differenzierung der Klassen (z.B. der Arbeiterschaft);
(2) Abschwächung des Klassenantagonismus;
(3) Unterschiede, die quer zu Klassenstrukturen verlaufen.

Die Diagnose, dass die Unterschiede zwischen den Gesellschaftsgruppen immer unklarer und unübersichtlicher würden, ist also kein neuer Befund, sondern wurde schon kurz nach dem Zweiten Weltkrieg gestellt, wenn Geiger (1949: 147; zitiert nach Geißler 2006: 96) schreibt: „Alles scheint im Gleiten zu sein, eine klar sich abzeichnende Struktur ist kaum zu finden."

Gleichwohl versucht die Soziologie, in der unübersichtlichen Gemengelage von gesellschaftlichen Gruppierungen und Unterschieden Strukturen zu erkennen. Dem Stratifikations- oder Schichtungsmodell zufolge stellt sich der Aufbau der Gesellschaft als eine Hierarchie übereinander liegender Schichten dar. Mit Hilfe einiger maßgeblicher Kriterien lassen sich Schichten im hierarchischen Aufbau der Gesellschaft unterscheiden. Die wichtigsten Kriterien sind (1) die ökonomischen, d.h. vor allem Einkommen und Vermögen; (2) Kriterien ständischer Art, insbesondere der Beruf und das – mit dem Beruf verbundene – Prestige; und schließlich (3) Bildung. Diese Kriterien haben den Vorteil, dass man sie auch hierarchisch anordnen kann, so dass man Maßstäbe erhält wie (1) Einkommens-/ Vermögenshöhe, (2) hohes vs. niedriges Berufsprestige, (3) hoher vs. niedriger Bildungsabschluss. Die Ranglisten, die man mit diesen drei Kriterien aufstellen kann, sind nicht identisch, stehen aber in einer empirisch zu ermittelnden Beziehung.

Einteilungen der Bevölkerung auf der Grundlage nur eines Kriteriums sind relativ leicht vorzunehmen. Handelt es sich außerdem um so eine simple und objektiv erfassbare Größe wie das Einkommen, bereitet die Klassifizierung keine größeren Probleme. In der amtlichen Statistik findet sich beispielsweise eine Einteilung der privaten Haushalte nach Höhe des monatlichen Haushaltseinkommens. In dieser Statistik werden (numerische) Einkommensklassen gebildet. Für jede Einkommensklasse lässt sich die Zahl der Haushalte ermitteln und als prozentualer Anteil an der Gesamtzahl der Haushalte darstellen. Eine weitere Einteilung unterscheidet das (Haushalts-)Einkommen nach Beruf oder Erwerbsstellung des Einkommenbeziehers bzw. Haushaltsvorstand. Man erhält dann etwa die folgende Klassifizierung: Selbständige, Beamte, Angestellte, Arbeiter.

Statistische Klassifizierungen von Einkommensgruppen (oder analog auch von Vermögensgruppen) sind nun aber nicht mit Klassen und Schichten im soziologischen Sinne gleichzusetzen, sondern bieten nur erste Anhaltspunkte für die Bestimmung von Schichten. Einkommen ist eben nur *ein* Kriterium, mit dem man Schichten unterscheiden kann, bzw. die Schichtung beruht auf weiteren Merkmalsverteilungen. In der Schichtungsforschung werden neben dem Einkommen vor allem Beruf (bzw. das Berufsprestige) sowie Bildung (bzw. der Schulabschluss) als Schichtkriterien berücksichtigt.

8.4 Status(in)konsistenz

Eine Person kann nach dem einen Kriterium einen hohen Status, nach einem anderen jedoch einen niedrigen Status erreichen. Der Gesamtstatus setzt sich dann aus Teilstatūs zusammen, die nicht „zusammenpassen". Man spricht hier von *Statusinkonsistenz*.

Wenn jemand sehr viel verdient, über einen hohen Bildungsgrad verfügt und einen hochangesehenen Beruf ausübt (z.B. Chefarzt in einer Universitätsklinik), dann ist sein Gesamtstatus konsistent. Ebenfalls konsistent ist der Status eines mittellosen, arbeitslosen Analphabeten. Beispiele für Status*inkonsistenzen* wären der promovierte Arbeitslose oder ein gutverdienender, aber ungebildeter Großkrimineller.

Amerikanische Soziologen haben Theorien der Statusinkonsistenz entwickelt (Lenski 1954, 1956, 1966; Jackson 1962). Eine zentrale theoretische Annahme ist hier, dass Personen, deren Status inkonsistent ist, unzufrieden sind bzw. dass die Statusinkonsistenz ein Problem für sie darstellt. Eine mögliche Reaktion darauf kann sein, dass man versucht, den für einen vorteilhaften Teilstatus in den Vordergrund zu stellen und die ungünstigeren Teilstatūs zu verdecken. Gesellschaftlich kann dem ein Engagement entsprechen, das auf eine Favorisierung des für einen positiven Bewertungskriteriums durch die Gesellschaft hinzielt. Wer z.B. über viel Bildung, aber wenig Einkommen verfügt, wird auf die weniger gebildeten, aber wirtschaftlich Erfolgreichen als Neureiche herabsehen und auf die gesellschaftliche und kulturelle Bedeutung von Bildung insistieren. Ein erfolgreicher Geschäftsmann wird umgekehrt den hochgebildeten, aber brotlosen Literaten belächeln und darauf beharren, dass letztlich der wirtschaftliche Erfolg über die gesellschaftliche Bedeutung entscheidet.

Empirisch zeigte sich, dass Menschen mit inkonsistentem Status zu Stress-Symptomen neigen und vermehrt psychische und gesundheitliche Probleme haben. Dies ist um so mehr der Fall, wenn sich die Person für den niedrigen (Teil-) Status selbst verantwortlich hält. Resultiert hingegen der geringe (Teil-)Status daraus, dass man einem Kollektiv angehört, das diesen Status auferlegt bekommt (z.B. niedriger Status, weil man ein Schwarzer ist), dann kann das zur Konsequenz haben, dass man sich für die „Umwertung der Werte" und die Bekämpfung von Benachteiligungen engagiert (Jackson 1962).

Mit dem Konzept der Statusinkonsistenz kann man zwar nicht die Schichtung der Gesellschaft beschreiben und erklären, wohl aber Symptome und Reaktionsweisen, die aus Statusunterschieden resultieren. Um von Statuskonsistenz und -inkonsistenz zu reden, benötigt man nicht unbedingt auch ein konsistentes Schichtungsmodell. Dass Statusinkonsistenzen verhaltenswirksam werden, setzt auch nicht die objektive Bestimmung des Gesamtstatus und die Gewichtung der Teilstatūs voraus. (Wer könnte z.B. objektiv festlegen, welcher Einkommensstatus mit welchem Bildungsstatus konsistent wäre?) Entscheidend für die Feststellung von Statusinkonsistenz ist vielmehr, ob die betreffende Person und ihre Bezugspersonen einen Widerspruch zwischen ihren Teilstatūs empfindet.

8.5 Schichtungsmodelle, alte und neue soziale Ungleichheiten

Die drei genannten klassischen Statuskriterien – Einkommen, Beruf(sprestige) und Bildung – kann man zu einem Index zusammenfassen. Auf der Basis dieses Index lassen sich dann unterschiedliche, hierarchisch angeordnete Schichten darstellen. Man erhält somit eine hierarchisch angeordnete Struktur, ein Schichtungsmodell und kann die prozentuale Verteilung der Bevölkerung auf die einzelnen Schichten aufzeigen. Die Benennung der übereinander liegenden Schichten erfolgt meistens mit Begriffen wie oben und unten, Oberschicht, Mittelschicht, Unterschicht, die auch noch weiter differenziert werden in „Oberschicht, obere Mitte, mittlere Mitte, untere Mitte, unterste Mitte/oberes Unten, Unten, sozial Verachtete" (siehe Bolte, Kappe & Neidhardt 1975: 98; Bolte & Hradil 1988: 220). Das Problem dieser quantitativ-vertikalen Begrifflichkeit ist allerdings, dass die Grenzziehung zwischen den Schichten willkürlich erscheint. Die „Begriffslogik" wird nicht klarer, wenn mit der formalen, vertikalen Untergliederung auch noch inhaltlichere Begriffe wie Arbeiterschaft, alter und neuer Mittelstand kombiniert werden.

Mit dem Schichtungskonzept geht die Vorstellung einher, dass die Angehörigen derselben Schicht auch eine gemeinsame soziale Lage haben. Die Mitglieder ein und derselben Schicht befinden sich nicht nur in der gleichen Einkommensklasse, sondern haben im Idealfall auch eine ähnliche Stellung im Erwerbsprozess, ein vergleichbares Berufsprestige und einen ähnlichen Bildungsgrad. Wie gezeigt, steht dieser vermeintlichen Einheitlichkeit und Eindeutigkeit schon allein das reale Phänomen der Statusinkonsistenz entgegen. Eine weitere Unterstellung der klassischen Schichtungssoziologie ist, dass sich die Mitglieder einer Schicht auch in ihren kulturellen Orientierungen, Vorlieben, Geschmäckern Gewohnheiten, Einstellungen, Werthaltungen und schließlich im Verhalten ähneln. Allerdings ist hier kaum mit Kausalität zu rechnen, d.h. mit einem deterministischen Verhältnis zwischen der unabhängigen Variable (Schichtzugehörigkeit) und der abhängigen Variable (Orientierungen, Verhalten etc.), allenfalls mit Korrelationen, mehr oder weniger wahrscheinlichen Zusammenhängen.

Ein komplexeres Modell als das übliche, vertikal konstruierte Schichtungsmodell hat Rainer Geißler entwickelt. Wie schon das Schichtungsmodell von Ralf Dahrendorf (1965), von dem Geißler ausgeht und das er differenziert, ist auch sein Modell ähnlich einem Haus konstruiert (Geißler 2006: 100). Es gibt dort nicht nur Stockwerke, sondern auch Räume, die sich in der Vertikale über mehr als nur ein Stockwerk ausdehnen können. Zudem hat dieses Haus-Modell „Anbauten", die gewissermaßen (auch begrifflich) „schräg" zur ursprünglichen Architektur liegen. So unterscheidet Geißler Dienstleistungsschichten, Arbeiter, Bauern und den „alten bürgerlichen Mittelstand". Innerhalb dieser Gruppierungen sind vertikale Anordnungen auszumachen; z.B. bei den Arbeitern: ungelernte, angelernte Arbeiter, Facharbeiter und eine Arbeiterelite. Innerhalb der Dienstleistungsschicht ist eine ausführende Dienstleistungsschicht von Dienstleistungsmittelschichten zu unterscheiden. Als „Anbau" an dieses Haus gibt es eine in sich wiederum differenzierte „ausländische" Bevölkerung. Und in der Turmspitze des Hauses befindet sich eine „Machtelite".

Auch wenn Geißlers Haus-Modell den Vorzug einer gewissen Anschaulichkeit hat (und noch plausibler wird, wenn man davon ausgeht, dass dieses Haus auch eine Dauersanierungsbaustelle ist), so mangelt es ihm doch an Systematik und logisch-begrifflicher Konsistenz. Dem kann allerdings entgegen gehalten werden, dass die Realität, die das Modell zu repräsentieren versucht, eben auch nicht systematisch, konsistent und logisch ist. Die Kriterien, mit deren Hilfe man Gruppierungen der Gesellschaft unterscheidet, scheinen sich immer mehr zu überlappen. Ihre Anwendung führt zu keinem klar strukturierten Gesellschaftsbild, bei dem man von sauber getrennten, übereinander liegenden Schichten sprechen könnte. Schließlich führt auch die Dauerarbeitslosigkeit von bildungsnahen Bevölkerungsgruppen aus den traditionellen mittleren bis höheren Schichten zu einer prekären Lage, was mit Wortneuschöpfungen wie „Prekariat" (vgl. Hradil & Schmidt 2007: 173f.) vornehm umschrieben wird.

Dem Eindruck, dass traditionelle Klassen- und Schichtungsmodelle die Differenziertheit der Sozialstruktur nur unzureichend wiedergeben, weil die Gliederung der Gesellschaft „vielschichtiger" und die Unterschiede „feiner" geworden seien, steht die Behauptung gegenüber, dass sich die Schichten einander angleichen. Schon Geiger hatte auf den „Schmelztiegel" hingewiesen, in dem sich die Klassen befänden, und sich für ein differenzierteres Bild von der gesellschaftlichen Schichtung ausgesprochen (Geiger 1932, 1949; Geißler 2006: 95f.). Die Angleichung der Schichten glaubte in den 1950er Jahren Helmut Schelsky (1912-1984) zu erkennen und drückte dies mit seiner These von der „nivellierten Mittelstandsgesellschaft" aus (Schelsky 1979; zuerst: 1953, 1956). Damit war gemeint, dass aufgrund von Aufstiegsprozessen die Grenzen zwischen den Klassen oder Schichten immer durchlässiger und damit auch die Unterschiede zwischen den Schichten immer schwächer geworden seien. Die Gesellschaft habe einen breiten Mittelstandsbauch entwickelt mit ähnlichen materiellen Grundbedingungen und einander ähnelnden Verhaltensweisen. In gewisser Weise kam dieses Bild dem Selbstverständnis der jungen Bundesrepublik entgegen, in der man sich vom Wirtschaftswunder eine Angleichung der Lebensverhältnisse und die (Auf-)Lösung der sozialen Frage versprach. Doch verdeckte Schelskys Befund die nach wie vor durchaus vorhandenen Ungleichheiten und Mobilitätsgrenzen, die nicht nur zwischen den Schichten, sondern auch innerhalb der Mittelschicht existierten.

Mit der Renaissance neomarxistischer Soziologie in den sechziger und siebziger Jahren, als sich Klassentheoretiker und Schichtungssoziologen stritten, ob das Klassen- oder das Schichtkonzept für die Sozialstrukturanalyse besser geeignet wäre, geriet Schelskys These in den Hintergrund. Im Anschluss an diese Kontroversen ist in der deutschen Sozialstrukturanalyse allenthalben von der Auflösung der Schichten und Klassen, der „entstrukturierten Klassengesellschaft" (Berger 1986) die Rede. Angesichts dessen, dass schon lange zuvor Kritik am Klassenkonzept geübt worden war und Schichtungsmodelle überdacht wurden (siehe Geiger 1932; Dahrendorf 1965; Geißler 1987), erscheint dieser Erkenntnisstand allerdings etwas verspätet. „Jenseits von Stand und Klasse" (Beck 1983), „jenseits von Klasse und Schicht" (Beck 1986: 121ff.) hat die (deutsche) Soziologie der Ungleichheit die Vielfalt unterschiedlicher Lebenslagen und Lebensstile entdeckt, die als „feine Unterschiede" in der französischen Soziologie – wenn auch noch in der Klassen-Terminologie und mit dem Bemühen auch um eine Darstellung vertikaler Unterschiede – schon von Bourdieu (1979/1982) identifiziert worden waren. Mit der Diagnose der Vielfalt, die sich der Stichworte „Pluralisierung" und „Individualisierung" (Beck 1986) bedient, und mit der Beschreibung von Unterschieden in der Horizontalen weicht man tendenziell der Schwierigkeit aus, die vertikale Analyse der Gesellschaft zu leisten.

Statt Unterschiede zwischen übereinander liegenden Schichten rückt die neuere Sozialstrukturanalyse Ungleichheiten *sozialer Lagen* und *sozialer Milieus* (Hradil 1987;

M. Vester et al. 2001), Ungleichheiten der *Lebenslagen, Lebensläufe und Lebensstile* (Berger & Hradil 1990) in den Mittelpunkt. Soziale Lagen und Milieus sind durch Kombinationen aus Einkommen, Beruf und Bildung, aber auch von Wohnort, sozialer Absicherung, gesundheitlicher Versorgung und Verfügbarkeit über (freie) Zeit bestimmt. Milieus werden zudem Wertorientierungen zugeordnet, die den Angehörigen eines Milieus gemeinsam sein sollen. Handelt es sich dabei um tiefer verankerte Werthaltungen, ist auch von Mentalitäten die Rede. Interessanterweise verwies auch schon Geigers Schichtbegriff auf Mentalitäten. Nachdem Mentalitäten über lange Zeit kein Thema der Schichtungssoziologie waren, kehrt nun eine – allerdings eher unscharfe – Mentalitätsbegrifflichkeit zurück, die zwar Geigers Überlegungen aufgreift, aber nach wie vor kulturanthropologische Erkundungen von Mentalitäten sowie die französische Tradition der Mentalitätsgeschichtsschreibung weitgehend ignoriert (vgl. Vester 1996).

In der neueren Sozialstrukturanalyse haben auch *Lebensstile* Hochkonjunktur. Mit dem Begriff *Lebensstil* werden die für eine Bevölkerungsgruppe typischen Regelmäßigkeiten in der Gestaltung des Alltags angesprochen (Hradil 1992: 162). *Stil* ist in den Kunst- und Kulturwissenschaften ein altes und als problematisch diskutiertes, mitunter auch schon verabschiedetes Konzept (Gumbrecht & Pfeiffer 1986), das bei Klassikern der Soziologie wie Georg Simmel (1993) und Max Weber – im Zusammenhang mit dem Begriff Lebensführung – Spuren hinterlassen hat. In der amerikanischen Soziologie hat man sich schon seit längerem für *life styles* interessiert (Veblen 1899; Feldman & Thielbar 1975; Zablocki & Kanter 1976). In Randgebieten der Soziologie wie der Freizeit- und Konsumforschung wurden Lebensstile vor allem als Freizeit- und Konsumstile thematisiert (Havighurst & Feigenbaum 1959; Vester 1988: 58-70), ehe schließlich auch in der deutschen Sozialstrukturanalyse die Bedeutung von Lebensstilen als Merkmal und Mittel der sozialen Differenzierung bzw. soziologischen Unterscheidung erkannt wurde (Müller 1989, 1992; Hradil 1992; Konietzka 1995; Otte 1994; Spellerberg 1996). Sei es in marktorientierten Zielgruppenanalysen oder in mitunter Aufsehen erregenden Gesellschafts- und Kulturdiagnosen (z.B. G. Schulze 1992) werden Lebensstile bestimmter sozialer Milieus oder von tatsächlichen oder potentiellen Konsumentengruppen ermittelt und mitunter auch propagiert. Der Tenor der gegenwärtigen Beschäftigung mit sozialen Lagen, Milieus und Lebensstilen lautet, dass sie nicht von Schicht- oder Klassenzugehörigkeit determiniert sind. Die Unterschiede zwischen den Lebensstilen liegen quer zu den Unterschieden zwischen den Schichten, durchbrechen oder überlagern diese. Auch in zeitlicher bzw. lebensbiographischer Hinsicht sind Lebensstile – zumindest heute – vergleichsweise flexibler und historisch (oder modisch) von kürzerer Dauer.

Ein spezielles Interesse der Soziologie der Ungleichheit richtet sich auf *Randgruppen* der Gesellschaft (Geißler 2006: 201ff.): Gruppen von Menschen mit besonderen Problem- oder Risikolagen (z.B.: Behinderte, Asylanten, Langzeitarbeitslose), die tendenziell „an den Rand der Gesellschaft gedrängt werden" oder sogar „durch das soziale Netz fallen" (z.B.: Obdachlose). Bemerkenswert ist in diesem Zusammenhang die Handhabung der Begriffe *Armut* und *Arme*. Wurde noch in den 1980er Jahren Armut als Randproblem und wurden die Armen als Randgrupe wahrgenommen, werden die Armen nun als breitere Bevölkerungsgruppe oder -schicht dargestellt, die – gerade auch in der Intergenerationen-Perspektive – als wackliger Sockel der Gesellschaft (d.h. für die Zukunft der Gesellschaft problematische Sozial- und Problemlage) anzusehen ist. Wie Geißler (2006: 202) feststellt, bestehen auch unter Sozialwissenschaftlern unterschiedliche Auffassungen davon, was Armut ist. Darauf einigen könne man sich aber, dass Armut eine quantitativ, historisch und kulturell relative Größe sei und dass sie mehrdimensional sei; d.h. ein ökonomisches, soziales, kulturelles und psychisches Phänomen.

Es stellt sich die Frage, ob die Randgruppen der Gesellschaft jeweils spezielle Bevölkerungsgruppen darstellen, die außer ihrem Randgruppenstatus, ihrer Marginalität, wenig gemein haben; oder ob sie sich zu einer Unter- oder untersten Schicht zusammenfassen lassen. Die angelsächsische Soziologie kennt den Begriff *underclass*. Nach Saunders (1990) hat die *underclass* vier wesentliche Merkmale: sie ist mehrfachen Benachteiligungen (Deprivationen) ausgesetzt; sie ist gesellschaftlich marginal; sie ist auf sozial- bzw. wohlfahrtsstaatliche Unterstützung angewiesen; und sie weist eine Kultur der Resignation und des Fatalismus auf, d.h., sie kultiviert eine Haltung der Abhängigkeit (Allum 1995: 75). Vielen Randgruppen ist eine „Kultur der Armut" gemeinsam. Doch muss Marginalität nicht unbedingt auch krasse ökonomische Benachteiligung beinhalten. Religiöse Gruppierungen oder politische Untergrundorganisationen, die sich gegenüber der Gesellschaft isolieren, haben Randgruppencharakter, ohne notwendigerweise knapp an ökonomischen Ressourcen zu sein.

In Deutschland hat die *Soziologie der Ungleichheit(en)* in der jüngeren Vergangenheit das Bild der Gesellschaft zunehmend differenziert, zugleich auch enthierarchisiert gezeichnet. Tendenziell scheinen mit den vielfältigen Ungleichheiten die Schichten aufgelöst. Angesichts des Bemühens, die Sozialstruktur differenziert darzustellen, scheint die Bedeutung (und Kritik) vertikaler Unterschiede in den Hintergrund geraten zu sein. So sieht Geißler (1998: 227) in dem „Weltbild, in dem pluralisierte Lebensstile und Erlebnismilieus die sozialen Verhältnisse prägen" die Ausblendung und Verdrängung gesellschaftlicher Hierarchien. Wie Nicole Burzan (2004: 186) in ihrem Überblick über den Stand der Ungleichheitsforschung feststellt, tragen die Bilder und Modelle, die die Sozialstrukturanalyse entwirft und „die in Teilen auch bestimmten ,Moden' unterliegen", „auch selbst dazu bei, gesellschaftliche Vorstellungen sozialer Ungleichheit zu (re-)produzieren". Das gilt sicher auch für die Vorstellungen, wie „offen" und „mobil" die Gesellschaft ist.

8.6 Soziale Mobilität

8.6.1 Arten der Mobilität

Bei aller Faszination für die „neuen Ungleichheiten" und angesichts der Behauptung der Auflösung von Klassen und Schichten ist die klassische Thematik der sozialen Mobilität etwas in den Hintergrund der Sozialstrukturanalyse geraten. Mit der Diversifikation und Stratifikation der Gesellschaft, der Vorstellung, dass sich Gesellschaften in horizontal und vertikal abgrenzbare Gruppierungen untergliedern, ist aber auch die Frage nach der *sozialen Mobilität*, dem gesellschaftlichen Auf- und Abstieg verbunden.

Die soziale Mobilität ist zu unterscheiden von der *räumlichen Mobilität*, die sich als physische Bewegung in Form von Umzugs- und Wanderungsbewegungen (*Migration*) abspielt. Bei der sozialen Mobilität handelt es sich um eine abstrakte Bewegung der Gesellschaftsmitglieder zwischen sozialen Positionen. Die Soziologie unterscheidet *horizontale* und *vertikale* soziale Mobilität. Wechselt eine Person zwischen statusgleichen Positionen, d.h. solchen, deren gesellschaftliche Wertschätzung gleich ist, dann hat man es mit *horizontaler sozialer Mobilität* zu tun. Ein Beispiel ist, wenn jemand den Beruf des Bekleidungsverkäufers durch den des Schuhverkäufers ersetzt. Im Einzelfall ist es nicht immer leicht zu entscheiden, ob der Status zweier Positionsinhaber gleich ist. Der Status von Verkäufern dürfte, je nach Branche, unterschiedlich sein. Z.B. können Verkäufer unterschiedliche Status haben, je nachdem, ob sie Massenware oder Luxusartikel, Lebensmittel oder High Tech verkaufen. Im Supermarkt dürfte der Status der Wurstverkäuferin und der Käseverkäuferin der gleiche sein. Der Status der Leiterin der Wurstabteilung wird aber vermutlich höher sein.

Wenn es um höhere und niedrigere Status geht, hat man es mit der – im Vergleich zur horizontalen Mobilität interessanteren – *vertikalen sozialen Mobilität* zu tun. Es geht dabei um Prozesse des sozialen Auf- und Abstiegs, also um das Vorrücken in Positionen mit höherer Wertschätzung bzw. um den Abstieg in Positionen mit geringerem Status. Wenn jemand in eine höhere Gehaltsklasse vorstößt oder einen höheren Bildungsgrad erwirbt, ist das ein Fall von sozialer Mobilität „nach oben". Was dieser Aufstieg nun wert ist, hängt allerdings davon ab, wie viele andere Personen den gleichen Aufstieg vollziehen. Der Aufstiegseffekt, der etwa durch einen zusätzlichen akademischen Titel individuell erzielt wird, relativiert sich, wenn der Zugang zu diesem Bildungstitel einer größeren Gruppe offen steht (Collins 1979).

In diesem Zusammenhang ist eine weitere begriffliche Unterscheidung relevant, nämlich die von *individueller* und *kollektiver Mobilität*. Wenn jemand in eine höhere Lohngruppe vorstößt, steigt er individuell auf; es handelt sich um individuelle Mobilität. Wenn aber eine ganze Berufsgruppe tariflich in eine höhere Lohngruppe befördert wird (oder in eine tiefere abgesenkt wird), dann haben wir es mit kollektiver Mobilität zu tun. So ist etwa die Tarifauseinandersetzung zwischen Deutscher Bahn AG und der Gewerkschaft der Lokführer im Jahr 2007, in der die Lokführer auf einen eigenen (im Vergleich zu den übrigen Bahnangestellten vorteilhafteren) Tarifabschluss hinarbeiteten, auch ein Konflikt um den kollektiven Aufstieg der Lokführer innerhalb der Bahnbelegschaft. Sozialhistorisch haben bestimmte Berufsgruppen kollektive Aufstiege erlebt, während andere Statusgruppen einen Niedergang hinnehmen mussten. So haben etwa Rechtsanwälte einen kollektiven Aufstieg erlebt, in dem Maße wie sich dieser Beruf akademisiert und professionalisiert hat. Wenn es nun aber zu einer Übersättigung des Marktes mit Rechtsanwälten kommen sollte – worauf manche Anzeichen hindeuten –, dann könnte dieser kollektive Aufstieg allerdings auch relativiert oder gar umgekehrt werden. (Ähnlich die Ärzte, deren Beruf sich vom Bader zur vollakademisierten Profession entwickelt hat: bei einem Überangebot von Ärzten auf dem Markt würde sich hier eine Umkehr des kollektiven Aufstiegs einstellen.)

Wenn man sich dafür interessiert, wie sich in einer Gesellschaft die Muster der sozialen Mobilität langfristig ändern, ist eine weitere Unterscheidung zu treffen, und zwar die von *intra-* und *intergenerationaler Mobilität* (bzw. *Intra-* und *Intergenerationenmobilität*). Die *Intra*generationenmobilität bezieht sich auf die Auf- und Abstiege des Individuums im Laufe seines Lebens, sozusagen auf seine „soziale Karriere" im weiteren Sinne. Bei der *Inter*generationenmobilität geht es darum, ob jemand eine Position innehat, deren Status höher, tiefer oder gleich dem Status der Eltern bzw. des Vaters ist. In historischen Phasen, in denen Gesellschaften wachsende Produktivität und zunehmenden Wohlstand erleben, ist damit zu rechnen, dass die nachwachsenden Generationen einen sozialen Aufstieg genießen (d.h., die Kinder „bringen es weiter", „haben es besser" als die Eltern), während in Phasen der Stagnation oder des Niedergangs von Wirtschaft und Gesellschaft die jüngeren Generationen auf dem Status ihrer Vorfahren verharren oder sogar dahinter zurückfallen.

Untersuchungen zur sozialen Mobilität sind zentral für die Gesellschaftsanalyse. Es handelt sich hier um einen Kernbestandteil der Makrosoziologie. Die makrosoziologische Frage steht hier im Zentrum, ob Gesellschaften durch „Offenheit" oder durch „Schließung" charakterisiert sind. Wenn man ein umfassendes Bild von der sozialen Mobilität in einer Gesellschaft hat, dann bekommt man auch einen Eindruck davon, ob die Gesellschaft eine „offene" darstellt, d.h. eine Gesellschaft, die nicht durch unüberbrückbare soziale Barrieren gekennzeichnet ist und die – mehr oder weniger – dem Ideal des freien Zugangs zu sozialen Positionen gerecht wird. Es gehört ja zu den Grundvorstellungen von einer liberalen und gerechten Gesellschaft, dass in ihr die sozialen Positionen aufgrund von Leistungskriterien vergeben werden, anders als das in einer Kasten-, Stände- oder Klassengesellschaft der Fall ist. Nach den Vorstellungen des Liberalismus wie der Sozialdemokratie soll Status in erster Linie erworben und nicht vererbt werden. Gegenüber diesem Bild von der offenen Gesellschaft beharren marxistische Gesellschaftstheoretiker ideologiekritisch darauf, dass tatsächlich in kapitalistischen Gesellschaften kaum überwindbare Barrieren existieren, Barrieren zwischen Klassen, die sich selbst reproduzieren. Und in der Tat zeigen auch nichtmarxistische Untersuchungen, dass sozialer Aufstieg an den Erwerb von Bildung gekoppelt ist, dass aber der Zugang zur Bildung keineswegs allen Bevölkerungsschichten im gleichen Maße offen stehe.

Wie „offen" oder „geschlossen" eine Gesellschaft ist, bzw. wie starr oder durchlässig die Grenzen zwischen Bevölkerungsgruppen sind, ist eine Frage, die empirisch zu beantworten ist, eben durch Untersuchungen der sozialen Mobilität. Im Gegensatz zur räumlichen Mobilität, die sich etwa aufgrund von Umzugsstatistiken relativ leicht erfassen lässt und bei der man ja auch die Orte, zwischen denen gewandert wird, unterscheiden kann, ohne dass man ihnen einen Statuswert zumessen muss, ist das Ausmaß gesamtgesellschaftlicher sozialer Mobilität schwerer zu objektivieren. Die Messung setzt eine Vorstellung davon voraus, welche Positionen und Statūs höher, welche niedriger bewertet werden. Wenn man Mobilität auf die Statusdimension Einkommen und/

oder Vermögen begrenzt, sind Auf- und Abstieg noch relativ leicht zu messen (wobei sich auch hier eine Komplikation schon dadurch ergibt, dass die materiellen Auf- und Abstiege der Individuen in Beziehung zu setzen wären zu den kollektiven Verbesserungen und Verschlechterungen und zur Veränderung des gesamtgesellschaftlichen Wohlstandes). Wenn man den Mobilitätsvergleichen ein umfassenderes, mehrdimensionales Status- oder Schichtkonzept zugrunde legt, wird das Vergleichsverfahren noch schwieriger.

Die einschlägigen Studien, welche die Generationenmobilität in der Bundesrepublik Deutschland (vor allem in den 1960er und 70er Jahren) untersucht haben, überblickend und zusammenfassend hat Rainer Geißler (2006: 256) drei Thesen aufgestellt:

„1. Die Gesellschaft der Bundesrepublik ist in den vergangenen 50 Jahren geringfügig mobiler geworden.
2. Es sind insbesondere die Aufstiegschancen gestiegen, während die Bedrohung durch sozialen Abstieg zurückgegangen ist.
3. Die zurückgelegten Entfernungen ‚nach oben' sind seit den 1970er Jahren größer geworden."

Geißler (2006: 258) weist darauf hin, dass sich hinter diesem Muster „zwei miteinander zusammenhängende Entwicklungstendenzen der Berufs- und Schichtstruktur" verbergen. Zum einen ist es die Ausdehnung des Dienstleistungsbereichs, die diese Verlagerung und die entsprechende Mobilität von unteren zu mittleren Schichten gleichsam „erzwingt". Zum anderen macht Geißler eine „zunehmende Dominanz der relativ offenen Bildungsschichten über die relativ geschlossenen Besitzschichten" aus, die den Aufstieg über Schichtgrenzen hinweg erleichtert. Dass historisch betrachtet die Chancen des Aufstiegs im Vergleich zu denen des Abstiegs größer geworden sind, hängt zudem mit der Knüpfung des „sozialen Netzes" zusammen, das die Gefahr des freien Falls nach unten reduziert.

Für die zukünftigen Mobilitätschancen ist von Bedeutung, ob die Ausdehnung des Dienstleistungsbereichs an Grenzen stoßen wird, so dass dieser strukturelle Mobilitätsdruck entfällt. Wenn aufgrund demographischer Entwicklungen bestimmte Positionen von einer Generation besetzt sind und diese „Verstopfung" für die nachrückende Generation nicht durch die Schaffung vergleichbarer Positionen kompensiert werden kann, dann ergeben sich neue Mobilitätsblockaden, die auch durch mehr Bildung nicht mehr überwunden werden können.

Wie Randall Collins (1979) gezeigt hat, ist in der „credential society" (einer Gesellschaft, in der die Bildungsvoraussetzungen und die Zahl der entsprechenden Bildungszertifikate gestiegen sind) der Wert von Bildungstiteln quasi inflationär. Trotz höherer Bildung bieten sich dem Einzelnen nicht auch mehr Aufstiegschancen, und zwar deshalb, weil sich die Mitbewerber um höhere Positionen ebenfalls weiter qualifiziert haben.

Außerdem ist zu sehen, dass der Dienstleistungsbereich in sehr unterschiedliche Dienstleistungsberufe aufgeteilt ist und dass nicht mit jedem zusätzlichen Dienstleistungsjob eine reale Aufstiegschance verbunden ist. Gerade in den unteren Dienstleistungsberufen sind Herabstufungen der Bezahlung und Statusminderungen zu registrieren („Ein-Euro-Jobs"). Der Abstieg könnte dann nur durch ein enger geknüpftes soziales Netz verhindert werden, dessen Effizienz und Finanzierbarkeit aber auf dem Prüfstand stehen.

8.6.2 Soziale Mobilität im internationalen Vergleich

Als repräsentativ für groß angelegte Mobilitätsstudien sei hier auf drei klassische Arbeiten hingewiesen. Peter M. Blau und Otis Dudley Duncan (1967) haben an Hand einer Stichprobe von 20.000 Männern in den USA herausgefunden, dass das Ausmaß der vertikalen Mobilität (intra- und intergenerational) beträchtlich war. Dabei waren Aufstiege viel häufiger als Abstiege. Es handelte sich aber überwiegend um „Kurzstreckenmobilität", eine Fortbewegung über nur wenige Sprossen der sozialen Leiter.

Eine international vergleichende Mobilitätsstudie ist die von Seymour M. Lipset und Reinhard Bendix (1959). Hier wurden Daten aus Großbritannien, Frankreich, Deutschland, Schweden, der Schweiz, Japan, Dänemark, Italien und den USA verglichen. Dabei konzentrierte man sich auf den Übergang von „blue collar" zu „white collar work", also auf die Mobilität von der Arbeiter- zur Angestelltenschicht. Entgegen der ursprünglichen Annahme stellte sich heraus, dass die Mobilität in den USA nicht höher war als in den europäischen Ländern. Da die festgestellte Mobilität auch durch die gesamtwirtschaftliche Verlagerung von Erwerbssektoren (von der klassischen Industriearbeit zur Dienstleistung) zustandekommt, ist es fraglich, ob sie überhaupt als Aufstieg gedeutet werden kann.

Robert Erikson und John H. Goldthorpe (1992) haben die soziale Mobilität von Männern im Alter von 20-64 Jahren untersucht, indem sie die Berufe der Männer mit denen ihrer Väter verglichen. Daten lagen vor aus England, Frankreich, der Bundesrepublik Deutschland, Ungarn, Irland, Nordirland, Polen, Schottland und Schweden. Als Grundlage diente ein siebenstufiges, auf Berufstypen basierendes Schichtenmodell (das durch weitere Abstufungen noch verfeinert werden konnte). Die für die einzelnen Länder ermittelten *totalen Mobilitätsraten* (= eine zusammenfassende Maßzahl für Mobilität nach oben und unten sowie für nichtvertikale Mobilität) lagen zwischen 58 (Irland) und 76 (Ungarn). Die meisten Länder wiesen Mobilitätsraten um die 65 auf. Mit 62 hatten England, Frankreich und Deutschland die gleiche Rate. Neben Ungarn (76) hatte auch Schweden eine überdurchschnittlich hohe Rate (73). Der Blick auf die nach oben gerichtete Mobilität ließ die Länder sogar noch ähnlicher erscheinen. Die Raten lagen zwischen 31 (Irland) und 35 (Polen), allein die Rate für Schweden war mit 42 ein „Ausreißer" nach oben. Die für die Bundesrepublik Deutschland ermittelte Ziffer betrug 33.

Unterschiedlicher in den einzelnen Ländern fielen die Raten für die abwärts gerichtete Mobilität aus. Sie beliefen sich zwischen 8 (Polen) und 18 (Schottland). Auch hier erzielte Deutschland mit 14 einen mittleren Wert. Es zeigte sich damit auch, dass in allen untersuchten Ländern die Mobilität nach oben deutlich größer war als die nach unten, wobei der Abstand zwischen Aufwärts- und Abwärtsmobilitätsrate in den einzelnen Ländern unterschiedlich groß ausfiel. Die Aufwärtsmobilitätsrate war im Falle Polens mehr als viermal so hoch wie die Abwärtsrate (35 vs. 8). Im Falle Schottlands war die „upward mobility" nicht einmal doppelt so hoch wie die „downward mobility" (33 vs. 18). Die entsprechenden Zahlen für Deutschland betrugen 33 (Aufwärtsmobilität) und 14 (Abwärtsmobilität) (Erikson & Goldthorpe 1992: 193).

Die Studie von Erikson & Goldthorpe unterstreicht die auch schon früher aufgestellte und diskutierte These (vgl. Featherman, Jones & Hauser 1975), dass sich in den modernen Industriegesellschaften die Mobilitätsmuster einander anglichen. Legt man die von Erikson & Goldthorpe vorgelegten Mobilitätsraten zugrunde, so lieferten – zumindest in dem erfassten Zeitrahmen – die drei großen europäischen Länder England, Frankreich und Deutschland ein fast identisches Bild der sozialen Mobilität. Allerdings wäre nachzufragen, wie bedeutsam die Unterschiede der „Raten" sind. Muss der Unterschied zweier Mobilitätsraten mehrere Punkte betragen, oder genügt bereits der Abstand von einem Punkt, um einen Unterschied im sozialen Leben, im Alltag der Gesellschaften und in der Wahrnehmung ihrer Mitglieder auszumachen? Die wünschenswerte Verbindung von erfassbaren Quantitäten und qualitativer Bedeutung wird in den genannten Mobilitätsstudien nicht hergestellt.

Abschließend sei auf einige Problempunkte und Desiderate der Mobilitätsforschung hingewiesen:

(1) Mobilität wird meistens auf den Berufsstatus von Männern bezogen. Vergleichsweise weniger untersucht ist die soziale Mobilität von Frauen, die sich allerdings auch komplizierter darstellt. Stärker als Männer können Frauen auch durch Heirat sozial mobil sein und ihren Status verbessern. In Gesellschaften, in denen die Zahl der unverheirateten und/oder geschiedenen und nicht wieder verheirateten Frauen eine relevante Größe darstellt, lassen sich aber Status und Mobilität von Frauen nicht einfach aus den für die Ehemänner geltenden Befunden ableiten.

(2) Die Umbruchprozesse im Zuge der Deutschen (Wieder-)Vereinigung haben zu sozialer Mobilität im Zeitraffertempo geführt (Geißler 2006: 268). Auch nach dem Fall der Mauer versuchen Ostdeutsche, ihren Status durch Verlagerung von Arbeits- und Wohnort in die alten Bundesländer zu verbessern. Das lenkt die Aufmerksamkeit auf Zusammenhänge von sozialer Mobilität und räumlicher Mobilität, von Status und Migration, die in den Schichtungs- und Mobilitätsstudien vergleichsweise wenig Beachtung gefunden haben.

(3) Der Zusammenhang von Mobilität und Migration macht dann auch auf die „globale" Problematik der Ungleichheiten zwischen den Gesellschaften bzw. innerhalb des Weltsystems und auf die daraus resultierenden räumlichen und sozialen Mobilitätsströme aufmerksam (siehe Han 2000). Diese werden aber von den auf die Sozialstruktur einzelner Gesellschaften fixierten Studien zur sozialen Ungleichheit kaum erfasst.

Als Fazit ist festzuhalten, dass Mobilitätsstudien wichtige Erkenntnisse über die Struktur und Dynamik von Gesellschaften liefern. Unbeantwortet bleibt aber die Frage, wie viel soziale Mobilität wünschenswert ist, bzw. wie groß sie sein sollte, damit eine Gesellschaft als „offen" gelten kann. Impliziert wird bei dieser Frage wie auch in der Ungleichheits- und Mobilitätsforschung überhaupt, dass eine offenere Gesellschaft „gerechter" und „besser" sei. Die Kriterien des „Guten", „Gerechten" oder „Fairen" werden in der Soziologie aber kaum explizit gemacht bzw. diskutiert. Solche Fragen und Diskussionen sind mit den Mitteln der empirischen Wissenschaft, als die sich die Soziologie versteht, nicht zu entscheiden und werden daher der Sozialtheorie oder Philosophie (siehe Rawls 1975) überlassen.

Kapitel 9:
Macht, Herrschaft, Konflikt

Begriffe:

Macht
Machtquellen, Machtkonstellationen
Mikromacht, Machtdiffusion, Machtkreisläufe
Herrschaft, Legitimation
Staat, Nationalstaat, Nation, Nationalismus
Konflikt, Konfliktsoziologie, Konfliktfunktionen

9.1 Definitionen und Quellen der Macht

Die marxistische Klassenanalyse hat die Aufteilung der Gesellschaft immer auch als Ausdruck eines Machtkampfes gesehen. Dass die Auffächerung und Schichtung der Gesellschaft immer auch eine Verteilung von Macht ist, dass die Beziehungen zwischen gesellschaftlichen Gruppierungen auch Herrschaftsbeziehungen sind, die mit Konflikten verbunden sind, ist ein – mitunter vergessener – soziologischer Gemeinplatz. *Macht* ist ein universelles soziales Phänomen. Wenn Menschen miteinander umgehen, ist Macht im Spiel. Die Strukturen der Gesellschaft sind auch Machtstrukturen. In den Sozialwissenschaften gibt es unzählige Konzepte, theoretische Perspektiven und empirische Untersuchungen zu Machtphänomenen (siehe z.B. Olsen & Marger 1993). Auch bei diesem soziologischen Grundbegriff kann man auf eine Definition Max Webers zurückgreifen. In *Wirtschaft und Gesellschaft* schreibt Weber (2005: 38 [§16]):

> „Macht bedeutet jede Chance, innerhalb einer sozialen Beziehung den eigenen Willen auch gegen Widerstreben durchzusetzen, gleichviel worauf diese Chance beruht."

Kenneth Boulding (1989: 15) versteht unter Macht die Fähigkeit, das zu bekommen, was man will. Macht hat also etwas mit Handlungs- und Durchsetzungschancen zu tun, mit der Überwindung eines Widerstandes. Webers und Bouldings Definitionen sind sehr weit angelegt, lassen mannigfaltigen Begriffsinhalten und -anwendungen Raum. *Macht* ist, wie Weber sagt, amorph. Aus Webers Definition wird zweierlei deutlich: (1) dass Macht nicht unbedingt ausgeübt werden muss, sie stellt vielmehr eine „Chance" dar. (2) Diese Chance kann mehrere Fundamente haben. Macht hat unterschiedliche Quellen, es gibt unterschiedliche Machtbasen.

Die Soziologie interessiert sich für Macht als etwas, das zwischen Menschen, in und zwischen Gruppen, in und zwischen Gesellschaften existiert. Es geht also nicht um die Macht, die ein Einzelner über die physische Welt hat (über den eigenen Körper oder über Dinge), sondern um Macht als Prozess der Beeinflussung von anderen. Diese Einflussnahme muss nicht immer tatsächlich vollzogen werden. Die Macht kann „ruhen", sie wird dann nicht abgerufen. Als Chance, als Potential ist sie aber vorhanden.

Macht kann eingesetzt werden zu verschiedenen Zwecken, zu positiven wie zu negativen. Ihr Einsatz kann gerechtfertigt, legitim oder aber ungerechtfertigt, illegitim sein. Wird Macht außerhalb des legitimen Rahmens angewandt, kann von Machtmissbrauch gesprochen werden.

Michael Mann (1986, 1993) hat ein auf vier Bände angelegtes Werk in Angriff genommen, das die Geschichte der Macht nachzeichnet. *Macht* ist nach Mann die Fähigkeit, Ziele zu verfolgen und durch die Beherrschung der Umwelt zu erreichen. *Soziale Macht* beinhaltet darüber hinaus Macht *über* andere Menschen und Macht *mit* anderen. Demnach hat soziale Macht etwas damit zu tun, dass Menschen sich organisieren, dass sie ihre Aktivitäten koordinieren, um etwas zu bewirken. Mann unterscheidet *vier Arten sozialer Macht*: *Ideologische* Macht, *ökonomische* Macht, *militärische* Macht und *politische* Macht. Menschen, Gruppen oder komplexe soziale Gebilde (Gesellschaften) bilden Machtstrukturen aus, d.h. Verflechtungen von unterschiedlichen Möglichkeiten, etwas zu erreichen, sich zu organisieren, auf andere Menschen Einfluss zu nehmen. Diese Strukturen speisen sich aus den vier Arten oder Quellen der Macht. Dabei verändert sich das Gesamtvolumen der Macht im Geschichtsprozess, wie sich auch das Verhältnis zwischen den vier Machtquellen historisch verschiebt.

9.2 Der Staat als Machtkonstellation und die Legitimierung von Herrschaft

Wie Michael Mann (1986, 1993) zeigt, entstehen und vergehen im Verlauf der gesellschaftlichen Entwicklung Machtkonstellationen. In der marxistischen Theorie stellen Klassen solche Machtkonstellationen dar. In diesem Fall handelt es sich um eine Konstellation, die sich vor allem aus der ökonomischen Macht speist. Eine andere Machtkonstellation, für die sich Mann interessiert, stellen der Staat bzw. die modernen Nationalstaaten dar. Hier handelt es sich um eine Konstellation von Macht, die vor allem aus den militärischen und politischen Quellen schöpft (zu geringeren Teilen auch aus ideologischer und ökonomischer Macht).

Mann (1993: 55) präsentiert – an Weber anknüpfend – eine *Definition des Staates*, die aus vier Punkten besteht:

1. Der Staat ist ein differenziertes Gebilde von Institutionen und Personal.
2. Er verkörpert Zentralität – in dem Sinne, dass politische Beziehungen von einem Zentrum aus organisiert sind.
3. Er herrscht über ein abgrenzbares Territorium.
4. Es existieren bindende, autoritative (auf Gehorsam beruhende, Gehorsam fordernde) Regeln, die von einer organisierten physischen Macht gestützt werden.

Staaten sind also Konstellationen, in denen Macht gebündelt, konzentriert wird. Beim typisch modernen Staat kommt noch hinzu, dass er die administrative und die legale

Ordnung ausweitet. Der moderne Staat bildet routineartige, formalisierte und rationalisierte Institutionen aus, die sich über das Staatsterritorium ausbreiten und das Leben der Staatsbürger durchdringen (z.B. Recht, Steuerwesen, Wehrerfassung, Bildungssystem, Gesundheitssystem, Sozialversicherung).

Der Staat übt nicht einfach Macht aus, sondern genauer *Herrschaft*. Die Unterscheidung von Macht und Herrschaft wurde bereits von Max Weber getroffen. *Macht*, (nach Weber die Chance, den eigenen Willen gegen den anderer durchzusetzen) ist der allgemeinere, der weitere Begriff, dem Weber (2005: 38) den spezifischeren der *Herrschaft* zugesellt: „Herrschaft soll heißen die Chance, für einen Befehl bestimmten Inhalts bei angebbaren Personen Gehorsam zu finden."

Nach Weber gehört zu einem Herrschaftsverhältnis auch ein Minimum an freiwilligem Gehorchen, an Gehorchenwollen. Die Motive zum Gehorsam auf seiten der Beherrschten können auf Gewohnheit und Tradition beruhen, auf materiellen (zweckrationalen), wertrationalen und/oder affektuellen Interessen. Diese Interessen allein bilden noch keine verlässliche Grundlage von Herrschaft. Ein weiteres Moment muss hinzukommen, nämlich der „Legitimitätsglaube". Bei einem Herrschaftsverhältnis, anders als bei einer bloßen Machtbeziehung, haben die Beherrschten die Vorstellung, dass die Herrschaft nicht willkürliche Machtausübung ist, sondern berechtigt ist. Und umgekehrt muss sich die Herrschaft als legitim ausweisen. Nun unterscheidet Weber (idealtypisch) drei verschiedene Legitimitätsansprüche bzw. Weisen der Herrschaft, Geltung zu beanspruchen. Der Charakter der Legitimitätsgeltung kann sein:

1. rational (Glaube an die Rechtmäßigkeit der legal gesatzten unpersönlichen Ordnung; formale Legalität)
2. traditional (Glaube an die Heiligkeit der Tradition und die Legitimität der durch sie zur Autorität berufenen Personen)
3. charismatisch (Glaube an die herausragende Qualifikation des Führers).

Der Legitimitätsanspruch des modernen Staates und der Glaube der Beherrschten an seine Legitimität ist vor allem rationalen Charakters. Der bürokratische Verwaltungsstab, der auf Rechtsordnung und Verfahrensregeln, Amtskompetenz und -hierarchie beruht, entspricht diesem rationalen Charakter der Herrschaft und ist für das Funktionieren und das (Selbst-) Verständnis des modernen Staates zentral.

Moderne Staaten sind – so Mann – mächtiger als ihre Vorgänger. Das heißt nicht, dass ein Bürokratenstab oder eine Staatselite die Macht auf besonders intensive und exklusive Weise in den Händen hielte (wie das in autoritären Staaten der Fall ist). Entscheidender für die Machtkonstellation in der Moderne ist vielmehr, dass der moderne Staat auch die Gesellschaft, die „civil society", politisiert. Ein Beispiel für die Machtausweitung des modernen Staates ist die Kulturhoheit, der Anspruch des Staates, den Bildungskanon für seine Bürger zu definieren und zu kontrollieren. Umgekehrt müssen sich die Gesellschaftsmitglieder als Staatsbürger politisch artikulieren, wenn es um die Verteilung von Bildung geht. Bildung wird das Resultat von Bildungspolitik. Staat und Bürgergesellschaft werden enger aneinander gebunden.

Die Herstellung von Legitimität ist ein politischer Prozess. Allerdings reicht es nicht aus, Legitimität herzustellen, indem man die politische Machtquelle ausschöpft. Über die Legitimität des Staates entscheiden auch ökonomische und militärische Erfolge bzw. Misserfolge, die im Rahmen von Ideologien, also unter Einsatz ideologischer Machtquellen definiert und bewertet werden. Kriegsziele und Wirtschaftspläne werden ideologisch vorgegeben und beurteilt. Militärische und wirtschaftliche Erfolge dienen wiederum der Sicherung und Legitimation des politischen Herrschaftsanspruchs des Staates und seiner Institutionen.

Mann beschreibt, wie in unterschiedlichen Phasen der Entstehung des modernen Staates mal die eine, mal die andere Machtquelle die Machtkonstellation dominiert hat. In diesem Prozess sind Nationen als „Machthaber" erst allmählich entstanden, und zwar, wie Mann zeigt, nicht im Gegensatz zu Klassen, sondern mit ihnen zusammen. In einer frühen Phase der Entstehung von Nationen (Proto-Nationen) – in Europa etwa im 16. Jahrhundert – spielte die ideologische Machtquelle eine führende Rolle, einhergehend mit der Alphabetisierung und der Vereinheitlichung der Sprachgemeinschaft. In einer nächsten, noch protonationalen Phase (17./18. Jahrhundert) trieb das Wechselspiel eines sich ausweitenden Handelskapitalismus und sich modernisierender staatlicher Strukturen die Entwicklung nationaler Identität voran. Im späten 18. und frühen 19. Jahrhundert waren es dann vor allem die militärischen Machtquellen (Berücksichtigung von Geopolitik und Kriegskosten), deren Ausbeutung die Entwicklung der *Nationalstaaten* vorantrieb. Durch diese Verdichtung von Machtkonstellationen wurden *Nationen* sozusagen zusammengeschweißt und sodann mit Pathos und Passion überhöht (Mann 1993: Kap. 7), woraus dann auch „nationale Identitäten" und nicht selten Ideologien des *Nationalismus* (Greenfeld 1992) hervorgegangen sind.

Das Verhältnis von Nation und Staat ist allerdings komplizierter, als es der Begriff *Nationalstaat* nahelegen mag. Nationen sind begrifflich von Nationalstaaten zu unterscheiden:

> „*A nation* is a body of individuals who claim to be united by some set of characteristics that differentiate them from outsiders, who either strive to create or to maintain their own state. *A nation-state* is a political entity whose inhabitants claim to be a single nation and wish to remain one." (McAdam, Tarrow & Tilly 2001: 229; in Anlehnung an Haas 1986)

Die Entwicklung in Europa brachte drei unterschiedliche Typen von Nationen hervor: (1) Nationen, die den existierenden Staat stärkten (England); (2) Nationen, die den Staat erst schufen (Deutschland); und (3) Nationen, die den Staat unterminierten (die Nationen in der K.u.k.-Monarchie) (Mann 1993: 731). Dabei definierten sich die Nationen mal über ihr (Staats-)Volk, mal über ihre Kultur, mal über zentrale historische und politische Ereignisse (vgl. H. Schulze 1999).

9.3 Mikromacht und die Macht der Diskurse

Wie gezeigt sind Staaten Gebilde, in denen Macht konzentriert ist. Im Zuge des wachsenden Einflusses, den der Staat auf die Gesellschaft in der Moderne ausgeübt hat, und angesichts der Bedeutung des staatlichen Gewaltmonopols für die Zivilisierung der Gesellschaft (Elias 1976) ist es verständlich, dass Soziologie, Politologie und Geschichtswissenschaft ihren Blick vor allem auf staatliche Machtkonstellationen und -konzentrationen gerichtet haben. Allerdings existieren neben den staatlichen Machtkonstellationen und -gebilden noch andere. Jede Form sozialer Organisation beinhaltet Macht, schöpft in unterschiedlichen Maßen und Mischungsverhältnissen aus den Quellen der Macht. Auf den verschiedenen Ebenen sozialer Organisation gibt es Kämpfe und Konflikte, in denen um Macht gekämpft und Macht eingesetzt wird. Bei der Staatenbildung handelt es sich um einen Machtkampf auf der Makroebene. Zwischenstaatlich wie innerstaatlich gibt es Konfliktparteien, die um Macht streiten oder auch Koalitionen miteinander eingehen. Aber auch auf der Meso- und Mikroebene sozialer Organisation ist Macht „virulent", wird Macht „verhandelt", ergeben sich Machtkonstellationen. Akteure – im Großen wie im Kleinen, im Mikro- wie im Makrobereich des Sozialen – versuchen Machtpositionen aufzubauen und zu verteidigen. Im individuellen und im kollektiven Handeln werden Machtressourcen akkumuliert, umverteilt und mobilisiert.

Die Vorstellung von Macht als etwas, das im Großen wie im Kleinen waltet, ist keine soziologische Erfindung, sondern findet sich schon bei dem Philosophen Friedrich Nietzsche (1844-1900). Unter dem Begriff des „Willens zur Macht" hat Nietzsche den Prozess der Ansammlung und Umsetzung von Energien und Ressourcen als das Prinzip des Lebens schlechthin beschrieben. Der Machtbegriff Nietzsches ist, verglichen mit dem Manns, ein universeller wie auch diffuser: universell in dem Sinn, dass Macht überall – im Universum, in der Natur, im Leben, im Handeln, in der Erkenntnis – anzutreffen ist; und diffus in dem Sinn, dass Macht überall hin diffundiert, einsickert, sich breit macht und damit aber auch schwer zu fassen ist. Dieser Machtbegriff à la Nietzsche ist auch in die Sozialwissenschaften vorgedrungen. Er ist beispielsweise von dem Philosophen Michel Foucault (1926-1984) übernommen und weiterentwickelt worden, dessen Konzepte und Fragestellungen in den Sozial- und Geschichtswissenschaften aufgegriffen wurden.

Für Foucault hat Macht nichts mit den Absichten von Machthabern zu tun. Macht ist auch nicht etwas, das man „hat". Foucault interessiert sich weniger für den Aspekt der „souveränen", selbstherrlich strahlenden Macht als vielmehr für die „kapilare" Macht, die sich sozusagen in den kleinsten „Blutgefäßen" des Sozialen auch unbemerkt ausbreitet. Macht ist in Praktiken und Diskursen vorhanden und hat disziplinierende, d.h. regulierende Wirkung. Unter *Diskurs* versteht Foucault soziale Arrangements, in denen Wissen, Wahrheitskonzeptionen, Vorstellungen von der Welt und Ratschläge, wie diese zu gestalten sei, entwickelt und verbreitet werden. Der Diskurs „bemächtigt" sich der Diskursteilnehmer. Durch den Diskurs wird festgelegt, was wahr und was falsch ist, was angemessen und was unangemessen ist. In diesem Sinne ist Wissen Macht: der Diskurs formt das Wissen, lässt bestimmte Praktiken zu und verbietet andere. Der Diskurs diszipliniert, d.h., im Diskurs wird Macht ausgeübt, und zwar nicht nur auf der im engeren Sinne politischen Ebene, sondern bis hinein in die Tiefen der Körper-Politik. Beispiele hierfür liefern die von Foucault untersuchten medizinischen, psychiatrischen und sexologischen Diskurse. Macht im Foucaultschen Sinne ist nicht notwendigerweise negativ, nicht nur im Sinne von Dominanz und Repression zu verstehen. Es verhält sich vielmehr so, dass die Macht auch „ermächtigt" – zum Denken, Sprechen und Handeln. Macht ermöglicht auch, stellt Dispositionen her, sie ist „dispositiv".

Foucault hat eine Reihe diskursiver Formationen untersucht, in denen sich Macht formiert und ausbreitet. Dabei arbeitet Foucault (1969) „historisch-archäologisch": Er zeigt, wie sich die Strukturen von Diskursen im Laufe der Geschichte entwickelt und dabei sozusagen „archäologische Schichten" abgelagert haben. Für den „archäologischen Diskursanalytiker" besteht die Aufgabe darin, Oberflächen- und Tiefenstrukturen bloßzulegen. Unterhalb der offensichtlichen Macht- und Herrschaftsbeziehungen sind „mächtige" Tiefenschichten zu entdecken, die dafür verantwortlich sind, wie Menschen denken und fühlen. So hat Foucault (1961) den Diskurs neuzeitlicher Humanwissenschaften analysiert, insbesondere den psychiatrisch-psychologischen Diskurs, in dem sich die grundlegende Unterscheidung von Vernunft und Wahnsinn herauskristallisiert. Den für unser Körperempfinden und Gefühl für Gesundheit so grundlegenden Diskurs der Medizin, der an die „Geburt der Klinik" (Foucault 1963) gebunden ist, hat Foucault ebenso untersucht wie den Diskurs über abweichendes Verhalten und Kriminalität, der mit der Institutionalisierung des Gefängnisses verbunden ist (Foucault 1975). Und schließich hat Foucault (1976, 1984a, b) gezeigt, wie die Sexualität des Menschen nicht einfach eine natürliche Gegebenheit ist, sondern ebenfalls in einem Diskurs geformt wird, so dass in diesem scheinbar natürlichen Bereich doch auch Macht ausgeübt wird, die bis in die Kapilare des Körpers hinein diffundiert.

Eine Pointe in der Foucaultschen Analyse von Macht und Sexualität ist, dass Macht hier weniger repressiv auftritt als vermutet. Das Victorianische Zeitalter, das gemeinhin als eine sexualfeindliche Epoche oder Kultur angesehen wird, übte nach Foucault Macht über die Menschen weniger durch die Unterdrückung der Sexualität aus als vielmehr dadurch, dass es eine Weise, über Sexualität zu denken und zu sprechen, arrangiert hat, die sich der Menschen bemächtigte.

Wie die von Foucault untersuchten diskursiven Formationen zeigen, sind Diskurse keine freischwebenden Gesprächsrunden, sondern an Institutionen und deren Entwicklung gebunden. Und so kann man den Machtbegriff Michel Foucaults an die Machtkonzeption Michael Manns anschließen, der zufolge Macht an Institutionen und soziale Beziehungsnetze gebunden ist, sich dort gewissermaßen kristallisiert und ablagert. Doch der Kern der Foucaultschen Machtanalyse bzw. die Pointe seines Machtbegriffs besteht darin, dass man sich Macht nicht so vorzustellen hat, als gäbe es eine Klasse, die Macht ausübt, und eine ohnmächtige Klasse, die das Opfer der Macht ist. Foucault weist gerade darauf hin, dass Macht um so effektiver wirkt, je weniger sie auf sozialer Kontrolle mittels expliziter Verbote und Zensur beruht und je weniger sie zu ihrer Durchsetzung auf die großen administrativen Apparate angewiesen ist. Am Beispiel der Sexualität wird deutlich, dass soziale Kontrolle viel wirksamer ist, die Macht des Diskurses über die Sexualität viel größer ist, wenn sie in die Vorstellungen und Empfindungen der Individuen einsickert. Die Macht ist am vollkommensten, wenn sie sich gleichsam unbemerkt und selbstverständlich der Vostellungs- und Phantasiewelten der Menschen bemächtigt, jenseits ihrer sozialen Zugehörigkeit zu Klassen, Schichten und anderen Gruppierungen. Diese Veralltäglichung, aber auch Un(an)greifbarkeit der Macht lässt sich am Beispiel der Sexualität deutlich machen, die dann – weit davon entfernt, ein

Mittel der Befreiung und Selbstfindung zu sein – ein Machtregiment darstellt. Oder wie es Steven Seidman (1994: 222) formuliert:

> „Every time that we look to define ourselves by our sexuality, consult an expert to discover our true sexuality, aspire to liberate our sexuality from guilt and inhibitions, seek self-realization through orgasmic fulfillment, heterosexual intimacy, or true gay love, we are placing ourselves under the control of ‚sexuality'. We are not liberating our sexuality but putting ourselves under the control of a regime of sexuality."

9.4 Machtdiffusionen

Standen in den Betrachtungen der (historischen) Moderne bzw. moderner Institutionen die Konzentrationsprozesse von Macht im Vordergrund, rücken Analysen gegenwärtiger (oder postmoderner) Machkonstellationen Prozesse der Dezentralisierung und Entmaterialisierung von Macht in den Mittelpunkt. In dem Maße, wie Macht diffundiert, wird es auch schwieriger, „Zentren" der Macht zu identifizieren. Macht ist nicht in bestimmten Händen oder an bestimmten Orten lokalisiert, sondern wird über *Machtkreisläufe* („circuits of power") transportiert und transformiert. Stewart R. Clegg (1989: 241ff.) unterscheidet drei große Machtkreisläufe, die sich in der Moderne etabliert haben: das Netz der Städte, den Zentralstaat und die Märkte. Diesen drei Kreisläufen wären Machtressourcen à la Mann schwerpunktmäßig zuzuordnen: das urbane Netz und die Märkte speisen sich vor allem aus der ökonomischen Macht, der Zentralstaat nimmt die politischen und die militärischen Machtquellen in Anspruch. Die drei von Clegg aufgeführten Machtkreisläufe wären zu ergänzen durch die Machtkreisläufe, die – gerade in der europäischen Vor- und Frühmoderne – die Religion und der Feudalismus darstellen, und durch den Machtkreislauf der Wissenschaft und der Wissenstechnologien, der für die moderne Entwicklung von großer Bedeutung ist. Während das vor- und transnationale Netzwerk feudaler Beziehungen und Verhältnisse alle vier Machtquellen „anzapft", schöpfen Religion und Wissenschaft vor allem aus der ideologischen Machtquelle bzw. der Macht der Ideen.

In der Gegenwart (oder Postmoderne) sieht Clegg (1989: 273ff.) Prozesse der *Diffusion* von Macht am Werke. Diffusion ist hier zu verstehen im Sinne der Ausbreitung und Ausweitung von Machtbeziehungen, aber auch im Sinne einer „diffuseren", entmaterialisierten und damit weniger fassbaren Macht. Die Entmaterialisierung und teilweise Dezentralisierung der Macht sei festzustellen bei den Machtkreisläufen, die die Finanzmärkte darstellen, und bei der auf Wissens- und Informationssystemen beruhenden Macht. Eine weitere Machtdiffusion wäre in den Techniken der Seduktion (Verführung) zu sehen, die an die Stelle von Repression (Unterdrückung, Versagung und Verbote) getreten sei und vor allem im Bereich des Konsums um sich greife. Und schließlich ist eine diffuse, virulente Macht auszumachen, wie sie etwa der Terrorismus durch schwer einschätzbare Androhungen und Bedrohungen transportiert.

9.5 Konflikte

Eine Soziologie, die von der Existenz von Macht und Herrschaft ausgeht und sich für Machtstrukturen und -prozesse interessiert, rückt den *sozialen Konflikt* ins Zentrum der Betrachtung. In Gesellschaften sind Konflikte latent vorhanden oder werden manifest wirksam und ausgetragen. Dabei ist der Konflikt nicht notwendigerweise schädlich und destruktiv für die gesellschaftliche Ordnung. Im Gegenteil, Konflikte können sogar als positiv für die Gesellschaft angesehen werden.

Die Palette von Konflikten, das Spektrum der Konfliktbegriffe, das Repertoire von Konflikttheorien und das Arsenal von Konfliktstrategien sind naturgemäß breit und vielfältig (Bühl 1972, 1976, 1984a; Collins 1975; Dahrendorf 1972). Psychische, zwischenmenschliche, soziale, gesellschaftliche, politische, militärische Konflikte sind auch dem Nichtsoziologen „ein Begriff". Konflikte scheinen in allen Bereichen des Lebens aufzutreten und zeigen sich als Familien-, Ehe- und Arbeitskonflikte. Menschen plagen sich mit Gewissens-, Entscheidungs-, Verhaltens- oder Handlungskonflikten, man spricht von Interessen- und von Wertkonflikten. Offensichtlich handelt es sich hier um recht unterschiedliche Erscheinungsweisen des Konfliktuösen, in dessen Vielfalt sich aber begriffliche Ordnung bringen lässt. In einem allgemeinen Sinn steht der Begriff *Konflikt* zunächst einmal für Zwiespalt, Widerstreit, Widerspruch und Auseinandersetzung. In der Soziologie geht es vor allem um Konflikte, insoweit sie durch soziale Beziehungen und Strukturen bedingt sind bzw. in ihnen zum Ausdruck kommen. „Interne" Konflikte des Individuums – Entscheidungs-, Gewissens-, Persönlichkeitskonflikte – sind zwar in dem Sinne, wie der Mensch ein soziales Wesen ist, auch sozial, doch nicht der eigentliche Gegenstand soziologischer Konflikttheorien. Für die Soziologie relevanter sind die *sozialen Konflikte*, d.h. solche die *zwischen* individuellen und/oder kollektiven Akteuren (Gruppen, Organisationen, Institutionen, Gesellschaften) existieren.

Für eine allgemeine Klassifikation sozialer Konflikte sind folgende Unterscheidungen bzw. Fragen hilfreich:

1. Wer ist am Konflikt beteiligt?
2. Worum geht es in dem Konflikt?
3. Ist der Konflikt manifest oder latent?
4. Von welcher Dauer ist der Konflikt?
5. Worin liegen die Ursachen des Konflikts?
6. Wie wird der Konflikt ausgetragen, „gelöst"?
7. Ist der Konflikt institutionalisiert?
8. Welche Folgen haben der Konflikt und eventuell seine Lösung?

Zur Veranschaulichung zwei Beispiele:
Familiäre Konflikte haben klar erkennbare Konfliktbeteiligte. In einem konkreten Fall mag es um die Zuteilung von Pflichten und Privilegien im Haushalt gehen. Es ist nicht auszuschließen, und viele Familien-, Ehe- und Partnerschaftskonflikte beziehen daraus ihre Brisanz, dass es unterhalb dieser manifesten Ebene des Konflikts auch einen laten-

ten Konflikt gibt wie etwa der Kampf um Anerkennung und Liebe oder die Balance von persönlicher Freiheit und Sicherheit der Beziehung. Je nachdem, um was es in dem Konflikt geht, wird die Dauer und die Intensität des Konflikts variieren. Wenn es in dem Beispiel nur um die Verteilung der Hausarbeit geht und die Konfliktursachen in mangelhafter Organisation des Haushalts liegen, dann wird – guter Wille der Beteiligten vorausgesetzt – der Konflikt von begrenzter Dauer sein und sich durch Vereinbarungen zwischen den Partnern regeln lassen. Kommen die Partner zu einem gemeinsamen Plan für die Aufgaben im Haushalt, der ihnen als Orientierung und auch als „Berufungsinstanz" dient, kann man schon beinahe von einer Institutionalisierung des Konflikts sprechen. Sofern man sich an den Plan und sonstige Übereinkünfte hält, kann der Konflikt als gelöst angesehen werden, und im Rückblick wird man den Konflikt als nützlich und hilfreich für die Gestaltung des Familienlebens ansehen.

Am anderen Ende des Spektrums möglicher Konflikte liegt das Beispiel des Ost-West-Konflikts. Nach dem Zweiten Weltkrieg und bis zum Ende des Kalten Krieges teilte sich die Staatengemeinschaft in die beiden Konfliktlager des (kapitalistischen, freiheitlichen) „Westens" und des (kommunistischen) „Ostens" sowie weitere am Rande dieses Konflikts stehende, teilweise sich überlappende Gruppierungen wie „Blockfreie", „Dritte Welt" etc. In dem Konflikt ging es um ideologische, ökonomische, politische und militärische Interessen, die in wechselnder Konstellation mal manifest dargestellt und verhandelt wurden, mal aber „nur" latent wirksam waren. Mehr oder weniger manifest hat der Ost-West-Konflikt bis zur Auflösung der Sowjetunion angedauert, mit Phasen der Zuspitzung und Entspannung. (Nicht auszuschließen ist, dass sich zumindest latent bestimmte Interessengegensätze, etwa geopolitischer Art, aus dem Ost-West-Konflikt bis in die Gegenwart hinein fortgesetzt haben.) Der Ost-West-Konflikt, der ein ganzes Bündel von historisch weit zurückreichenden und psychologisch tief wurzelnden Ursachen hat, als dessen Hauptursache aber der Wettstreit der ideologischen Systeme und der daraus resultierende Rüstungswettlauf gelten kann, wurde glücklicherweise so weit institutionalisiert, dass die Bedrohung gegenseitiger atomarer Vernichtung – wenn auch jederzeit vorhanden – zumindest eingegrenzt werden konnte. Die „(Auf-)Lösung" des Ost-West-Konflikts hat positive, aber auch negative Konsequenzen nach sich gezogen, deren gesamtes Ausmaß noch gar nicht absehbar und zu beurteilen ist.

Die beiden Beispiele allein und erst recht die unendliche Zahl weiterer möglicher Beispiele machen klar, dass das Feld sozialer Konflikte ein weites ist. Entsprechend tut sich die Soziologie auch schwer, eine für alle Konflikte geltende Theorie oder ein überzeugendes allgemeingültiges Konfliktmodell vorzulegen. Gleichwohl ist die Soziologie reich an konflikttheoretischen Überlegungen.

Ein klassisches Konfliktmodell ist das marxistische, dem zufolge Gesellschaften – zumindest die moderne, kapitalistische Industriegesellschaft – durch Klassenkonflikte charakterisiert sind. Die Position der Klassen im Klassenkampf beruht vor allem auf ökonomischer Macht, und dieser Kampf um ökonomische Macht, d.h. um die Verfügungsgewalt über Produktionsmittel, bewirkt auch sozialen Wandel. Die marxistische Theorie ist aber *ein*seitig, da sie *eine* der vier Machtquellen (die ökonomische) in den

Mittelpunkt des gesellschaftlichen Geschehens stellt, *einen* Konflikttypus dramatisiert (Klassenkampf) und *eine* Form kollektiven Handelns (Revolution) als *das* Bewegungsmomemt gesellschaftlichen Wandels auszeichnet.

Jenseits der marxistischen Konflikttheorie, die die Entwicklung der Soziologie theoriegeschichtlich durchaus beeinflusst hat, verfügt die moderne Soziologie über ein breiteres Spektrum von Konfliktbegriffen, -modellen und -theorien. Ein Klassiker der Konfliktsoziologie ist Georg Simmel. In seiner Soziologie hat sich Simmel (1908) mit dem *Streit* als einem Grundphänomen menschlichen Zusammenlebens befasst. Auf Simmelsche Überlegungen aufbauend hat Lewis A. Coser (1956) einen wichtigen Beitrag zur Konfliktsoziologie geliefert. In der Konfliktsoziologie von Simmel und Coser werden unterschiedliche Ebenen und Arten des Konfliktgeschehens beschrieben. Außerdem wird gezeigt, dass Konflikte nicht notwendigerweise schädlich für die Gesellschaft sind. Positive Funktionen von Konflikten – zwischen Gruppen – können in Folgendem gesehen werden (Collins 1988: 120):

1. Das Gefühl für die Grenzen der Gruppe und für ihre Identität wird geschärft.
2. Machtressourcen werden konzentriert.
3. Der Konflikt führt zur Suche nach Verbündeten.

Im Fall des als Beispiel dienenden Ost-West-Konflikts sind diese drei Funktionen wohl erfüllt gewesen. Als wie „positiv" sie im Hinblick auf weitere Beurteilungsmaßstäbe gelten können, sei dahin gestellt. Die Machtkonstellation des Sowjet-Regimes hat der eigenen Bevölkerung große Opfer abverlangt und Entwicklungsmöglichkeiten der Gesellschaft blockiert. Der „kalte Krieg" hat auf beiden Seiten Mittel und Energien gebunden. In der Sowjetunion hat die Konzentration von Machtressourcen letztlich zum Kollaps der Machtkonstellation geführt. Die Dezentrierung von Machtressourcen nach dem Ende der Sowjetunion eröffnet neue Chancen, birgt aber auch Risiken. Wie der „Ausverkauf" militärischer und vor allem atomarer Machtmittel oder auch das Abdriften ehemaliger sowjetischer Teilrepubliken in unüberschaubare Machtkonstellationen zeigen, beinhaltet die Dezentrierung von Macht auch Gefahren und bereitet das Feld für „neue" soziale, ethnische und religiöse Konflikte.

Konflikte sind selten grenzenlos, und Macht ist so gut wie nie uneingeschränkt. Einsätze in Konflikte haben ihren Preis, der auch von den Machtressourcen der Gegenseite bestimmt wird. Konflikte sind nicht unbedingt auf Eskalation angelegt, vielmehr haben sie oft auch eine Tendenz zur Erschöpfung und Selbstbegrenzung (Collins 1988: 122; Kriesberg 1982). In einer Gesellschaft überlagern sich verschiedene Konflikte, so dass Macht ausbalanciert werden kann. Das ist vor allem in pluralistischen Gesellschaften der Fall, d.h. in Gesellschaften, in denen die Machtquellen nicht allein von *einer* gesellschaftlichen Gruppe kontrolliert und monopolisiert werden. Wenn ideologische, ökonomische, militärische und politische Machtmittel auf verschiedene Gruppen verteilt sind, dann münden die Auseinandersetzungen der Gruppen nicht in einen großen Machtkampf, sondern führen zu einer Vielzahl sich überlappender und durchkreuzender Konflikte. Die marxistische Vorstellung, dass der Klassenkonflikt, also die Auseinandersetzung um ökonomische Macht, der zentrale, alle andere Konflikte bestimmende Konflikt sei, ist eine unzutreffende Annahme mit falschen Schlussfolgerungen. So hat dann auch die Geschichte gezeigt, dass mit der „Lösung" des Klassenkonflikts durch die Abschaffung des Privateigentums andere soziale, politische, ideologische und militärische Konflikte keineswegs beseitigt, sondern unter Umständen noch verschärft wurden. Zwischenstaatliche Konflikte (z.B. Ost-West-Konflikt) oder Konflikte innerhalb eines Staatsgebildes (z.B. Jugoslawien) stellen meistens Auseinandersetzungen dar, die auf Grund und unter Einsatz politischer, ideologischer, militärischer und ökonomischer Machtressourcen geführt werden.

Soziale Konflikte führen zu *sozialem Wandel*, so lautet eine Annahme der Konflikttheoretiker (z.B. Dahrendorf 1957, 1965). Vernachlässigt wird bei dieser generellen Annahme, so die Kritik von Collins (1988: 130) an Dahrendorf, dass Art und Ausmaß des sozialen Wandels davon abhängen mögen, zu wessen Gunsten ein Konflikt „gelöst" wird, wer ihn „gewinnt". Auch kommt es darauf an, wer mit wem sich worüber im Konflikt befindet, um feststellen zu können, ob der Konflikt sozialen Wandel bewirkt. Will man die Wirkung von Machtkonflikten beurteilen, muss man genauer untersuchen, welche (individuellen und/oder kollektiven) Akteure sich miteinander im Konflikt befinden, auf welchen Quellen ihre Macht beruht, wie diese Quellen angezapft, welche Ressourcen mobilisiert und womöglich verschlissen werden. Michael Mann hat diese Untersuchungsstrategie in seiner historisch ambitionierten und interessierten Soziologie gewählt, die allerdings eher eine (Universal-)Geschichte der Macht als eine Theorie des sozialen Wandels im engeren Sinne ist. Was nun aber *sozialer Wandel* ist, bzw. was darunter in der Soziologie verstanden wird und welche begrifflichen Differenzierungen hilfreich sind, um ihn zu begreifen, ist das Thema des nächsten Kapitels.

Kapitel 10:
Sozialer Wandel

Begriffe:

Sozialer Wandel
Modernisierung, postindustrielle, postmoderne Entwicklung
Oszillation, Fluktuation, katastrophenartiger Wandel, Zyklus, Evolution
Mode, Diffusion
Soziale Bewegung, Revolution
Katastrophe, Krieg

In den bisherigen Kapiteln wurden Grundbegriffe dargestellt, mit deren Hilfe die Soziologie fundamentale soziale Phänomene und soziale Strukturen zu erfassen sucht. Wenn auch soziale Phänomene und Strukturen „im Fluss sind", sich verändern, so neigt die begriffliche Erfassung, Beschreibung und Erklärung sozialer Strukturen doch dazu, sie als „Gegebenheiten" darzustellen. Darüber gerät die Tatsache, dass jede Struktur historisch geworden ist und durch fortwährende Prozesse aufrechterhalten werden muss oder aber sich verändert und gegebenenfalls auflöst, leicht in Vergessenheit. Ein weiterer wichtiger Grundbegriff der Soziologie, *sozialer Wandel*, steht dafür, dass soziale Phänomene und Strukturen, das soziale Leben und die soziale Welt sich auch verändern.

Der Begriff *sozialer Wandel* ist allerdings ein Passepartout-Begriff, ein Rahmen, in dem mannigfaltige und verschiedenste Phänomene ihren Platz finden. Unterschiedliche Autoren sprechen von verschiedenen Aspekten des sozialen Wandels. Die Frage, was sich da wandelt und weshalb, wird je nach theoretischem und/oder praktischem Interesse unterschiedlich beantwortet. Je nach soziologischer Perspektive und Fragestellung richtet sich der Blick mal auf das große Ganze der Gesellschaft, mal auf soziale Teilbereiche oder mikrosoziale Phänomene.

Unterschiedlich ist auch die Zeitspanne, die mit dem Begriff *sozialer Wandel* erfasst wird. Sie reicht von der Menschheitsgeschichte oder gar Evolution bis hin zu den kurzfristigen Wechseln der Mode. Verbindet man mit „Theorie" den Anspruch auf wissenschaftliche Erklärung, so können nur wenige „Theorien" des sozialen Wandels als Theorien angesehen werden.

10.1 Drei „Erzählungen" vom sozialen Wandel

Was die Soziologie des sozialen Wandels geliefert hat, sind zumeist weniger Theorien im Sinne von Erklärung als vielmehr von Erzählungen oder Dramen. So sind drei große

Narrationen, die sich mit dem Wandel der Gesellschaft befassen, in Variationen anzutreffen:

10.1.1 Die Modernisierungsgeschichte

Die sogenannte Modernisierungstheorie stellt die (Erfolgs-)Geschichte der modernen Gesellschaft(en) dar. Der – reichlich ahistorisch konstruierte – Typus der modernen Gesellschaft weist gegenüber den vormodernen Gesellschaften eine Reihe von Veränderungen auf. Die moderne Gesellschaft bzw. der mit dem Begriff Modernisierung erfasste soziale Wandel besteht aus einem Komplex aus Monetarisierung (Zunahme der Geldwirtschaft), Kommerzialisierung und Kommodifizierung (Ausdehnung des Handels zwischen Handelspartnern und -plätzen, Verdinglichung des sozialen Lebens durch den Waren- und Handelscharakter), Urbanisierung, Industrialisierung, Demokratisierung, Verrechtlichung, Rationalisierung der Lebensführung, Säkularisierung der Religion, Ausdehnung des Bildungs-, Gesundheits- und Sozialwesens, Pluralisierung der Werte. Nach dieser Narration besteht die Logik des sozialen Wandels in einer voranschreitenden Differenzierung der Gesellschaft, die tendenziell sowohl als Fortschritt wie auch als universelle, d.h. früher oder später alle Gesellschaftsbereiche und alle Gesellschaften erfassende Entwicklung angesehen wird.

Klassischer Vertreter dieser Theorie des sozialen Wandels ist Talcott Parsons (1902-1979). Seine strukturfunktionalistische Theorie geht von einem allgemeinen Entwicklungsmuster moderner Gesellschaften aus. Parsons (1967: 480-520) spricht von „evolutionären Universalien", d.h. Strukturmustern, die jede moderne Gesellschaft ausprägt. Auf der mehr sozialpsychologischen Ebene entsprechen dem typische Merkmale des modernen Menschen (Inkeles & Smith 1974). Bei genauerem Hinsehen stellt sich dieser mit Modernität gleichgesetzte Universalismus allerdings als eine für historische und kulturelle Unterschiede blinde Verallgemeinerung des „westlichen" oder auch nur US-amerikanischen Entwicklungsmodells dar.

10.1.2 Die Krisengeschichte der Moderne

Gewissermaßen als kritischer Kommentar zur Modernisierungsgeschichte bzw. zur modernisierungstheoretischen Erfolgsstory wird der soziale Wandel als Krisengeschehen und -geschichte dargestellt. Prototyp dieser „Erzählung" ist die marxistische Geschichtstheorie bzw. der Historische Materialismus, nach denen die Geschichte eine Abfolge von Klassenkämpfen ist. Diese dialektische Geschichte von Thesen, Antithesen und Synthesen spitzt sich in der modernen kapitalistischen Industriegesellschaft zu. Statt eine unproblematische Fortschrittsgeschichte zu erzählen, wird hier ein Krisendrama zur Aufführung gebracht, in dem die moderne Gesellschaftsentwicklung zu Disparitäten zwischen verschiedenen Lebensbereichen, zu Interessengegensätzen und Widersprüchen von Anspruch und Realität führt. Die moderne kapitalistische Gesellschaft wird demnach immer wieder von Krisen erschüttert. Der heilsgeschichtlichen

Ausrichtung des Marxismus zufolge wird erst durch die Überwindung des Kapitalismus wahrer Fortschritt erreicht.

In der Tradition marxistischer Gesellschaftstheorie steht auch die Krisendiagnostik, wie sie im Rahmen der *Kritischen Theorie* geübt wurde. Die moderne Industriegesellschaft wurde als eine dem Untergang geweihte Erscheinungsform des Spätkapitalismus angesehen, die von Krisen geschüttelt sei. Der soziale Wandel sei letztlich Ausdruck der grundlegenden Krisenhaftigkeit der kapitalistischen Gesellschaft, die sich gar nicht einmal in erster Linie als Wirtschaftskrise, sondern als „Legitimationskrise" (Habermas 1973) zeige.

10.1.3 Die Geschichten von postindustrieller und postmoderner Gesellschaft

Gehen die marxistischen Krisendiagnosen davon aus, dass der soziale Wandel in der krisendurchwirkten spätkapitalistischen Gesellschaft letztlich zur Überwindung des Kapitalismus beitragen werde, sind in nichtmarxistischer Perspektive die Krise des Wohlfahrtsstaates, die Strukturkrise der Wirtschaft, die Krise der Demokratie, die technologisch-ökologische Krise und die Krise der internationalen Beziehungen als Varianten einer umfassenden Strukturkrise der Industriegesellschaft interpretiert worden (Bühl 1988).

Die genannten Krisen werden in dieser dritten Gruppe von Geschichtserzählungen aber nicht als Untergangsszenarien dargestellt, sondern erscheinen als Ausdruck des sozialen Wandels im Übergang von der Industriegesellschaft zur *postindustriellen* Gesellschaft. Vor allem die Ausdehnung des Dienstleistungsbereichs, die wachsende Bedeutung des wissenschaftlich-technologischen Wissens und die Professionalisierung und Verwissenschaftlichung von Dienstleistungen sind im Rahmen der „Theorie" der postindustriellen Gesellschaft (Bell 1973, 1976) hervorgehoben worden und stehen für den Strukturwandel in Richtung auf eine postindustrielle Gesellschaft. Diese ist allerdings nicht als Verabschiedung industrieller Arbeitsorganisation aufzufassen, sondern als Reorganisation der Gesellschaft auf einem anderen, avancierten Niveau der Koordination von Produktion, Dienstleistung und wissenschaftlichem Wissen.

Nicht gleichbedeutend doch im Zusammenhang mit den postindustriellen Wandlungsprozessen ist auch von Veränderungen in Richtung auf eine postmoderne Gesellschaft und Kultur die Rede (Vester 1993). Die Geschichte vom sozialen Wandel wird hier als *Postmodernisierung* (Crook, Pakulski & Waters 1992) „erzählt". Dabei ist „post" teils im Sinne eines „danach", teils im Sinne eines „darüber hinaus" zu verstehen. Je nach Akzentsetzung – und es gibt eine breite Palette postmoderner Phänomene wie postmodern(istisch)er Theorien – ist von sozialen und kulturellen Veränderungen die Rede, die sich mehr oder weniger von den klassischen Merkmalen der Moderne abheben. Dabei reicht das Spektrum vom Antimodernismus bis zum Ultra- und Hypermodernismus, von der Opposition gegen die klassische Moderne über die (Über-)Steigerung und Überhöhung der Moderne, bis hin zu einer Art Selbstläuterung in einer (selbst-)reflexiven „zweiten Moderne" oder der hybriden Mischung aus modernen und nichtmodernen Bestandteilen.

Während in den modernisierungstheoretischen (modernitätsgläubigen) Erzählungen vom sozialen Wandel wie auch in den kapitalismuskritischen Krisendiagnostiken auf die Internationalität der Veränderungen hingewiesen wurde, wird in der dritten Narration der transnationale oder gar globale Charakter von Wandlungsprozessen betont. Während in den beiden ersten Narrationen sozialer Wandel eher einförmig und seine Resultate als universell vorgestellt werden, scheint in der dritten Erzählung sozialer Wandel einerseits transnational oder global zu sein, andererseits aber auch auf unterschiedlichen Entwicklungspfaden und „Sonderwegen" zu „lokalen" und „regionalen" Besonderheiten und Gegensätzen zu führen.

10.2 Strukturen des sozialen Wandels

Viele Ausführungen zum sozialen Wandel begnügen sich damit, mehr oder weniger ins Auge springende Veränderungen von Gesellschaft und Kultur mehr oder weniger präzise zu beschreiben. Eine wissenschaftliche Erklärung setzt aber zunächst einmal eine klare Unterscheidung von Explanandum (die zu erklärende Größe) und Explanans (die erklärende Größe) voraus. Diese Unterscheidung wird aber in Ausführungen zum sozialen Wandel oft verwischt. Mal ist es der soziale Wandel, der etwas erklären soll (z.B.: „Aufgrund des sozialen Wandels haben sich die Moralvorstellungen der Menschen verändert."), mal soll der soziale Wandel selbst erklärt werden (z.B.: „Der soziale Wandel ist auf einen tiefgreifenden Wertewandel oder auf technologische Neuerungen zurückzuführen.").

„Erklärungen" oder „Theorien" des sozialen Wandels erschöpfen sich oft in Aufzählungen mehr oder weniger zusammenhängender Erscheinungen, die parallel verlaufen, sich gemeinsam verändern, gegenseitig beeinflussen oder von einer weiteren Größe bestimmt sein können. Mit der bloßen Benennung irgendwelcher sozialer Veränderungen – ohne eine im weitesten Sinne kausale Zuordnung von Ursache und Wirkung oder zumindest eine funktionale Bestimmung von Relationen – ist allerdings noch keine Erklärung oder Theorie des sozialen Wandels geleistet.

Um zu Erklärungen oder Theorien des sozialen Wandels zu gelangen, ist es hilfreich, folgende Unterscheidungen vorzunehmen bzw. Fragen zu stellen:

1. Erscheinungen oder Symptome des Wandels: Was hat sich verändert?
2. Welche Ursachen oder Gründe und welche Wirkungen oder Folgen des Wandels sind auszumachen?
3. In welchem sozialen Bereich oder auf welcher Ebene (soziale Makro-, Meso-, Mikroebene) ist Wandel festzustellen?
4. Ist für den Wandel ein bestimmter Mechanismus oder „Motor" verantwortlich?
5. Welche Muster von Tempo und Rhythmus des Wandels sind erkennbar?

Während die ersten beiden Fragen empirischer Klärung bedürfen (in Abhängigkeit von der jeweiligen Blickrichtung bzw. dem Forschungsinteresse), ihre Beantwortung nicht kategorisch erfolgen kann, vielmehr von der jeweiligen Problemstellung und Untersuchung abhängt, lassen sich für die Fragen drei bis fünf zumindest grundbegriffliche Entscheidungen treffen, d.h. konzeptionell-analytische Unterscheidungen vornehmen.

10.2.1 Sozialer Wandel als Mehrebenenproblem

Auf allen Ebenen der sozialen Organisation (Makro-, Meso- und Mikroebene) sind Veränderungen denkbar. Mit zunehmender Differenzierung der Gesellschaft scheinen Veränderungen um so wahrscheinlicher, und ihr Tempo scheint sich zu beschleunigen. Auf der mikrosozialen Ebene von Handlungsorientierungen und sozialen Beziehungen kann sozialer Wandel beispielsweise in Form von veränderten Zielsetzungen der Handelnden, veränderten Rollenmustern und in der Veränderung der Art und Weise, Beziehungen zu gestalten und zu leben, auftreten.

So ist in dem (in unserer Gesellschaft) verbreiteten Trend, sich als „Single" (vgl. Hradil 1995) zu definieren und Lebensentwürfe und Lebensweisen entsprechend zu gestalten, ein Beispiel für sozialen Wandel auf der Mikroebene zu sehen. (Gedacht ist hier vor allem an diejenigen Singles, die eine mehr oder weniger selbstbestimmte Alternative darstellen zu den in traditionelleren Beziehungsmustern lebenden Vergleichspersonen.) Das Beispiel zeigt auch, dass Wandel auf der mikrosozialen Ebene Auswirkungen auf der Meso- und der Makroebene sozialer Organisation hat: Wenn Singles in Ein-Personen-Haushalten leben, hat das Auswirkungen auf den Wohnungsmarkt mit entsprechenden Folgen für die Siedlungs- und Stadtstrukturen. Erwerbsfähige Singles sind im Prinzip beruflich und räumlich mobiler, was Folgen für die Arbeitswelt und die Arbeitsmärkte hat. Singles verfügen über andere Finanz- und Zeitbudgets als „gebundene" Personen, was Konsequenzen für das Konsum- und Freizeitverhalten bzw. für die Konsum- und Freizeitwirtschaft haben dürfte. Diese Konsequenzen auf den „mittleren" und „höheren" Ebenen der sozialen Organisation verändern nicht nur das Bild sozialer Organisationen und Institutionen, sondern der Gesellschaft insgesamt. Wenn Singles ein anderes „Fertilitätsverhalten" zeigen, d.h. entweder spät oder gar nicht zu Nachwuchs kommen, wirkt sich das auf die Bevölkerungsstruktur aus und prägt somit das Gesamtbild der Gesellschaft.

Handelt es sich bei diesem Beispiel um einen sozialen Wandel, der von der Mikroebene ausgehend Effekte auf der Meso- und Makroebene des Sozialen hat, so sind andere Fälle von sozialem Wandel Beispicle für Prozesse, die von der Makro- zur Mikroebene verlaufen. Kriege sind dramatische Beispiele für makrosoziale Prozesse, die sich zwischen Gesellschaften bzw. Staaten vollziehen, die aber Folgen auf allen Ebenen der sozialen Organisation haben, vom Zustand der Gesamtgesellschaft und ihrer Institutionen bis hin zur Lebenserwartung und -qualität der einzelnen Gesellschaftsmitglieder. Häufig begnügen sich Ausführungen zum sozialen Wandel mit Darstellungen auf lediglich einer Ebene. Vor allem auf der mesosoziologischen Ebene von sozialen Organisationen und Institutionen werden Veränderungen beschrieben und erklärt. Für eine allgemeine und umfassende Theorie des sozialen Wandels sind aber gerade auch die Wechselwirkungen zwischen den Ebenen von Interesse.

10.2.2 Mechanismen des sozialen Wandels

Um Ursachen und Folgen des sozialen Wandels kausal verbinden zu können, bedarf es der Angabe von „Mechanismen", die soziale Ereignisse und Prozesse vorantreiben. Selbstverständlich darf man sich diese Mechanismen nicht nach dem Vorbild von mechanischen Verbindungen vorstellen, wie sie etwa bei Uhren oder Dampfmaschinen existieren.

Schon die Klassiker der Soziologie und ihre Vorläufer haben den einen oder anderen Mechanismus des sozialen Wandels entdeckt bzw. postuliert. So hat Robert Thomas Malthus (1766-1834), Vorläufer oder auch Klassiker der Bevölkerungswissenschaft, in dem Zusammenhang von *Bevölkerungszunahme* und Ernährungsgrundlage den zentralen Mechanismus für gesellschaftliche Veränderungen gesehen. Adam Smith (1723-1790), der Klassiker der liberalistischen Wirtschaftstheorie sieht im *Eigeninteresse* der Individuen, in ihrem Streben nach Glück und Profit, den Motor gesellschaftlicher Entwicklung. Egoismus bzw. individueller Nutzen als Triebfeder sozialer Dynamik und Voraussetzung kollektiven Wohlstandes wird im Liberalismus – von Smith über die neoliberale Wirtschaftstheorie bis hin zu ihren Fortschreibungen im Gewande der Rational Choice Theory – zum zentralen Motor des sozialen Wandels erklärt.

Smiths klassischer Gedanke, dass in der Arbeitsteilung die Quelle des sozialen Fortschritts liege, wird von Karl Marx (1818-1883) aufgegriffen. Diese Idee dient in der politischen Ökonomie als Ausgangspunkt einer kritischen Analyse der Beziehung von Produktivkräften und Produktionsverhältnissen, der Verteilung von Arbeit und Kapital und der damit zusammenhängenden *Klassengegensätze*, in denen Marx die Bewegungsgesetze der dialektischen Gesellschaftsgeschichte zu erkennnen meint.

In der Soziologie Émile Durkheims (1858-1917) ist die *Arbeitsteilung* Prinzip und Motor nicht nur der Ökonomie, sondern überhaupt der sozialen Organisation. Die sukzessive Aufteilung und Spezialisierung gesellschaftlicher Bereiche und Funktionen wird unter dem Begriff *soziale Differenzierung* schon bei Herbert Spencer (1820-1903) als zentrales Moment gesellschaftlicher Entwicklung dargestellt. In mehr oder weniger expliziter Anknüpfung an Spencer und/oder Durkheim findet sich dieser Gedanke in diversen Theorien sozialer Differenzierung, vom Funktionalismus bis zur Systemtheorie, durchgespielt.

Dem Prinzip der Arbeitsteilung ähnlich, dabei aber komplizierter und zugleich ambivalenter, tritt bei Max Weber (1864-1920) *Rationalisierung* als Antriebskraft des sozialen Wandels in Erscheinung. Rationalität und Rationalisierung ist nach Weber eine komplexe und in sich teilweise widersprüchliche Kombination von Werten, Zielsetzungen und Verfahrensweisen. An Weber anknüpfend und Werte zum Fundament der Kultur erklärend geht Talcott Parsons (1902-1979) davon aus, dass sozialer Wandel vor allem durch den Wertewandel vorangetrieben wird. Hingegen vertritt William F. Ogburn (1888-1959) die *cultural lag*-These, der zufolge der soziale Wandel durch die technologische Entwicklung vorangebracht werde, hinter der die Kultur zurückbleibe (Ogburn 1922).

Die schon von Spencer und Durkheim präsentierte Idee, dass sich die Gesellschaft arbeitsteilig entwickelt, sich Funktionen und Teilbereiche differenzieren, wird von der soziologischen Systemtheorie Parsons' und Luhmanns (1927-1998) weiterverfolgt. Gesellschaft erscheint als ein System von Subsystemen, die sich immer weiter „ausdifferenzieren". Dabei betont Parsons die wechselseitige Abhängigkeit (Interdependenz) der Subsysteme, Luhmann hingegen die selbstschöpferischen (autopoietischen) und selbstbezüglichen (selbstreferentiellen) Kräfte sozialer Systeme.

Werden also in der soziologischen Theorie, mehr oder weniger abstrakt, Mechanismen benannt, die die Veränderung der Gesellschaft bzw. sozialer Systeme bewerkstelligen, stellt sich bei der Betrachtung konkreter Phänomene des sozialen Wandels die Frage, welche dieser Prozessmechanismen für welche sozialen Veränderungen verantwortlich sind. Da davon auszugehen ist, dass sozialer Wandel ein komplexer Prozess ist, der sich auf verschiedenen Ebenen der sozialen Organisation und in unterschiedlichen Bereichen der Gesellschaft vollzieht, kann man auch annehmen, dass nicht *ein* Mechanismus allein für den sozialen Wandel verantwortlich zu machen ist.

Je nach gesellschaftlichem Teilbereich und je nach den beteiligten Institutionen und Organisationen sind die Mechanismen des sozialen Wandels in unterschiedlichem Maße beteiligt. So spielen die von Smith und Marx in den Mittelpunkt gestellten Mechanismen von Arbeitsteilung, Nutzenmaximierung und Profitsteigerung in der Wirtschaft eine prominente Rolle, während im Bereich der Kultur den Werten bzw. dem Wertewandel große Bedeutung als Triebfeder des sozialen Wandels zukommt.

10.2.3 Dynamik des sozialen Wandels: Tempo und Rhythmen

Da der soziale Wandel Prozess ist, d.h. ein Vorgang in der Zeit (bzw. aus mehreren in der Zeit sich ereignenden Vorgängen resultiert), ist es für sein Verständnis hilfreich, Begriffe für seine Prozessualität zu entwickeln. Sozialer Wandel kann sich nach unterschiedlichen zeitlichen Mustern abspielen. Je nach Tempo und Rhythmus des Wandels hat man es mit ganz unterschiedlichen Dynamiken des Wandels zu tun, die ihrerseits unterschiedliche Konsequenzen nach sich ziehen.

Mit Walter L. Bühl (1934-2007) lassen sich Oszillation, Fluktuation, Katastrophe, Zyklus und Evolution als Formen der Entwicklungsdynamik sozialer Systeme unterscheiden (Bühl 1990). Bühls systemtheoretischer Ausgangspunkt ist zunächst die (dann problematisierte) Frage nach dem Gleichgewicht von Gesellschaften bzw. nach der Stabilität von sozialen Systemen. Die Frage nach der Ordnung der Gesellschaft, bzw. was eine Gesellschaft im Gleichgewicht hält, ist eine klassische der Soziologie. In ihrerseits klassischen „Theorien" des sozialen Wandels (z.B. Parsons) wurde sozialer Wandel als vorübergehende Abweichung von einem – wie auch immer (bzw. oft auch gar nicht) definierten – Gleichgewichtszustand der Gesellschaft angesehen. Durch Aussteuerung von Störungen (systemtheoretisch: Rückkopplungen) passt sich das Gesellschaftssystem wieder neu an seine Umwelt an und erreicht somit einen neuen Gleichgewichtszustand.

In der homöostatischen, d.h. Gleichgewichtsperspektive erscheint sozialer Wandel als relativ unproblematisch und wird als Voranschreiten auf einem Wachstums- oder Entwicklungspfad, womöglich mit Richtungszeigern und Zielmarken, angesehen. Interessanter als diese „lineare Entwicklungsdynamik" und für den sozialen Wandel mitunter entscheidender mögen aber die „kritischen" Ereignisse und Phasen sein, deren „nichtlineare Dynamik" Bühl herausstreicht. „Eine ernstzunehmende Wandlungstheorie" müsse beides umfassen: „die linearen Prozesse nahe den Gleichgewichtszuständen und die nichtlinearen Prozesse fern diesen Zuständen, die Strategien der Stabilisierung, wie die der Dynamisierung" (Bühl 1990: 17). Mit Oszillation, Fluktuation, Katastrophe, Zyklus und Evolution sind Begriffe zur Hand, welche die dynamische Spannbreite des sozialen Wandels abdecken.

10.2.3.1 Oszillationen

Oszillationen sind Schwingungen oder Schwankungen um einen Bezugspunkt oder Richtwert. Regelmäßige, d.h. ein übliches Maß nicht überschreitende Abweichungen von einer Norm – sei es eine technische Norm wie die Temperaturvorgabe in einem Heizsystem oder eine soziale Norm – sind Oszillationen. So oszillieren Mortalitäts- (Sterblichkeit) und Morbiditätsraten (Krankheiten) um langjährige „Normgrößen". Auch die Zahlen für abweichendes Verhalten (i.e. Abweichungen von einer sozialen Norm) wie Selbstmord- und Kriminalitätsraten oszillieren um langjährige Durchschnittswerte. Im Rahmen der Oszillationen kann sich durchaus eine allmähliche Verschiebung der Durchschnittswerte, eine gleitende Veränderung der Normen ergeben. In diesem Fall handelt es sich um einen linear verlaufenden sozialen Wandel. Die Entwicklung bzw. das System verbleibt im Gleichgewicht. Dabei wird der soziale Wandel womöglich kaum wahrgenommen und relativ problemlos bewältigt.

Ein Beispiel für sozialen Wandel nach dem Muster der Oszillation stellt die *Mode* dar. Die von Jahr zu Jahr oder von Saison zu Saison wechselnden Moden (z.B. die Bekleidungsmode) mögen zwar für mit viel künstlicher Aufregung vollzogenen Wechsel stehen (bzw. für auf- und anregend angezogene Menschen), sind aber doch eher Oszillationen (Schwankungen des Geschmacks und Verhaltens) in einem Normalitätsbereich, kaum aber tiefgreifende soziale Veränderungen. Allerdings kann der Wechsel der Moden sehr wohl mit tiefer gehenden und weiter reichenden Wandlungen des sozialen Lebens zusammenhängen. So kann die „Freizügigkeit" der Bekleidung Ausdruck liberaler Werthaltungen und permissiver Moral sein, und umgekehrt können sich konservative Werte und eine zugeknöpfte Sexualmoral in hochgeschlossenen Kleidern präsentieren.

10.2.3.2 Fluktuationen

Verglichen mit den Oszillationen sind *Fluktuationen* („fluktuieren" = fließen, wogen, wallen) heftigere Schwankungen oder Wellenbewegungen. Der Übergang von der Oszillation zur Fluktuation ist zwar insofern „fließend", als sich die Fluktuation auf stärkeren Oszillationen aufbaut. „Der Beginn der Fluktuationen kann meist in Oszillationen gesucht werden, die über ihre normale Amplitude hinausschlagen, die irregulär werden und deren indirekte und direkte Abstimmung aufeinander (...) verlorengeht" (Bühl 1990: 127). Fluktuationen sind unregelmäßige und daher auch schwerer vorhersehbare Wandlungsprozesse, die tiefer in die Struktur eines Systems eingreifen und es aus dem Gleichgewicht bringen können. „Fluktuationen sind unregelmäßige und prinzipiell nichtlineare Schwankungen in den konstituierenden Prozessen eines Systems fern einem stabilen Gleichgewichtszustand" (Bühl 1990: 126).

10.2.3.2.1 Diffusionen

Zu den Fluktuationen rechnet Bühl auch Prozesse der *Diffusion*, die (im Widerspruch zum Definitionsmerkmal der Nichtlinearität von Fluktuationen) durchaus auch linear sein können. Diffusionsprozesse sind im Zusammenhang mit der Erforschung von Innovationen untersucht worden (Rogers 1983). In der Diffusionsforschung geht es darum, zu zeigen und zu erklären, wie Erfindungen, Produkte oder auch Verhaltensweisen sich in der Bevölkerung ausbreiten. Im Mittelpunkt steht hier die Frage, in welcher Zeit bzw. nach welchem Muster Innovationen von den möglichen Anwendern oder Kunden übernommen werden. Die Dynamik der Diffusion ist somit auch ein Muster des sozialen Wandels, bzw. durch Diffusionsvorgänge vollzieht sich sozialer Wandel.

Ein nicht zuletzt kommerziell bedeutsames Anwendungsfeld der Diffusionsforschung ist die Diffusion pharmazeutischer Produkte. Ein sicherlich instruktives Beispiel ist die Einführung und Verbreitung der Anti-Baby-Pille als Methode der Empfängnisverhütung. Die Durchsetzung der Pille „im Markt" bzw. ihre verbreitete Anwendung ist nicht nur als Diffusion eines Kontrazeptivums von Belang, sondern lässt sich darüber hinaus als ein Phänomen des sozialen Wandels auffassen. Dieser zeigt sich in Veränderungen von Sexualverhalten und -moral sowie der (Geschlechts-)Identität der Frauen, die wiederum Werte (z.B. Liebe, Treue) und somit Kultur beeinflussen wie auch die Bevölkerungsstruktur der Gesellschaft (weniger Geburten).

Steht für den Auftraggeber einer kommerziellen Untersuchung zur Diffusion eines Produkts, einer Technik oder Information die Frage im Mittelpunkt, wann und wie die Zielgruppe das Produkt „adoptiert", bzw. wann der Markt gesättigt ist, so ist die Diffusionsforschung für die Theorie des sozialen Wandels von allgemeinerem Interesse, da sie zeigen kann, nach welchem Muster, Tempo und Rhythmus sich Neuerungen in der Gesellschaft vollziehen und durchsetzen. Bildlich gesprochen erfassen Diffusionsprozesse die Gesellschaft (oder Teile von ihr) wie eine Woge, und am Ende dieser Fluktuation durch Diffusion ist die Gesellschaft in einen anderen Zustand „geflossen".

10.2.3.2.2 Soziale Bewegungen

Anschauungsmaterial für sozialen Wandel nach dem Muster der Fluktuation liefern *soziale Bewegungen*. Bereits der Volkswirtschaftler und Staatsrechtler Lorenz von Stein (1815-1890) sprach von sozialer Bewegung, und zwar in Bezug auf die Geschichte Frankreichs nach 1789 (v. Stein 1850). Die Soziologie hat sich ausführlich mit sozialen

Bewegungen („social movements") befasst, historische und sogenannte neue soziale Bewegungen beschrieben, miteinander verglichen und zu erklären versucht. Soziale Bewegungen sind von Soziologen als *kollektives Handeln* konzipiert worden (Zurcher & Snow 1981), dessen Dynamik, Ursachen und Wirkungen untersucht worden sind. Dabei wird der Begriff kollektives Handeln oder Verhalten vielfältig verwendet. Sein Begriffsinhalt reicht von Nachahmungen des Verhaltens in einem Kollektiv („fads and fashions", d.h. kurzfristige Modeerscheinungen), deren Effekte allenfalls symbolischer Art sind, über kollektive Proteste, Aufstände, Rebellionen, soziale Bewegungen bis zu Revolutionen.

Gegenüber diesem umfassenden Begriff des kollektiven Handelns (siehe Lofland 1981; McPhail 1991; McPhail & Wohlstein 1983, 1986) wird in anderen Richtungen der Soziologie, die sich mit kollektivem Handeln und insbesondere sozialen Bewegungen beschäftigen, der Begriff kollektives Handeln auf außergewöhnliche, nichtroutineartige Formen des Handelns eingeschränkt, die zudem einen oppositionellen Charakter aufweisen und ein Veränderungspotential beinhalten, also sozialen Wandel nach sich ziehen. So schreibt Anthony Oberschall (1993:1): „What distinguishes collective from individual action are not the goals sought, nor the personality, motivations, and thought processes of participants. It is the public, nonroutine dimension of collective action, its challenge and threat to established groups, and its potential for being an agent of social change."

Als Beispiele für soziale Bewegungen, die in diesem Sinne kollektives Handeln sind, nennt Oberschall (1993) die Hexenjagd in Europa zwischen 1450 und 1700, die Protestbewegungen der 1960er Jahre; die Straßenaufstände („riots") in Los Angeles im August 1965, die Frauenbewegung, die Bewegung „New Christian Right". Weitere Beispiele wären die Friedensbewegung, die Antikernkraftbewegung, die Ökologiebewegung, die Bewegung gegen den §218, die Bewegung gegen die Abtreibung, die Black Panthers, die Grauen Panther, die Gay Liberation etc.

Enger bzw. politischer fasst Charles Tilly soziale Bewegungen. Für ihn haben soziale Bewegungen den Charakter von politischen Kampagnen nach dem von ihm so genannten WUNC-Muster: „worthiness" (werthaltige Behauptungen und Beanspruchungen), „unity" (Einheit, die durch Zeichen und Symbole her- und dargestellt wird), „numbers" (die Mobilisierung einer angemessen großen Zahl von Partizipanten und Sympathisanten) und „commitment" (Engagement und Bereitschaft mitzumachen) (Tilly 2004: 3f.). Neben der öffentlichen Präsentation dieser WUNC-Elemente gehört zu einer sozialen Bewegung auch eine gewisse Dauer und Nachhaltigkeit der „Kampagne" und ein Repertoire von öffentlichen Veranstaltungen, Aktions-, Organisations- und Kommunikationsformen (Demonstrationen, Märsche, Unterschriftensammlungen, öffentliche Appelle, Delegationen, Koalitionen, Lobbying etc.) (Tilly (2006: 183f.).

Wie auch immer die begriffliche und empirische Bestimmung sozialer Bewegungen en detail aussehen mag, so kann als allgemeiner formaler Nenner doch festgehalten werden, dass soziale Bewegungen Fluktuationen der sozialen Ordnung darstellen. Aus Ereignissen mit anfangs relativ geringer Bedeutung und Reichweite (Oszillationen) schwillt eine Woge der Veränderung an, die zu einem markant neuen Zustand der Gesellschaft führen kann.

10.2.3.3 Katastrophische Formen des sozialen Wandels

Bestimmte Phänomene des sozialen Wandels sind nicht mehr als temporäre Abweichungen von einem Gleichgewichtszustand (Oszillationen) oder als „fließende" Verschiebungen (Fluktuationen) zu interpretieren, sondern als *katastrophenartige Prozesse mit einer eruptiven oder explosionsartigen Dynamik*. Zu diesen „katastrophischen" Formen des sozialen Wandels zählen, neben den Katastrophen im engeren Sinne, auch Kriege und Revolutionen.

Die *Katastrophentheorie* simuliert Modelle, mit deren Hilfe abrupte Systemveränderungen dargestellt werden können (vgl. Woodcock & Davis 1978). Im Sinne der Katastrophentheorie meint „Katastrophe" eine dramatische Veränderung, den „Absturz" eines Systems. Nach der Katastrophe findet sich das System auf einem anderen Organisationsniveau wieder. Katastrophen im herkömmlichen Sinne, d.h. Naturkatastrophen und soziale Katastrophen, wie sie auch Gegenstand der *Katastrophensoziologie* bzw. *Sociology of disasters* (Drabek 1986) sind, stellen im Rahmen der mathematischen Katastrophentheorie einen Ausschnitt des Katastrophischen dar.

Um eine Interpretation verschiedener Formen des sozialen Wandels in katastrophentheoretischer Begrifflichkeit hat sich Bühl (1990) bemüht. Seine theoretischen Überlegungen sind aber kaum mit konkreten historischen Beispielen für katastrophische Fälle des sozialen Wandels unterfüttert. Umgekehrt bewegt sich die umfangreiche soziologische Forschung zu Revolutionen, Kriegen und Katastrophen weitgehend außerhalb der katastrophentheoretischen Modellierungen.

10.2.3.3.1 Revolutionen

Eine Form des katastrophenartigen sozialen Wandels, die in den Sozial- und Geschichtswissenschaften auf breites Interesse gestoßen ist, sind *Revolutionen*. In der Soziologie des kollektiven Handelns interessiert man sich dafür, wie aus sozialen Bewegungen *Revolutionen* entstehen. Während soziale Bewegungen und der aus ihnen resultierende soziale Wandel nach dem Muster der Fluktuation zu denken sind, handelt es sich bei Revolutionen um dramatischere Veränderungen der gesellschaftlichen Ordnung. Unter dem Begriff *Revolution* ist sehr Unterschiedliches abgehandelt worden: Massenunruhen und -aufstände, politische und soziale Revolutionen bis hin zu Entwicklungen, die metaphorisch als Revolutionen beschrieben werden, wie die „industrielle Revolution" oder die „Revolution des Neolithikums". In seinem Überblick über Revolutionstheorien benennt A.S. Cohan (1975) folgende Erscheinungen als charakteristisch für Revolutionen (zitiert nach Sanderson 2005: 1):

1. die Veränderung der grundlegenden Werte und Mythen einer Gesellschaft;
2. die Veränderung der Sozialstruktur;
3. die Veränderung der Institutionen der Gesellschaft;
4. die Veränderung der Führungsstruktur der Gesellschaft;
5. die illegale Übertragung von Macht;

6. das Vorkommen oder gar die Dominanz von Gewalt in den Aktionen, die zum Zusammenbruch des Regimes führen.

Einer der führenden amerikanischen Soziologen auf dem Gebiet der Erforschung von kollektivem Handeln und Revolutionen ist Charles Tilly. Sein Definitionsvorschlag für Revolution lautet wie folgt:

> „Wir betrachten eine Revolution als einen mit Gewalt herbeigeführten Machtwechsel innerhalb eines Staates, in dessen Verlauf wenigstens zwei bestimmte Gruppen miteinander unvereinbare Ansprüche auf die Macht im Staat stellen, während ein wesentlicher Teil der Bevölkerung, die gezwungen ist, sich den in diesem Staat geltenden Gesetzen zu unterwerfen, die Ansprüche jedes dieser Blöcke unterstützt. Dabei können diese Blöcke aus Personen der gleichen sozialen Schicht bestehen wie etwa der Klasse der Großgrundbesitzer. Aber oft bestehen sie aus Koalitionen zwischen Angehörigen der herrschenden Schicht, ihren Mitgliedern und/oder ihren Herausforderern. (Tilly 1993: 29f.)

Desweiteren unterscheidet Tilly zwischen revolutionären Situationen und revolutionären Ergebnissen:

> „In einer revolutionären Situation kommen drei einander beeinflussende Ursachen zusammen:
> 1. Das Auftreten von Einzelpersonen oder Koalitionen, die einander ausschließende Ansprüche auf die Übernahme der Macht im Staat oder Teilen des Staates stellen;
> 2. die Unterstützung dieser Ansprüche durch einen wesentlichen Teil der Bevölkerung;
> 3. die gegenwärtigen Machthaber sind nicht in der Lage oder nicht bereit, die alternative Koalition und/oder die Unterstützung ihrer Ansprüche durch ihre Anhänger zu unterdrücken." (Tilly, 1993: 32)

Nun mündet aber nicht jede revolutionäre Situation in eine Revolution mit revolutionären Ergebnissen:

> „Ein revolutionäres Ergebnis ist es, wenn die politische Macht von denjenigen Machthabern, die sie vor Beginn der gleichzeitigen Übernahme der Souveränität durch mehrere gesellschaftliche Kräfte innehatten, auf eine neue herrschende Koalition übergeht – zu der natürlich auch Elemente der alten herrschenden Koalition gehören können" (Tilly 1993: 38).

Tilly interessiert sich für die Frage, wie es Protestbewegungen gelingt, größere Menschenmengen zu mobilisieren und revolutionäre Umwälzungen herbeizuführen. Tillys *resource mobilization theory* ist eine Alternative zu Theorien, die Revolutionen lediglich als Reaktion auf Deprivation (Entbehrungen, Herabsetzungen, Enttäuschungen, Frustrationen) oder als Bekämpfung von Repression (Unterdrückung) erklären. Unbehagen und Unzufriedenheit sind, so Tilly, nicht ausreichend dafür, dass es zu revolutionären Protestbewegungen kommt. Damit Protestbewegungen revolutionäre Umbrüche nach sich ziehen, müssen bestimmte organisatorische Bedingungen gegeben sein. Dazu gehört die Möglichkeit, überhaupt miteinander kommunizieren zu können, und zwar relativ unüberwacht von staatlichen Institutionen.

Anhand zahlreicher historischer Fälle (Bauernaufstände in Agrargesellschaften, Arbeiterproteste in Industriegesellschaften) hat Tilly untersucht, wie Mobilisierungsprozesse verlaufen. Dass zur Ressourcenmobilisierung noch ein weiterer Faktor hinzukommen muss, damit aus einer Protestbewegung eine Revolution im Sinne einer einschneidenden Umverteilung von Macht kommt, hat Theda Skocpol (1979) gezeigt. Erst wenn der Staat bzw. die ihn stützenden Eliten in eine Krise geraten sind, haben Protestbewegungen die Chance, revolutionäre Ergebnisse zu erzielen.

In seinem Buch *Die europäischen Revolutionen* analysiert Tilly (1993) Revolutionen, Rebellionen und Bürgerkriege, die sich in den Niederlanden, auf der iberischen Halbinsel, in Ungarn, auf dem Balkan, auf den Britischen Inseln, in Frankreich, Russland und seinen Nachbarländern im Laufe von 500 Jahren europäischer Geschichte ereignet haben. Mit Hilfe der Unterscheidung von revolutionärer Situation und revolutionärem Ergebnis versucht Tilly, Gemeinsamkeiten, Ähnlichkeiten und Unterschiede zwischen den diversen Revolutionen und revolutionsähnlichen historischen Ereignisabfolgen zu beschreiben und zu erklären. Wie kaum anders zu erwarten, offenbart auch Tilly kein Gesetz, nach dem sich Revolutionen ereignen, doch immerhin einige kausale Regelmäßigkeiten. So identifiziert Tilly (1993: 339) drei Regelmäßigkeiten, nach denen revolutionäre Situationen auftreten. Nach Tilly

„ist es am häufigsten zu revolutionären Situationen gekommen, wenn eine oder mehrere der drei folgenden Voraussetzungen gegeben waren:
Erstens wenn die Widersprüche zwischen dem, was die Staaten von ihren am besten organisierten Bürgern verlangten, und dem, was sie gegenüber diesen Bürgern durchsetzen konnten, sich verschärften und deutlicher sichtbar wurden; zweitens wenn die Forderungen des Staates an seine Bürger deren kollektive Identität bedrohten oder die mit diesen Identitäten verbundenen Rechte verletzten, und drittens wenn die Machtstellung der Regierenden angesichts der Herausforderung durch mächtige Konkurrenten nachdrücklich geschwächt wurde." (Tilly 1993: 339)

Wann haben nun aber die revolutionären Situationen auch revolutionäre Ergebnisse nach sich gezogen? In den von Tilly untersuchten historischen Fällen waren hierfür die Chancen am größten, wenn die dritte Bedingung für eine revolutionäre Situation gegeben war, wenn also die Durchsetzungskraft der Regierung schwand. Revolutionäre Situationen sind in der Geschichte häufiger aufgetreten als revolutionäre Ergebnisse. Der soziale Wandel ist im Falle revolutionärer Ergebnisse natürlich beträchtlicher, als wenn nur die Situation eine revolutionäre ist, ohne auch revolutionäre Ergebnisse nach sich zu ziehen.

Damit revolutionäre Ergebnisse erzielt werden, müssen also die Mobilisierung von Akteuren und die Schwäche des Staates zusammenkommen. Wichtig für den Übergang von einer revolutionären Situation zum revolutionären Ergebnis ist die Bildung von Koalitionen im Kampf um die Macht. Die Revolution ist ein Machtkonflikt mit mehreren Konfliktparteien, die ihre Machtressourcen in die Waagschale werfen. Dabei macht Tilly deutlich, dass nicht so sehr die ideologischen Machtressourcen, die ideologischen Proklamationen und Manifeste der Revolutionäre, entscheidend sind, sondern ökonomische und politische Ansprüche bzw. die Durchsetzung (oder auch Zurückweisung) dieser Ansprüche mit ökonomischen, politischen und auch militärischen Machtmitteln.

Eine umfassende Theorie und empirische Analysen von Revolutionen hat Jack A. Goldstone (1991) vorgelegt. Ins Zentrum seiner Erklärung für den Erfolg von Revolutionen rückt Goldstone den Niedergang von Staaten, also einen Prozess, in dessen Verlauf der Staat Macht verliert. So untersucht Goldstone, welche Prozesse zum Niedergang des Ancien Régime vor der Französischen Revolution geführt haben oder der Tudor- und Stuart-Monarchien am Vorabend der Englischen Revolution im 17. Jahrhundert. Goldstone vergleicht diese Prozesse des Niedergangs miteinander wie auch mit solchen historischen Fällen, bei denen es zwar ebenfalls zum Niedergang des Staates kam, Revolutionen jedoch ausblieben.

Wie schon Tilly so fragt auch Goldstone, was das Auftreten von Revolutionen wahrscheinlich macht. Auf diese Frage liefert er folgende Antwort: Eine Revolution wird wahrscheinlich, wenn die Gesellschaft gleichzeitig mit drei Problemkomplexen zu kämpfen hat:

(1) einer Krise der Staatsfinanzen, hervorgerufen durch ein Ungleichgewicht zwischen den Einnahmen, die die Regierung sicherstellen kann, und den Ausgabenverpflichtungen, denen sie nachzukommen versucht;
(2) dem verstärkten Wettbewerb um Positionen in der Elite der Gesellschaft; daraus resultieren starke Spannungen und Konflikte innerhalb der Elite sowie Tendenzen der Elite, sich vom Staat zu entfremden;
(3) einem hohen Potential der Mobilisierung breiter Gesellschaftsgruppen; dieses Potential kommt durch bestimmte Belastungen der Bevölkerung (z.B. Steuer- und Abgabenlast, verminderte Einkommenschancen) und Entwicklungen der Sozialstruktur zustande (z.B. Zunahme des Bevölkerungsanteils junger Menschen, Verschiebung des Verhältnisses zwischen Land- und Stadtbevölkerung).

Die Kombination dieser drei Problemkomplexe bringt schließlich ein viertes Phänomen hervor, das für die Gesellschaft zum Problem werden kann: den Bedeutungzuwachs heterodoxer (verschiedenartiger und abweichender) kultureller und religiöser Ideen. Solche Ideen werden von heterodoxen Gruppen ausgearbeitet und befördert. Diese Gruppen sind dann Brennpunkte der Opposition gegen den bestehenden Staat (Goldstone 1991: xxiii f.).

Goldstone versucht also, Revolutionen durch die genannten Faktoren zu erklären. Oder anders formuliert: Wenn die genannten Bedingungen gegeben sind, erhöht sich die Wahrscheinlichkeit, dass eine Revolution auftritt. Das katastrophenartige Geschehen der Revolution wird erklärlich, indem die Dynamik des in die Revolution mündenden Machtkampfes dargestellt wird. Dabei verweisen Machtkämpfe auf die Sozialstruktur der Gesellschaft, d.h. auf Positionen und Relationen zwischen Gesellschaftsgruppen sowie auf deren Belastungen und Chancen, sich zu mobilisieren.

10.2.3.3.2 Katastrophen

Unter dem Begriff *Katastrophe* werden alltagssprachlich und in der Fachliteratur sehr unterschiedliche Phänomene subsumiert. Lars Clausen setzt Katastrophe mit sozialem Wandel gleich, der aber vor allem „extrem" sei. Nach Clausen (2003: 59) „ist die ‚Katastrophe' ein (a) extrem vernetzter, (b) extrem beschleunigter, (c) extrem magisierbarer sozialer Wandel". Tatsächlich zieht aber nicht jede Katastrophe sozialen Wandel nach sich. Katastrophe ist daher zunächst zu definieren als „ein ungewolltes und überraschendes Ereignis (oder eine Serie von Ereignissen), das für ein soziales System mit einer heftigen Erschütterung der alltäglichen Routinen und mit schweren Verlusten an Leben, Gesundheit, sozialen Beziehungen und/oder materiellen Ressourcen verbunden ist" (Vester, 1997: 270). Je nach Heftigkeit der Erschütterung mag dann sozialer Wandel erfolgen. Zwei Komponenten stehen im Mittelpunkt des Katastrophengeschehens: (1) die Plötzlichkeit des Ereignisses; (2) das Schadensausmaß der Katastrophe. Je verheerender der durch die Katastrophe angerichtete Schaden ist, desto wahrscheinlicher wird sozialer Wandel. Dabei können Katastrophen Ursache wie Folge des sozialen Wandels sein.

Katatsrophe als Ursache von sozialem Wandel: Auf der Ebene von Individuen, Familien, Gemeinden, sozialen Organisation können Katastrophen das soziale Leben zum Stillstand bringen oder auch Leben auslöschen. Auf der Ebene von Gesellschaften, vor allem komplexen bzw. hochentwickelten, vermögen Katastrophen die sozialen und politischen Strukturen weniger stark zu erschüttern, wenn und insofern materielle und organisatorische Ressourcen zur Katastrophenbewältigung mobilisiert werden können. In pluralistischen Gesellschaften gibt es auch eine Vielzahl von sozialen Netzwerken, Organisationen und Institutionen, die in der Lage sind, auf das Katastrophengeschehen flexibel und einander ergänzend zu reagieren.

Katastrophe als Folge des sozialen Wandels: Wenn sich die Bevölkerung rapide entwickelt und Ressourcen über Gebühr ausgebeutet werden, können als mittelbare oder unmittelbare Folge davon Katastrophen auftreten. Erosionen und Überschwemmungen beispielsweise resultieren aus veränderten Siedlungsstrukturen. Durch veränderte Siedlungsstrukturen oder technische Lösungen (Begradigung von Flussläufen, Landgewinnung) können Naturkatastrophen wie Erdrutsche oder Überschwemmungen ausgelöst werden. Wie die Diskussion um den Klimawandel zeigt, sind nicht nur zahlreiche Konsequenzen des Klimawandels sozialer Art. Auch für die Verursachung des Klimawandels wird das Verhalten von Menschen bzw. die soziale Organisation verantwortlich gemacht. Selbst dort, wo es sich um echte Naturereignisse und -katastrophen handelt (Sunami, Erdbeben, Vulkanausbrüche), sind zumindest die Auswirkungen der Katastrophe von sozialen Faktoren beeinflusst.

Die Katastrophenforschung im allgemeinen und die Katastrophensoziologie im besonderen (Drabek 1986) haben eine Vielzahl von Einzelerkenntnissen zu den sozialen Prozessen geliefert, die Katastrophen vorangehen, sie begleiten oder ihnen folgen. Abhängig von Art, Verursachung, Schwere der Katastrophen und ihrer Folgen ergibt sich sozialer Wandel, zu dem sich folgende allgemeine Aussagen machen lassen (Vester 1997: 273; nach Albala-Bertrand 1993: 196ff. und Bolin & Stanford 1991: 32):

1. Die aus Katastrophen resultierenden Belastungen sind für die Menschen um so höher, je geringer ihr ökonomischer, politischer und sozialer Status ist.
2. Die Menschen (oder soziale Einheiten), die vor Eintritt der Katastrophe schon relativ besser gestellt waren, profitieren auch vergleichsweise mehr von der Katastrophenhilfe.
3. Die Stärken und Schwächen sozialer Strukturen, die schon vor dem Katastrophenausbruch existierten, treten durch die Katastrophe deutlicher zu Tage. Defizite des Wirtschaftssystems, der politischen Führung oder der Verwaltung, latente Konflikte, Tendenzen zur Korruption werden durch Katastrophen aufgedeckt.

4. Existierten bereits vor der Katastrophe starke soziale Ungleichheiten und ethnische Unterschiede, dann ist die Wahrscheinlichkeit groß, dass es in der Phase der Wiederherstellung nach der Katastrophe zu Verteilungskonflikten kommt.
5. Waren schon vor der Katastrophe starke soziale Spannungen vorhanden, dann sind Solidarität und Konsens, zu denen es im Laufe der Katastrophe kommt, nur vorübergehend.

10.2.3.3.3 Kriege

Um katastrophenartige Vorgänge – sowohl im alltagssprachlichen Verständnis als auch im Sinne der mathematischen Katastrophentheorie – handelt es sich bei *Kriegen*. Unabhängig davon, wie man die sozialen Folgen und Kosten von Kriegen veranschlagt und bewertet, bewirken Kriege sozialen Wandel. Angesichts dessen, dass die Metapher vom „Krieg als Vater aller Dinge" geradezu sprichwörtlich ist, ist es umso erstaunlicher, dass die Sozialwissenschaften und ihre „Theorien des sozialen Wandels" die Bedeutung von Kriegen für den sozialen Wandel nahezu übersehen haben. So kommen beispielsweise in Piotr Sztompkas (1993) umfassender *Sociology of Social Change* Kriege, auch Katastrophen, gar nicht vor (siehe hingegen Bühl [1987], für die Geschichtswissenschaft Kolko [1999]).

Kriege haben einerseits politische und soziale Ursachen und andererseits bewirken sie sozialen Wandel. Die Verursachung von Kriegen liegt in einer außer Kontrolle geratenen Konfliktdynamik. Kriege können entstehen, wenn sich das Verhältnis von Gesellschaften untereinander verändert oder wenn sich die Machtverhältnisse innerhalb einer Gesellschaft verschieben. Solche Veränderungen und Verschiebungen sind normale Prozesse des sozialen Wandels und allein noch nicht kriegsverursachend. Wenn aber das Ausmaß der Veränderung in der Wahrnehmung einer oder mehrerer der beteiligten Konfliktparteien so gravierend ist, dass man sich bedroht fühlt und glaubt, sich nur durch kriegerische Aktionen aus der bedrohlichen Lage befreien zu können, wächst die Gefahr, dass der „Kriegspfad" beschritten wird. Aber auch in einer Situation, in der man meint, die „Gunst der Stunde" durch den Kriegseintritt zum eigenen Vorteil nutzen zu können, werden Kriege wahrscheinlicher.

Die dem Krieg vorausgehenden Konflikte können als Interessenkonflikte angesehen werden. Mit R. Brian Ferguson (1990), der sich um eine Erklärung von Kriegen bemüht, kann man sechs strategische Kriegsziele unterscheiden, die von den Konfliktparteien bzw. den über Krieg oder Frieden entscheidenden Akteuren verfolgt werden:

1. Sicherung oder Optimierung des Zugangs zu immobilen Ressourcen durch Ausschaltung von Rivalen;
2. Aneignung beweglicher Güter;
3. Herstellung einer ausbeuterischen Herrschaft über eine (oder mehrere) bislang unabhängige Bevölkerung(en);
4. Eroberung und Einverleibung einer oder mehrerer Populationen;

5. Erweiterung der Macht und des Status derer, die über Krieg und Frieden entscheiden;
6. Verteidigung gegen Angriffe von Gegnern.

Die Verfolgung dieser Kriegsziele (insbesondere 3. bis 5.) sowie ihre erfolgreiche Durchsetzung bewirken in hohem Maße sozialen Wandel. Kriege verändern Gesellschaften und Menschen in rapidem Tempo und dramatischem Ausmaß. Offensichtlich ist das auf Seiten der unterlegenen Kriegspartei, Gesellschaft oder Nation. Hier werden soziale Strukturen, Organisationen und Instituionen verändert oder gar ausgelöscht. Aber auch auf Seiten der Sieger werden durch den Krieg und seine Folgen weitreichende Wandlungsprozesse in Gang gesetzt. Die Verheerungen, aber auch Erneuerungen sozialer Makro- und Mikrostrukturen – von der Schichtung der Gesellschaft, über die politischen Institutionen, die Wirtschaft, Verkehrs- und Transportstrukturen bis zu den Familien und persönlichen Beziehungen – lassen sich anhand der großen Kriege in der Mythologie (Trojanischer Krieg) und der Geschichte (Dreißigjähriger Krieg, Siebenjähriger Krieg, Napoleonische Kriege) studieren. Bei den Kriegen der Moderne (vom Amerikanischen Bürgerkrieg über die beiden Weltkriege bis zu den Kriegen im Fernen und Nahen Osten), deren Zerstörungspotential durch die forcierte Ausbildung eines militärisch-ökonomisch-technologischen Komplexes ins Gigantische gesteigert wurde, sind die katastrophalen Formen und Ausmaße des sozialen Wandels bei Verlierern und Siegern zu erkennen. Was aber für Katastrophen im allgemeinen gilt, dass sie auch Chancen bieten für die gesellschaftliche und kulturelle Erneuerung, für den Wieder-, Um- oder Neuaufbau, für Rekonstruktion und Transformation, kann man an Hand der Kriege und der Bewältigung ihrer Folgen ebenso beobachten. So hat die totale Niederlage Deutschlands im Zweiten Weltkrieg die Chance für politische, wirtschaftliche, soziale und kulturelle Veränderungen eröffnet, die in der Bundesrepublik genutzt wurde, so dass in vielen Bereichen von Staat, Wirtschaft, Gesellschaft und Kultur ein Wandel einsetzen konnte, der Westdeutschland zu einem Modernisierungsschub verhalf, der den Kriegsverlierer gegenüber den Siegermächten England, Frankreich und Sowjetunion „bevorzugte".

Katastrophen scheinen wie aus heiterem Himmel über Menschen bzw. Gesellschaften hereinzubrechen. Sie erscheinen dann als „Naturereignisse". Doch auch Naturereignisse erfolgen meistens nach Regelmäßigkeiten und in Rhythmen. Dabei zeigt sich dann auch eine Verquickung „natürlicher" und „menschengemachter" Prozesse und Rhythmen. Diese Verquickung wird auch bei einem weiteren Muster des sozialen Wandels deutlich: dem Zyklus.

10.2.3.4 Zyklen

Ein weiteres temporales Muster des sozialen Wandels sind *Zyklen*. Soziale Veränderungen haben mitunter die Form des Zyklus: Der Wandel verläuft zunächst in einer Richtung, um nach einem Wendepunkt sich in die entgegengesetzte Richtung zu bewegen. Dabei ist allerdings nach dem Durchlauf des Zyklus selten der alte Ausgangspunkt erreicht bzw. ein Zustand, der mit der Ausgangslage identisch wäre.

Wirtschaftliche Veränderungen erfolgen in Geschäfts- und Konjunkturzyklen. Dabei handelt es sich meistens nicht um die Abfolge von Wachstum und Schrumpfung der Wirtschaftsleistung, sondern um die Zunahme und Abnahme des Wirtschaftswachstums. Statistische Größen, die für soziale Phänomene stehen, durchlaufen durchaus Phasen absoluter Zu- und Abnahme. Beispielsweise nehmen Zahlen für Selbstmorde, Kriminalität, Unfälle zu und ab; ihre Veränderung lässt zyklische Rhythmen erkennen. Kulturelle Muster (Wertorientierungen, Geschmacksvorlieben) können sich ebenfalls in Zyklen verändern. Auch Organisationen wie Betriebe, Vereine oder Parteien durchlaufen Zyklen (Organisationszyklus), in denen auf Aufschwung und Expansion Phasen der Stagnation und Schrumpfung folgen. Die Entwicklung zahlreicher urbaner und regionaler Strukturen erfolgt ebenso nach zyklischem Muster. Fügt man noch die zyklischen Veränderungen der Bevölkerung hinzu, die mal wachsen, mal stagnieren oder gar schrumpfen kann und deren Struktur auf Grund des Generationswechsels sich „verjüngen" oder „überaltern" kann, dann wird deutlich, dass sozialer Wandel aus einer Vielzahl von Zyklen resultiert, die zum Teil unabhängig voneinander existieren, zum Teil sich gegenseitig beeinflussen.

Für den sozialen Wandel sind unterschiedlich lange Zyklen bedeutsam. Recht gut belegt sind in der Wirtschaft die Konjunkturzyklen, die eine relativ kurze Dauer von meist weniger als zehn Jahren haben. Demgegenüber handelt es sich bei den „langen Wellen" bzw. den nach ihrem Entdecker Nikolai D. Kondratieff benannten Kondratieff-Wellen um Zyklen von 40 bis 60 Jahren. Kondratieff (1926) hatte solche Zyklen in der Entwicklung von Rohstoffpreisen festgestellt. In Anlehnung an sein Zyklusmodell hat man, wenn auch nicht unumstritten, ähnlich lange Zyklen in der Entwicklung wirtschaftlicher, technologischer und soziokultureller Größen festgestellt. Dass sich auch Katastrophen nach einer Regelmäßigkeit zyklischer Art ereignen, kann für Epidemien (Spanische Grippe) oder für Hungersnöte gezeigt werden, die ihrerseits teils von ökologischen Zyklen wie Überschwemmungs- und Dürreperioden, teils von Wirtschaftszyklen abhängen.

Auch Kriege treten zyklisch auf, bzw. sind von langen Wellen in Wirtschaft und Politik abhängig. Joshua S. Goldstein (1988: 239ff.) hat zehn Kondratieff-Zyklen seit 1495 identifiziert und festgestellt, dass in neun Zyklen am Ende ihrer Aufschwungphase, also kurz vor dem oberen Wendepunkt, größere Kriege auftraten. Als Erklärung hierfür kann gelten, dass Kriege materielle Ressourcen voraussetzen, die in Phasen des Aufschwungs mobilisiert werden können.

In der internationalen Politik sind Hegemonialzyklen identifiziert worden, bei denen es um die Hegemonie (Vorherrschaft) von Staaten im internationalen Machtgefüge geht, d.h. um den Aufstieg und Niedergang von Hegemonial- oder Führungsmächten. Im Rahmen solcher Hegemonialzyklen kommt es dann auch zu Kriegen, die um die Vorherrschaft im Staatengefüge ausgefochten werden und deren Abfolge dann selbst einem zyklischen Muster folgt. Und schließlich ist über die Abfolge von Zivilisationen oder Hochkulturen im Rahmen von Hyper-Zyklen spekuliert worden, die sich über mehrere der kürzeren Zyklen legen und mehrere Jahrhunderte oder (im Fall der ägyptischen Zivilisation) gar Jahrtausende umfassen können.

Der (statistische) Nachweis von Zyklen ist im einzelnen mit Problemen der Datenerhebung, -auswertung und -interpretation verbunden. Je weiter die Zyklen bzw. die Zyklenmodelle zeitlich ausgreifen, desto spekulativer werden die „Zyklentheorien". Dennoch besteht ausreichend Grund zur Annahme, dass sozialer Wandel in zyklischen oder wellenartigen Rhythmen erfolgt und in Phasen des Wachstums und der Abnahme, der Beschleunigung und Abbremsung, des Aufstiegs und Niedergangs eingeteilt werden kann. Damit ist allerdings noch nichts über das „Gesetz" oder den „Mechanismus" des Auf und Ab gesagt, deren Kenntnis erst zur Eklärung des Zyklus beitragen würde.

10.2.4 Evolution

Die verschiedenen Formen und Rhythmen des sozialen Wandels – Oszilllationen, Fluktuationen, katastrophenartige Muster und Zyklen – bieten einen Anhaltspunkt, Veränderungen sozialer Strukturen einzuordnen und miteinander zu vergleichen. An die Bestandsaufnahme und, wenn möglich, Erklärung von Veränderungen der sozialen Organisation mag sich dann die Frage nach dem Gesamtzusammenhang der diversen Phänomene und Formen des sozialen Wandels anschließen. Liegt dem sozialen Wandel ein allgemeines Prinzip zugrunde? Ist in ihm ein allgemeines Bewegungsgesetz zu erkennen? Gibt es eine Zielrichtung des sozialen Wandels? – Diese Fragen führen auf den Begriff der (sozialen) *Evolution* hin, der in der Soziologie in verschiedenen Varianten anzutreffen ist.

Skepsis ist angebracht, ob der für die Soziologie interessante Abschnitt der Menschheitsgeschichte überhaupt als Evolution gelten kann. Schließlich hat sich die Spezies Mensch im wesentlichen seit mehreren zehntausend Jahren nicht mehr verändert. Die allgemeine soziale Evolution wäre demnach an ein (vorläufiges) Ende gekommen, bevor die Entwicklung von Sozialverbänden einsetzte (Mann 1986: 34ff.) Von sozialer Evolution könnte somit nur im metaphorischen Sinne gesprochen werden.

In einer ambivalenten Haltung gegenüber dem Begriff Evolution bzw. seiner Verwendung in den Sozialwissenschaften schreibt Bühl (1990: 23): „Eine soziologische Evolutionstheorie könnte das Schlußkapitel in einer Theorie der nichtlinearen sozialen Dynamik sein, als Theorie des linearen und universellen sozialen Wandels gehört sie jedoch ins soziologische Fabelbuch." Evolution sollte mehr als eine Metapher oder Analogie sein, nach welcher man sich den sozialen Wandel als eine endogene, linear verlaufende Entwicklung vorgestellt hat.

Soziologische „Evolutionstheorien", die lediglich „Evolutionsstufen" deklarieren und die dazu dienen, die Stufe, auf der man sich selbst bzw. die eigene Gesellschaft verortet, als den vorherigen Stufen überlegen zu deklarieren, werden weder einem ernstzunehmenden Theorieanspruch noch einem wissenschaftlich vertretbaren Evolutionskonzept gerecht. Sinnvollerweise wäre Evolution als ein auf mehreren Ebenen sozialer (und biologischer) Organisation verlaufender nichtlinearer Prozess, mit Fort- und Rückschritten, Sprüngen und Sackgassen, zu konzipieren (vgl. Bühl 1982: 431-465; 1984b; 1990: 149-178).

Mit Stephen K. Sanderson (1990, 1995) lassen sich auch konkretere Prinzipien einer soziologischen Evolutionstheorie benennen. Sanderson sieht sich dabei in der Tradition der von ihm konflikttheoretisch interpretierten Evolutionstheorie Charles Darwins (Sanderson 2001) und der materialistischen Kulturtheorie von Marvin Harris (1979, 1997). Aus Sandersons (1995: 3-16) umfassenderem Katalog von Aussagen zur und Prinzipien der Evolution seien folgende hervorgehoben:

1. Soziale Evolution beinhaltet Prozesse, die auf allen Ebenen der mikro-, meso- und makrosozialen Organisation auftreten. Soziale Evolution auf der Makroebene stellt die zeitliche und räumliche Aggregation von Ereignissen auf der Mikroebene dar.
2. Zunehmende soziale Komplexität oder Differenzierung ist ein grundlegender Evolutionsprozess. Doch zum großen Teil besteht soziale Evolution aus Veränderungen, die wenig oder gar nichts mit Differenzierung zu tun haben, und Dedifferenzierung ist ein wichtiges Evolutions- bzw. Devolutionsphänomen.
3. Soziale Evolution ist sowohl analog als auch nicht analog zur biologischen Evolution. Ähnlichkeiten zwischen beiden bestehen vor allem darin, dass sie Anpassungsprozesse (adaptive Prozesse) sind und dass beide sowohl allgemeine (parallele und konvergente) als auch spezifische (divergente) Abfolgen von Veränderungen beinhalten. Allerdings gibt es auch eine Reihe von Unterschieden zwischen biologischer und sozialer Evolution (verschiedenes Tempo, unterschiedliche Bedeutung von Genmutation und natürlicher Selektion).

Desweiteren arbeitet Sanderson (1995: 8f.) einige Aussagen über die kausalen Faktoren der sozialen Evolution heraus.

1. Grundlegende kausale Faktoren in der sozialen Evolution sind Demographie, Technologie und Ökonomie.
2. Diese materiellen kausalen Faktoren sind nicht deterministisch, sondern wirken probabilistisch, d.h. führen zu wahrscheinlichen Ergebnissen auf lange Sicht gesehen und in der Mehrzahl der Fälle. Nichtmaterielle Faktoren spielen eine eher sekundäre Rolle in der Evolution.
3. Die materiellen Bedingungen haben deshalb kausale Bedeutung, weil sie sich auf grundlegende menschliche Bedürfnisse hinsichtlich Produktion und Reproduktion des menschlichen Lebens beziehen.
4. Welche der materiellen Bedingungen für die menschliche Existenz oder welche Kombination der Bedingungen kausal am wichtigsten ist, variiert je nach Evolutionsstufe und historischer Epoche. Die Frage der kausalen Bedeutung der jeweiligen Bedingung oder Bedingungskombination ist nicht von vornherein theoretisch zu beantworten, sondern empirisch zu klären.
5. Unterschiedliche Typen sozialer Systeme in verschiedenen historischen Epochen und auf unterschiedlichen Evolutionsstufen entfalten unterschiedliche „Evolutionslogiken". Die treibenden Kräfte der sozialen Evolution sind je nach Typ des

sozialen Systems, historischer Epoche und Evolutionsstufe verschieden. Es gibt nicht die eine universelle Ursache der sozialen Evolution. Die Ursachen der sozialen Evolution sind vielmehr selbst evolvierende Phänomene.

Für unverzichtbar für das Evolutionskonzept erachtet Sanderson den Begriff der *Adaptation*. Damit ist der *Prozess der Anpassung* und nicht der *Zustand der Angepasstheit* gemeint. Adaptation kann, muss aber nicht zu einem Zustand der Angepasstheit führen. Adaptationen finden im Hinblick auf die physische und/oder soziale Umwelt statt. Dabei müssen sie nicht optimal sein, sondern können auch lediglich zufriedenstellend sein. Adaptation ist auch nicht im Sinne eines universellen Zugs zur oder Strebens nach Perfektionierung und Beherrschung der Umwelt zu sehen. Insofern kann man auch nicht sagen, dass neue soziale Formen unbedingt besser sind. Ein gegebener Stand der Evolution ist nicht die „beste aller Welten". Adaptation ist nicht notwendigerweise optimal. Sie ist allenfalls besser im Hinblick auf eine Situation und andere vorhandene oder erprobte Alternativen der Situationsanpassung. Anpassung ist relativ zu sehen im Hinblick auf spezifische (lokal und zeitlich begrenzte) Bedingungen, die oft Nischencharakter haben. Dabei gehört es zur Strategie der Evolution bzw. der adaptiven Einheiten, sich Nischen zu schaffen, die für das eigene Überleben, den eigenen Fortbestand oder die Weiterentwicklung günstig sind. Evolution ist ein Wettbewerb, in dem evolutionäre Einheiten (Gene, Organismen, Individuen, Gruppen, Gesellschaften) konkurrieren.

Keineswegs ist also Evolution mit Fortschritt gleichzusetzen. Die ideologische Verwendung von Evolutionismus und (Sozial-)Darwinismus macht den Fehler der Gleichsetzung von Evolution und Fortschritt. „Seeing evolution as a progressive process leading up to humankind is a human-created picture rather than a disinterested reflection of objective reality" (Ruse 2006: 202). Die Evolution führt zu Ergebnissen, die je nach Bewertungsmaßstab progressiv, regressiv oder neutral sein können. Das gilt dann auch für die soziale Evolution. Man kann also nicht sagen, dass eine soziale Verhaltensweise, eine soziale Organisation, Institution oder Gesellschaft allgemein besser oder gar optimal ist, nur weil sie eine andere abgelöst oder sich im Konkurrenzkampf durchgesetzt hat. (Kein Mensch käme auf die Idee, die Gesellschaft der Nazi-Diktatur als einen Fortschritt gegenüber der Gesellschaft der Weimarer Republik zu bezeichnen!)

Evolution ist auch nicht notwendigerweise die Zunahme von Komplexität und Differenzierung. Ein Zuviel an Komplexität und Kompliziertheit, Differenzierung und Spezialisierung kann hinderlich für die soziale Organisation sein. Manierismen im Sozialverhalten wie in der Kunst, die durch übergroße Vielfalt und Detailverliebtheit charakterisiert sind, haben sich selten nachhaltig bewährt. In der Geschichte gibt es Beispiele dafür, dass Gesellschaften, die zu komplex strukturiert waren, dazu tendierten, dysfunktionale Muster auszubilden und schließlich zu kollabieren (Tainter 1988).

Die Verwendung des Evolutionsbegriffs in den Sozialwissenschaften geschieht oft in der Absicht, einen bestimmten Zustand der sozialen Entwicklung als das Ergebnis eines zielgerichteten Prozesses anzusehen. Das Ergebnis des sozialen Wandels bzw. die gegenwärtige Gesellschaft erscheint dann als Ausdruck einer in der Evolution angelegten *Teleologie* (Zielgerichtetheit). Tatsächlich sind aber Annahmen, dass die Evolution von vornherein auf den Menschen angelegt sei bzw. dass die moderne Gesellschaft von der sozialen Evolution beabsichtigt sei, Glaubensbekenntnisse, die wissenschaftlich nicht haltbar sind. Wenn überhaupt von einer Zielrichtung der Evolution die Rede sein kann, dann allenfalls im Sinne einer *Teleonomie* und nicht Teleologie (Bühl 1982: 452), d.h. als ein Prozess, dem nicht ein Ziel zugrunde liegt, sondern in dessen Verlauf Ziele gesucht, definiert, verfolgt, erreicht oder auch nicht erreicht, verabschiedet und wieder neu gesucht werden. Evolution scheint weniger zielgerichtet und kontinuierlich als vielmehr blind und „katastrophisch" zu geschehen, d.h. durch überraschende „Bifurkationen" (Weggabelungen) voranzuschreiten (Mann 1986: 67).

Folglich lässt sich die Evolution auch nicht vorhersehen, und Ergebnisse der Evolution sind nicht voraussagbar. Allenfalls lassen sich im nachhinein bestimte Trends der Evolution erkennen, die aber nicht einfach in die Zukunft fortgeschrieben (extrapoliert) werden können. In Anlehnung an Gerhard Lenski (1975) bennent Bühl (1982: 449) vier solcher Trends:

1. die Zunahme der menschlichen Bevölkerung;
2. die Zunahme der Technologie;
3. die Zunahme der Produktion von Gütern, Dienstleistungen und des Prokopfverbrauchs an Gütern und Dienstleistungen;
4. die Zunahme des Umfangs und der Komplexität der Sozialstrukturen.

Wenn man diese Trends in einer Generalformel zusammenfassen wollte, ließe sich bestenfalls feststellen, dass das vom Menschen genutzte Quantum der (natürlichen und künstlichen) Energiequellen gesteigert wurde, was allerdings als ambivalente, da zugleich produktive und zerstörerische, Entwicklung zu sehen ist (Bühl 1982: 449).

Die „Energiebilanz", an der die Menschheit im Laufe der sozialen Evolution arbeitet, wird letztlich in der Öko- und Biosphäre „vorgelegt". Wie die Erkenntnisse zu den Auswirkungen von Energiegewinnung und -nutzung auf das Weltklima zeigen, kann die soziale Evolution zur Erschöpfung physischer und biosozialer Ressourcen führen, welche die erreichten „Fortschritte" des sozialen Wandels in Frage stellt oder zunichte macht. Ob Fortschritt oder nicht, so lassen sich doch in den Sphären oder Bereichen, in denen sich sozialer Wandel vollzieht, einige weitere langfristige historische Entwicklungen beschreiben.

Eine fundamentale Sphäre, in dem sich sozialer Wandel vollzieht, ist die *Demographie*. Für den Fortgang der Evolution sind die Veränderungen der Weltbevölkerung bzw. der „lokalen und regionalen" Populationen und deren Wechselwirkungen von grundlegender Bedeutung. Das Bevölkerungswachstum und der daraus resultierende Druck auf die Sozialorganisation, das Bemühen um Geburtenregelung, die Intensivierung der Mobilität zwischen den Populationen (Migration) und die Urbanisierung der Siedlungsformen sind Tendenzen, die im Laufe der Menschheitsgeschichte ausgeprägt und beschleunigt wurden.

Im *ökonomischen* Bereich stellen die Ablösung der Subsistenzwirtschaft, die Herausbildung von Märkten, die Erfindung des Geldes und der Geldwirtschaft, die Durchsetzung industrieller Produktion, die Kommerzialisierung und schließlich Globalisierung von Produktion, Distribution und Konsum der Waren, Dienstleistungen und Informationen langfristige und großflächige Wandlungsprozesse dar.

Gekoppelt an, aber nicht gleichzusetzen mit der Veränderung der ökonomischen Sphäre ist die *technologische* Entwicklung. Die großen „Erfindungen" in der Technik- und Wissenschaftsgeschichte haben die Gesellschaften und ihre Menschen verändert und geprägt. Die Beispiele hierfür sind zahlreich und reichen von der „Entdeckung" des Feuers bis zur „Nutzbarmachung" der Atomkraft, von der Entdeckung und Nutzung von Saat- und Zuchtgut bis zur zeitgenössischen Gentechnik, von der „Erfindung" der Schrift bis zu den „Revolutionen" des Buchdrucks und der Digitalisierung, von der Nutzung von Lasttieren über die Erfindung des Rades bis zur Konstruktion von Flugzeugen und Raumschiffen, etc. Vielleicht noch bedeutender als das schiere Quantum der hier genutzten Energien ist die Frage der Energieumwandlung, wobei wohl nicht grundsätzlich festzustellen ist, dass im Laufe der Technikgeschichte auch eine effizientere Transformation von Energie(n) bewerkstelligt wurde und wird. Ein weiteres (Erfolgs-)Kriterium der technologischen Entwicklung ist die Reichweite und Durchsetzung der Erfindungen (Diffusion der Innovationen).

In der *politischen* Sphäre sind ebenfalls einige langfristige historische Entwicklungstrends festzustellen. Von überschaubaren, relativ locker organisierten Herrschaftsverbänden ausgehend ermöglichte die komplexer werdende soziale Organisation mehr oder weniger diktatorisch regierte Agrarstaaten (z.B. Mesopotamien, Ägypten), oligarchisch strukturierte Stadtstaaten (z.B. Griechenland), auf Militär und Handel basierende Imperien (z.B. Rom), Machtallianzen wie das mittelalterliche Feudalsystem und das auf Gewaltmonopolisierung und Machtkompromissen beruhende Königtum, moderne Demokratien, neuzeitliche Hegemonialsysteme und schließlich die Entwicklung eines Weltsystems mit staatenübergeifenden, mehr oder weniger demokratischen politischen Organisationen. Wie die Geschichte zeigt, vollziehen sich gerade im politischen Bereich die Entwicklungen keineswegs geradlinig, sondern eher in katastrophenartigen und zyklischen Rhythmen.

Bei allen Wechselfällen von Siegen und Niederlagen scheint sich in der *militärischen* Sphäre ein – für die Menschheit und den Planeten Erde höchst bedrohlicher – Entwicklungstrend eindeutig durchgesetzt zu haben: die Mittel zur Zerstörung und Vernichtung sind ins Gigantische gewachsen. Seit der Erfindung der Atombombe und durch die Weiterentwicklung nuklearer, biologischer und chemischer Waffen ermöglicht das vorhandene Arsenal die mehrfache Auslöschung der Menschheit und den Kollaps der Ökosphäre des Planeten.

In der *ideologischen* Sphäre schließlich sind welthistorische Bewegungen zu registrieren, die von Animismus und Polytheismus über Monotheismus und die großen Weltreligionen bis hin zum Säkularismus, Kosmopolitismus und Globalismus reichen. Allerdings sind gerade im ideologisch-religiösen Bereich immer auch Gegenbewegungen zu erkennen, neben Säkularisierung auch neue religiöse Bewegungen; gegen den Rationalismus treten Irrationalismen auf, gegen den Materialismus eine revitalisierte Spiritualität; Intellektualismus und Sensualismus wechseln einander ab, so dass hier Zyklenmodelle des Wandels Bestätigung finden.

Die skizzierten Entwicklungen in den genannten Bereichen sind aufeinander bezogen, auch wenn die Bereiche oder Sphären mitunter ihre „eigene Entwicklungslogik", ein „Eigenleben" zu haben scheinen. Sozialität ist Wechselwirkung, Interaktion, und so resultiert auch der soziale Wandel zum einen aus der Entwicklung einzelner Bereiche, zum anderen aus dem komplizierten Wechselspiel der Prozesse, die in den genannten Sphären und auf den unterschiedlichen Ebenen der sozialen Organisation ablaufen.
Die einzelnen Muster und Rhythmen des sozialen Wandels fügen sich zu keinem Evolutionsgesetz. Auch die in den einzelnen „Sphären" erkennbaren Entwicklungstrends sind nicht als ein allgemeines Gesetz der Evolution zu verstehen. Im Sinne einer evolutionären Orientierung kann allenfalls die Vorstellung aufrechterhalten werden, dass soziale Prozesse und Strukturen Bestandteile der Evolution sind, d.h. sie sind aus ihr hervorgegangen, müssen sich in der Evolution bewähren oder werden in ihr vergehen.

Sozialer Wandel – oder, genauer, soziale Prozesse, welche soziale Strukturen (Beziehungen, Gruppen, Netzwerke, Organisationen, Institutionen, die Diversifikation und Stratifikation der Gesellschaft) verändern, – ist also ein Moment oder Teil einer umfassenderen Evolution. Soziale Evolution – oder die Herauskristallisation wie auch die Auf- und Ablösung von sozialen Strukturen – ist nur ein Ausschnitt aus der gesamten Evolution des Lebens; ein Ausschnitt oder eine Phase, in der soziale und kulturelle Prozesse mit biologischen Prozessen interagieren (Ko-Evolution). Ob diese Interaktion für die weitere Evolution segensreich oder fatal ist, darüber ist das letzte Wort noch nicht gesprochen.

Schluss

Die Soziologie gilt als eine Wissenschaft, die aus gesellschaftlichen Veränderungen hervorgegangen ist und auf diese reagiert. Die Prozesse des sozialen Wandels, wie sie im 19. Jahrhundert im Zuge der sogenannten Modernisierung vor allem in Westeuropa zu erleben waren, haben dem Nachdenken über die Gesellschaft eine Schubkraft verliehen, die bis in unsere Tage reicht. Noch immer sind wir aufgefordert, das soziale Leben zu begreifen. Die Soziologie hat ein Repertoire von Begriffen entwickelt, die diesem Begreifen dienen. Dieses Repertoire darzustellen ist die Aufgabe des vorliegenden Bandes des soziologischen Kompendiums.

So wie Wandel zum gesellschaftlichen Geschehen gehört, so können sich auch die Begriffe wandeln, die das Sozialleben begreiflich machen sollen. Neue Situationen erfordern möglicherweise neue Begriffe. Doch jenseits aller modischen Entwicklungen in der Gesellschaft wie in der Begrifflichkeit hat sich eine Reihe von Grundbegriffen bewährt, so wie sich bestimmte soziale Strukturen und Prozesse als relativ persistent erwiesen haben.

Die Sozialität des Menschen ist von natürlichen Grundbedingungen ebenso abhängig, wie durch Geschichte und Kultur geformt. Das Verhalten und Handeln, die Interaktion und Kommunikation der Menschen sind strukturiert. Menschen leben und erleben im Alltag Bindungen und Beziehungen, bilden Gruppen und Identitäten. In und durch soziale Organisation geformt und durch Gesellschaft kontrolliert, vermögen die Individuen auch, sich von Erwartungen und Rollen zu distanzieren und von gesellschaftlichen Normen abzuweichen. Allerdings ist der Einzelne kein freischwebendes Individuum, sondern in ein Gefüge von Institutionen und Organisationen eingebunden, die ihre eigenen „Gesetzlichkeiten" haben. Und schließlich hat der Einzelne seinen Platz in dem vertikal und horizontal strukturierten Gefüge von unterschiedlichen Positionen bzw. erweist sich mehr oder weniger mobil in diesem Gefüge, das auch durch Macht, Herrschaft und Konflikt geprägt ist.

Das soziale Leben ist mehr oder weniger „kultiviert": die Individuen bilden kulturelle Vorlieben, die Gesellschaft Traditionen aus. Zwischen einer teils überlieferten, teils sich wandelnden Kultur und einer mehr oder weniger robusten Natur (die allerdings der Mensch zu verändern sich anschickt) breitet die Gesellschaft ihre „Netze" aus, in denen sich die Menschen aufgehoben oder verstrickt sehen. Doch es gehört auch zur sozialen Erfahrung von Veränderung, dass diese Netze allmählich durchhängen oder plötzlich reißen. Der soziale Wandel kann schleichend oder dramatisch sein, zerstörerisch oder kreativ, lähmend oder befreiend.

Die Soziologie war einmal angetreten, die Entwicklung der Gesellschaft zu beeinflussen, womöglich in eine bessere Richtung zu lenken, soziale Prozesse zu steuern. Auguste Comte, der als Namensgeber und Gründer der Soziologie angesehen wird (zu ihm mehr im zweiten Band des Kompendiums), schwor die Soziologie darauf ein, (Tatsachen-)Wissen von der Gesellschaft zu liefern. Dieses „positive" Wissen sollte aber nicht Selbstzweck sein, sondern die Grundlage für Voraussicht und Gestaltung der Gesellschaft. Der Traum, die Gesellschaft vernünftig zu organisieren, ihre Entwicklung rational zu planen, hat (nicht nur) die Soziologen immer wieder begeistert, ließ sie aber auch über manche Alpträume der tatsächlichen Gesellschaftsentwicklung hinwegsehen.

Der Wille, die Gesellschaft zu verändern, setzt allerdings auch eine Vorstellung davon voraus, auf welches Ziel hin oder in welche Richtung die Veränderung erfolgen sollte. Andernfalls verzettelt sich der Veränderungswille in orientierungslosem Aktionismus oder verirrt sich in selbstgefälliger Revolutionspose. Bei der Beantwortung der Frage, wie eine gerechte oder gute Gesellschaft, ein lebenswertes Sozialleben denn beschaffen sein sollten, gerät die Soziologie aber in Verlegenheit. An Stelle des Wunsches nach der Installierung einer guten oder gar perfekten Gesellschaft ist daher das bescheidenere Bemühen getreten, das soziale Leben überhaupt erst zu begreifen, gekoppelt vielleicht noch mit der ehrgeizigeren Absicht, Katastrophen abzuwenden oder wenigstens Schaden zu begrenzen.

Für das Begreifen des Sozialen sind die – in diesem Band dargestellen – Grundbegriffe das Werkzeug. Wie die Begriffe der Soziologie von den „klassischen" Gründern des Faches in theoretischen und praktischen Problemzusammenhängen und in historischen Konstellationen entwickelt wurden, wird der zweite Band des Kompendiums darstellen. Der dritte Band wird dann die weitere Begriffsgeschichte und Theorieentwicklung der Soziologie bis in die Gegenwart hinein verfolgen.

Literatur

Adler, Freda & William S. Laufer (Hg.) (2005) The Legacy of Anomie Theory. New Brunswick, NJ: Transaction Publishers.
Ahrne, Göran (1994) Social Organizations: Interaction Inside, Outside, and Between Organizations. London: Sage.
Ainsworth, Mary D.S., M.C. Blehar, E. Waters & S. Wall (1978) Patterns of Attachment: A Psychological Study of the Strange Situation. Hillsdale, NJ: Erlbaum.
Albala-Betrand, J.M. (1993) Political Economy of Large Natural Disasters. Oxford: Clarendon Press.
Aldrich, Howard E. (1979) Organizations and Environments. Englewood Cliffs, NJ: Prentice-Hall.
Aldrich, Howard E. (1999) Organizations Evolving. Thousand Oaks: CA: Sage.
Aldrich, Howard E. & Jeffrey Pfeffer (1976) „Environments of Organizations." Annual Review of Sociology 2: 79-105.
Allum, Percy (1995) State and Society in Western Europe. Cambridge: Polity Press.
Ariès, Philippe (1960) L'enfant et la vie familiale sous l'ancien régime. Paris: Plon. (Dt.: Geschichte der Kindheit. München: Hanser, 1977)
Asch, Solomon E. (1951) „Effects of Group Pressure upon the Modification and Distortion of Judgements." In: Harold Guetzkow (Hg.), Groups, Leadership and Men. Pittsburgh: The Carnegie Press.
Asch, Solomon E. (1952) Social Psychology. Englewood Cliffs, NJ: Prentice-Hall.
Ashmore, Richard D. (1990) „Sex, Gender, and the Individual." In: Lawrence A. Pervin (Hg.), Handbook of Personality. Theory and Research. New York: The Guilford Press: 486-526.
Bales, Robert F. (1953) „The Equilibrium Problem in Small Groups." In: Talcott Parsons, Robert F. Bales & Edward Shils (Hg.), Working Papers in the Theory of Action. New York: The Free Press: 111-161.
Bales, Robert F. & Philip E. Slater (1955) „Role Differentiation in Small Decision Making Groups." In: Talcott Parsons & Robert F. Bales (Hg.), Family Socialization and Interaction Processes. New York: The Free Press: 259-306.
Baum, Joel A.C. & Jitendra V. Singh (Hg.) (1994) Evolutionary Dynamics of Organizations. New York: Oxford Unversity Press.
Baumeister, Roy E. & Dianne M. Tice (2001) The Social Dimension of Sex. Boston: Allyn & Bacon.
Beck, Ulrich (1983) „Jenseits von Stand und Klasse?" In: Reinhard Kreckel (Hg.), Soziale Ungleichheiten. Soziale Welt, Sonderband 2. Göttingen: Schwartz: 35-74.
Beck, Ulrich (1986) Risikogesellschaft. Auf dem Weg in eine andere Moderne. Frankfurt a.M.: Suhrkamp.
Beck, Ulrich (2007) Was ist Globalisierung? Irrtümer des Globalismus – Antworten auf Globalisierung. Frankfurt a.M.: Suhrkamp. (Zuerst: 1997)
Becker, Howard S. (1963) Outsiders. New York: Free Press of Glencoe. (Dt.: Außenseiter. Zur Soziologie abweichenden Verhaltens. Frankfurt a.M.: Fischer, 1973)
Becker, Howard S. (1974) „Labelling Theory Reconsidered." In: Paul Rock & Mary S. MacIntosh (Hg.), Deviance and Social Control. London: Tavistock.
Bell, Daniel (1973) The Coming of Post-Industrial Society. New York: Basic Books. (Dt.: Die nachindustrielle Gesellschaft. Frankfurt a.M.: Campus, 1975)
Bell, Daniel (1976) The Cultural Contradictions of Capitalism. New York. Basic Books. (Dt.: Die Zukunft der westlichen Welt. Kultur und Technologie im Widerstreit. Frankfurt a.M.: Fischer, 1976)
Berger, Peter & Thomas Luckmann (1966) The Social Construction of Reality. Garden City, NY: Doubleday. (Dt.: Die gesellschaftliche Konstruktion der Wirklichkeit. Frankfurt a.M.: Fischer, 1969)
Berger, Peter A. (1986) Entstrukturierte Klassengesellschaft? Opladen: Westdeutscher Verlag.
Berger, Peter A. & Stefan Hradil (Hg.) (1990) Lebenslagen, Lebensläufe, Lebensstile. Soziale Welt, Sonderband 7. Göttingen: Schwartz & Co.
Blau, Peter M. (1955) The Dynamics of Bureaucracy. Chicago: University of Chicago Press.
Blau, Peter (1964) Exchange and Power in Social Life. New York: Wiley & Sons. [Darin: „Excursus on Love", 76-87. Dt.: „Exkurs über die Liebe." In: Walter L. Bühl (Hg.) (1974), Reduktionistische Soziologie. Die Soziologie als Naturwissenschaft? München: Nymphenburger Verlagshandlung: 110-124]

Blau, Peter M. (1974) On the Nature of Organizations. New York: Wiley & Sons.
Blau, Peter M. & Otis Dudley Duncan (1967) The American Occupational Structure. New York: Wiley.
Blau, Peter M. & Richard A. Schoenherr (1971) The Structure of Organizations. New York: Basic Books.
Blau, Peter M. & W. Richard Scott (1962) Formal Organizations. San Francisco: Chandler.
Blumer, Herbert (1973) „Der methodologische Standort des symbolischen Interaktionismus." In: Arbeitsgruppe Bielefelder Soziologen (Hg.), Alltagswissen, Interaktion und gesellschaftliche Wirklichkeit. Bd. 1: Symbolischer Interaktionismus und Ethnomethodologie. Reinbek: Rowohlt: 80-146.
Bös, Mathias (2005) Rasse und Ethnizität. Zur Problemgeschichte zweier Begriffe in der amerikanischen Soziologie. Wiesbaden: VS Verlag für Sozialwissenschaften.
Bolin, R. & L. Stanford (1991) „Shelter, Housing and Recovery: A Comparison of U.S. Disasters." Disasters 15(1): 24-34.
Bolte, Karl Martin & Stefan Hradil (1988) Soziale Ungleichheit in der Bundesrepublik Deutschland. 6. Aufl. Opladen: Leske + Budrich.
Bolte, Karl Martin, Dieter Kappe & Friedhelm Neidhardt (1975) Soziale Ungleichheit. 4. Aufl. Opladen: Leske + Budrich.
Boulding, Kenneth E. (1989) Three Faces of Power. Newbury Park, CA: Sage.
Bourdieu, Pierre (1979) La distinction. Critique social du jugement. Paris: Minuit (Dt.: Die feinen Unterschiede. Kritik der gesellschaftlichen Urteilskraft. Frankfurt a.M.: Suhrkamp, 1982)
Bowlby, John (1969) Attachment and Loss: Vol. 1: Attachment. New York: Basic Books. (Dt.: Bindung und Verlust, München: Reinhardt, 2006)
Bowlby, John (1973) Attachment and Loss: Vol. 2: Separation. Anxiety and Anger. New York: Basic Books. (Dt.: Trennung, Angst und Zorn. München: Reinhardt, 2006)
Bowlby, John (1980) Attachment and Loss: Vol. 3: Loss. New York: Basic Books. (Dt.: Verlust, Trauer und Zorn. München: Reinhardt, 2006)
Bühl, Walter L. (Hg.) (1972) Konflikt und Konfliktstrategie. München: Nymphenburger Verlagshandlung.
Bühl, Walter L. (1976) Theorien sozialer Konflikte. Darmstadt: Wissenschaftliche Buchgesellschaft.
Bühl, Walter Ludwig (1982) Struktur und Dynamik des menschlichen Sozialverhaltens. Tübingen: Mohr (Siebeck).
Bühl, Walter L. (1984a) „Die Dynamik sozialer Konflikte in katastrophentheoretischer Darstellung." Kölner Zeitschrift für Soziologie und Sozialpsychologie 36 (4): 641-666.
Bühl, Walter L. (1984b) „Gibt es eine soziale Evolution?" Zeitschrift für Politik 31 (3): 302-331.
Bühl, Walter L. (1987) „Zwischen Kalkül und Katastrophe: Systemtheoretische Überlegungen zur Dynamik des Krieges." Zeitschrift für Politik 34(3): 233-248 und 34 (4): 339-369.
Bühl, Walter L. (1988) Krisentheorien. Politik, Wirtschaft und Gesellschaft im Übergang. 2. Aufl. Darmstadt: Wissenschaftliche Buchgesellschaft.
Bühl, Walter L. (1990) Sozialer Wandel im Ungleichgewicht. Zyklen, Fluktuationen, Katastrophen. Stuttgart: Enke.
Bühl, Walter L. (1998) Verantwortung für Soziale Systeme. Grundzüge einer globalen Gesellschaftsethik. Stuttgart: Klett-Cotta.
Burzan, Nicole (2004) Soziale Ungleichheit. Eine Einführung in die zentralen Theorien. Wiesbaden: VS Verlag für Sozialwissenschaften.
Cancian, Francesca M. (1987) Love in America. Gender and Self-Development. Cambridge: Cambridge University Press.
Carroll, Glenn R. (1985) „Concentration and Specialization: Dynamics of Niche Width in Populations of Organizations." American Journal of Sociology 90(6): 1262-1283.
Castoriadis, Cornelius (1975) L'institution imaginaire de la société. Paris: Seuil. (Dt.: Gesellschaft als imaginäre Institution. Entwurf einer politischen Philosophie. Frankfurt a.M.: Suhrkamp, 1990; zuerst: 1984)
Chafetz, Janet S. (Hg.) (1999) Handbook of the Sociology of Gender. New York: Plenum Press.
Clausen, Lars (2003) „Reale Gefahren und katastrophensoziologische Theorie." In: Lars Clausen, Elke M. Geenen & Elísio Macamo (Hg.), Entsetzliche soziale Prozesse. Theorie und Empirie der Katastrophen. Münster: LIT Verlag: 51-76.
Clegg, Stewart R. (1989) Frameworks of Power. London: Sage.
Cloward, Richard A. (1959) „Illegitimate Means, Anomie, and Deviant Behavior." American Sociological Review 24(2): 164-176.
Cloward, Richard A. & Lloyd Ohlin (1960) Delinquency and Opportunity. New York: The Free Press.
Cohan, Alvin S. (1975) Theories of Revolution. London: Thomas Nelson & Sons.
Cohen, Albert K. (1955) Delinquent Boys. The Culture of the Gang. New York: The Free Press.

Cohen, Michael D., James G. March & Johan P. Olsen (1972) „A Garbage Can Model of Organizational Choice." Administrative Science Quarterly 17(1): 1-25.
Collins, Randall (1975) Conflict Sociology: Toward an Explanatory Science. New York: Academic Press.
Collins, Randall (1979) The Credential Society: An Historical Sociology of Education and Stratification. New York: Academic Press.
Collins, Randall (1988) Theoretical Sociology. San Diego: Hartcourt Brace Jovanovich.
Cooley, Charles Horton (1902) Human Nature and the Social Order. New York: Scribner's.
Cooley, Charles Horton (1909) Social Organization: A Study of the Larger Mind. New York: Scribner's.
Coser, Lewis A. (1956) The Functions of Social Conflict. Glencoe, IL, London: The Free Press of Glencoe.
Crook, Stephen, Jan Pakulski & Malcolm Waters (1992) Postmodernization. Change in Advanced Society. Newbury Park, CA: Sage.
Crutchfield, Robert, Michael Geerken & Walter R. Gove (1983) „Crime Rates and Social Integration." Criminology 20: 467-478.
Dahrendorf, Ralf (1957) Soziale Klassen und Klassenkonflikt in der industriellen Gesellschaft. Stuttgart. Enke.
Dahrendorf, Ralf (1965) Gesellschaft und Demokratie in Deutschland. München: Piper.
Dahrendorf, Ralf (1972) Konflikt und Freiheit. München: Piper.
Dahrendorf, Ralf (2006) Homo sociologicus. Ein Versuch zur Geschichte, Bedeutung und Kritik der Kategorie der sozialen Rolle. 16. Aufl. Wiesbaden: VS Verlag für Sozialwissenschaften. (Zuerst: Opladen: Westdeutscher Verlag, 1958)
Darwin, Charles (1859) The Descent of Man and Selection in Relation to Sex. London: John Murray. (Dt.: Die Abstammung des Menschen. In: Ders., Gesammelte Werke. Frankfurt a.M.: Zweitausendeins, 2006)
Davis, Nanette J. & Clarice Stasz (1990) Social Control of Deviance: A Critical Perspective. New York: McGraw-Hill.
Drabek, Thomas E. (1986) Human System Responses to Disaster. An Inventory of Sociological Findings. New York, Berlin, Heidelberg u.a.: Springer.
Durkheim, Emile (1893) De la division du travail social. Paris: Alcan. (Dt.: Über soziale Arbeitsteilung. Frankfurt a.M.: Suhrkamp, 1992)
Durkheim, Émile (1895) Les règles de la méthode sociologique. Paris: Alcan. (Dt.: Die Regeln der soziologischen Methode. Frankfurt a.M.: Suhrkamp, 1984)
Durkheim, Émile (1897) Le suicide. Paris: Alcan. (Dt.: Der Selbstmord. Frankfurt a.M.: Suhrkamp, 1983)
Elias, Norbert (1976) Über den Prozeß der Zivilisation. Soziogenetische und psychogenetische Untersuchungen. 2 Bde. Frankfurt a.M.: Suhrkamp. (Zuerst: 1937/ 1939)
Emerson, Richard (1962) „Power-Dependence Relations." American Sociological Review 27: 31-41.
Emerson, Richard (1976) „Social Exchange Theory." Annual Review of Sociology 2: 335-362.
Erikson, Robert & John H. Goldthorpe (1992) The Constant Flux. A Study of Class Mobility in Industrial Societies. Oxford: Clarendon Press.
Etzioni, Amitai (1965) „Dual Leadership in Complex Organizations." American Sociological Review 30(5): 688-698.
Featherman, David L., F.L. Jones & Robert M. Hauser (1975) „Assumptions of Social Mobility Research in the US: The Case of Occupational Status." Social Science Research 4: 329-360.
Feldman, Saul D. & Gerald W. Thielbar (1975) Life Styles: Diversity in American Society. Boston: Little, Brown & Co.
Ferguson, R. Brian (1990) „Explaining War." In: Jonathan Haas (Hg.), The Anthropology of War. New York: Cambridge University Press.
Fiske, Alan Page (1990) Structures of Social Life. The Four Elementary Forms of Human Relations. New York: Free Press.
Fiske, Alan Page (1991) „The Cultural Relativity of Selfish Individualism: Anthropological Evidence That Humans Are Inherently Sociable." In: Margaret S. Clark (Hg.), Prosocial Behavior. Newbury Park, CA: Sage: 176-214.
Foucault, Michel (1961) Histoire de la folie. Paris: Plon. (Dt.: Wahnsinn und Gesellschaft. Frankfurt a.M.: Suhrkamp, 1969)
Foucault, Michel (1963) La naissance de la clinique. Une archéologie du regard médical. Paris: Presses Universitaires de France. (Dt.: Die Geburt der Klinik. Eine Archäologie des ärztlichen Blicks. Frankfurt a.M.: Suhrkamp, 1976)
Foucault, Michel (1969) L'archéologie du savoir. Paris: Éditions Gallimard. (Dt.: Die Archäologie des Wissens. Frankfurt a.M.: Suhrkamp, 1973)

Foucault, Michel (1975) Surveiller et punir. La naissance de la prison. Paris: Éditions Gallimard. (Dt.: Überwachen und Strafen. Die Geburt des Gefängnisses. Frankfurt a.M.: Suhrkamp, 1976)
Foucault, Michel (1976) Histoire de la sexualité. 1: La volonté de savoir. Paris: Éditions Gallimard. (Dt.: Sexualität und Wahrheit. Bd. 1. Der Wille zum Wissen. Frankfurt a.M.: Suhrkamp, 1983)
Foucault, Michel (1984a) Histoire de la sexualité. 2: L'usage des plaisirs. Paris: Éditions Gallimard. (Dt.: Sexualität und Wahrheit. Bd. 2. Der Gebrauch der Lüste. Frankfurt a.M.: Suhrkamp, 1986)
Foucault, Michel (1984b) Histoire de la sexualité. 3: Le souci de soi. Paris: Éditions Gallimard. (Dt.: Sexualität und Wahrheit. Bd. 3. Die Sorge um sich. Frankfurt a.M.: Suhrkamp, 1986)
Frost, Peter J., Larry F. Moore, Meryl Reis Louis, Craig C. Lundberg & Joanne Martin (1985) Organizational Culture. Beverly Hills, CA: Sage.
Frost, Peter J., Larry F. Moore, Meryl Reis Louis, Craig C. Lundberg & Joanne Martin (1991) Reframing Organizational Culture. Newbury Park, CA: Sage.
Gehlen, Arnold (1950) Der Mensch. Seine Natur und seine Stellung in der Welt. Bonn. Athenäum.
Gehlen, Arnold (1956) Urmensch und Spätkultur. Philosophische Ergebnisse und Aussagen. Bonn: Athenäum.
Geiger, Theodor (1932) Die soziale Schichtung des deutschen Volkes. Stuttgart: Enke. (Nachdruck: Darmstadt: Wissenschaftliche Buchgesellschaft, 1972)
Geiger, Theodor (1949) Die Klassengesellschaft im Schmelztiegel. Köln, Hagen: Kiepenheuer.
Geißler, Rainer (1987) „Zur Problematik des Begriffs der sozialen Schicht." In: Ders. (Hg.), Soziale Schichtung und Lebenschancen in der Bundesrepublik Deutschland. Stuttgart: Enke: 5-24.
Geißler, Rainer (1998) „Das mehrfache Ende der Klassengesellschaft. Diagnosen sozialstrukturellen Wandels." In: Jürgen Friedrichs, M. Rainer Lepsius & Karl Ulrich Mayer (Hg.), Die Diagnosefähigkeit der Soziologie. Kölner Zeitschrift für Soziologie und Sozialpsychologie, Sonderheft 38. Opladen: Westdeutscher Verlag: 207-233.
Geißler, Rainer (2006) Die Sozialstruktur Deutschlands. Zur gesellschaftlichen Entwicklung mit einer Bilanz zur Vereinigung. 4. überarbeitete und aktualisierte Auflage. Wiesbaden: VS Verlag für Sozialwissenschaften.
Giddens, Anthony (1989) Sociology. Cambridge: Polity Press. (5. revidierte Aufl.: 2000. Dt.: Soziologie. 2. Aufl. Graz: Nausner & Nausner, 1999)
Giddens, Anthony (1991) Modernity and Self-Identiy. Self and Society in the Late Modern Age. Cambridge: Polity Press.
Giddens, Anthony (1992) Transformation of Intimacy. Cambridge: Polity Press. (Dt.: Wandel der Intimität. Sexualität, Liebe und Erotik in modernen Gesellschaften. Frankfurt a.M.: Fischer, 1993)
Goffman, Erving (1959) The Presentation of Self in Everyday Life. Garden City, NY: Doubleday. (Dt.: Wir alle spielen Theater. Die Selbstdarstellung im Alltag. München: Piper, 1969)
Goffman, Erving (1961a) Encounters. Two Studies in the Sociology of Interaction. Indianapolis, IN: Bobbs-Merrill. (Dt.: Interaktion: Spaß am Spiel. Rollendistanz, München: Piper, 1973)
Goffman, Erving (1961b) Asylums. Essays on the Social Situation of Mental Patients and Other Inmates. Garden City, NY: Doubleday. (Dt.: Asyle. Frankfurt a.M.: Suhrkamp, 1972)
Goffman, Erving (1962) Stigma. Notes in the Management of Spoiled Identity. Englewood Cliffs, NJ: Prentice-Hall. (Dt.: Stigma. Über Techniken der Bewältigung beschädigter Identität. Frankfurt a.M.: Suhrkamp, 1967)
Goffman, Erving (1963) Behavior in Public Places. Glencoe, IL: The Free Press of Glencoe.
Goffman, Erving (1971) Relations in Public. Microstudies of the Public Order. New York: Basic Books. (Dt.: Das Individuum im öffentlichen Austausch. Mikrostudien zur öffentlichen Ordnung. Frankfurt a.M.: Suhrkamp, 1982).
Goffman, Erving (1973) „Rollendistanz". In: Ders., Interaktion: Spaß am Spiel. Rollendistanz. München: Piper: 93-171. (Orig.: Encounters. Indianapolis: Bobbs-Merrill, 1961a)
Goldstein, Joshua S. (1988) Long Cycles. Prosperity and War in the Modern Age. New Haven, CT & London: Yale University Press.
Goldstone, Jack (1991) Revolution and Rebellion in the Early Modern World. Berkeley, CA: University of California Press.
Goode, William J. (1960) „A Theory of Role Strain." American Sociological Review, 25: 483-496.
Gottfredson, Michael R. & Travis Hirschi (1990) A General Theory of Crime. Stanford, CA: Stanford University Press.
Gouldner, Alvin W. (1954) Patterns of Industrial Bureaucracy. New York: The Free Press.
Greenfeld, Liah (1992) Nationalism. Five Roads to Modernity. Cambridge, MA: Harvard University Press.
Griswold, Wendy (1994) Cultures and Societies in a Changing World. Thousand Oaks, CA: Pine Forge Press.

Gukenbiehl, Hermann L. (1980) „Bezugsgruppen". In: Bernhard Schäfers (Hg.), Einführung in die Gruppensoziologie. Heidelberg: Quelle & Meyer: 83-103.
Gumbrecht, Hans Ulrich & K. Ludwig Pfeiffer (Hg.) (1986) Stil. Geschichten und Funktionen eines kulturwissenschaftlichen Diskurselements. Frankfurt a.M.: Suhrkamp.
Haas, Ernst B. (1986): „What is Nationalism and Why Should We Study It?" International Organization 40: 707-744.
Habermas, Jürgen (1973) Legitimationsprobleme im Spätkapitalismus. Frankfurt a. M.: Suhrkamp.
Habermas, Jürgen (1981) Theorie des kommunikativen Handelns. 2 Bde. Frankfurt a.M.: Suhrkamp.
Han, Petrus (2000) Soziologie der Migration. Stuttgart: Lucius & Lucius (UTB).
Hannan, Michael T. & Glenn R. Carroll (1992) Dynamics of Organizational Populations: Density, Legitimation, and Competition. New York: Oxford University Press.
Hannan, Michael T. & John H. Freeman (1977) „The Population Ecology of Organizations." American Journal of Sociology 82: 929-964.
Hannan, Michael T. & John H. Freeman (1989) Organizational Ecology. Cambridge, MA: Harvard University Press.
Harris, Marvin (1979) Cultural Materialism: The Struggle for a Science of Culture. New York: Random House.
Harris, Marvin (1997) Culture, People, Nature: An Introduction to General Anthropology. 7. Aufl. New York: Longman.
Havighurst, Robert J. & Kenneth Feigenbaum (1959) „Leisure and Life Style." American Journal of Sociology 64: 396-405.
Hendrick, Susan S. & Clyde Hendrick (1992) Romantic Love. Newbury Park, CA: Sage.
Hirschi, Travis (1969) Causes of Delinquency. Berkeley, CA: University of California Press.
Homans, George Caspar (1950) The Human Group. New York: Harcourt, Brace & World. (Dt.: Theorie der sozialen Gruppe. Opladen. Westdeutscher Verlag, 1960)
Homans, George Caspar (1961) Social Behavior. Its Elementary Forms. New York: Harcourt, Brace & World. (Dt.: Elementarformen sozialen Verhaltens. Köln: Westdeutscher Verlag)
Hradil, Stefan (1987) Sozialstrukturanalyse in einer fortgeschrittenen Gesellschaft: von Klassen und Schichten zu Lagen und Milieus. Opladen: Leske + Budrich.
Hradil, Stefan (1992) „Alte Begriffe und neue Strukturen. Die Milieu-, Subkultur- und Lebensstilforschung der 80er Jahre." In: Ders. (Hg.), Zwischen Bewusstsein und Sein. Opladen: Leske + Budrich: 15-55.
Hradil, Stefan (1995) Die „Single-Gesellschaft". München: Beck.
Hradil, Stefan (2001) Soziale Ungleichheit in Deutschland. 8. Aufl. Opladen: Leske + Budrich.
Hradil, Stefan & Holger Schmidt (2007) „Angst und Chancen. Zur Lage der gesellschaftlichen Mitte aus soziologischer Sicht." In: Herbert Quandt Stiftung (Hg.), Zwischen Erosion und Erneuerung. Die gesellschaftliche Mitte in Deutschland. Ein Lagebericht. Frankfurt a.M.: Societäts-Verlag: 163-226.
Hrdy, Sarah Blaffer (1981) The Woman that Never Evolved. Cambridge, MA: Harvard University Press.
Huntington, Samuel P. (1996) Clash of Civilizations. New York: Simon & Schuster. (Dt.: Kampf der Kulturen. München, Wien: Europaverlag, 1996)
Hyman, Herbert H. (1942) „The Psychology of Status." Archives of Psychology 38.
Inkeles, Alex & David H. Smith (1974) Becoming Modern: Individual Change in Six Developing Countries. Cambridge, MA: Harvard University Press.
Jackson, Elton F. 1962. „Status Inconsistency and Symptoms of Stress." American Sociological Review 27: 469-480.
Jansen, Dorothea (2003) Einführung in die Netzwerkanalyse. Grundlagen, Methoden, Forschungsbeispiele. 2. erw. Aufl. Opladen: Leske + Budrich (UTB).
Kimberly, John R. & Robert H. Miles (Hg.) (1980) The Organizational Life Cycle. San Francisco: Jossey-Bass.
Kneer, Georg, Armin Nassehi & Markus Schroer (Hg.) (1997) Soziologische Gesellschaftsbegriffe. Konzepte moderner Zeitdiagnosen. München: Fink (UTB).
Knottnerus, J. David & Christopher Prendergast (Hg.) (1994) Current Perspectives in Social Theory. Supplement 1: Recent Developments in the Theory of Social Structure. Greenwich, CT: Jai Press.
Kolko, Gabriel (1994) Century of War. New York: The New Press. (Dt.: Das Jahrhundert der Kriege. Frankfurt a.M.: S. Fischer, 1999)
Kondratieff, Nikolai D. (1926) „Die langen Wellen der Konjunktur." Archiv für Sozialwissenschaft und Sozialpolitik 56: 573-609.
Konietzka, Dirk (1995) Lebensstile im sozialstrukturellen Kontext. Opladen: Westdeutscher Verlag.
Kriesberg, Louis (1982) The Sociology of Social Conflict. Englewood-Cliffs, NJ: Prentice-Hall.

Kroeber, Alfred Louis (1952) The Nature of Culture. Chicago: The University of Chicago Press.
Kroeber, Alfred Louis & Clyde K.M. Kluckhohn (1952) „Culture: A Critical Review of Concepts and Definitions." In: Papers of the Peabody Museum of American Archaeology and Ethnology. Harvard University, Bd. 47, Nr. 12. Cambridge, MA: Peabody Museum.
Lamnek, Siegfried (1997) Neue Theorien abweichenden Verhaltens. 2. Aufl. München: Fink (UTB).
Lamnek, Siegfried (2007) Theorien abweichenden Verhaltens I. „Klassische" Ansätze. 8. Aufl. München: Fink (UTB).
Lawrence, Paul R. & Jay W. Lorsch (1967) Organization and Environment. Cambridge, MA: Harvard University Press.
Lemert, Charles (2006) Durkheim's Ghosts. Cultural Logic and Social Things. Cambridge: Cambridge University Press.
Lemert, Edwin (1972) Human Deviance, Social Problems and Social Control. 2. Aufl. Englewood Cliffs, NJ: Prentice-Hall.
Lenski, Gerhard (1954) „Status Crystallization: A Nonvertical Dimension of Social Status." American Sociological Review 19: 405-413.
Lenski, Gerhard (1956) „Social Participation and Status Crystallization." American Sociological Review 21: 458-464.
Lenski, Gerhard (1966) Power and Privilege. New York: McGraw-Hill.
Lenski, Gerhard (1975) „Social Structure in Evolutionary Perspective." In: Peter M. Blau (Hg.), Approaches to the Study of Social Structure. New York: MacMillan: 133-153.
Linton, Ralph (1938) The Study of Man: An Introduction. New York: D. Appleton-Century.
Lipset, Seymour Martin & Reinhard Bendix (1959) Social Mobility in Industrial Society. Berkeley, CA: University of California Press.
Lofland, John (1981) „Collective Behavior. The Elementary Forms." In: Morris Rosenberg & Ralph H. Turner (Hg.), Social Psychology. Sociological Perspectives. New York: Basic Books: 411-446.
Lopata, Helena Z. (1994) Circles and Settings: Role Changes of American Women. Albany, NY: State University of New York Press.
Lopata, Helena Z. (1999) „Gender and Social Roles." In: Janet S. Chafetz (Hg.), Handbook of the Sociology of Gender. New York: Plenum Press: 229-246.
Lorber, Judith (1994) Paradoxes of Gender. New Haven, CT: Yale University Press. (Dt.: Gender-Paradoxien. Opladen: Leske + Budrich, 1999)
Lorber, Judith & Susan A. Farrel (Hg.) (1991) The Social Construction of Gender. Newbury Park, CA: Sage.
Luhmann, Niklas (1971) „Sinn". In: Jürgen Habermas & Niklas Luhmann, Theorie der Gesellschaft oder Sozialtechnologie. Frankfurt a.M.: Suhrkamp: 25-100.
Luhmann, Niklas (1984) Soziale Systeme. Frankfurt a.M.: Suhrkamp.
Luhmann, Niklas (1999) Die Gesellschaft der Gesellschaft. 2. Aufl. Frankfurt a.M.: Suhrkamp. (Zuerst: 1997)
Mann, Michael (1986) The Sources of Social Power. Vol. 1: A History of Power from the Beginning to A.D. 1760. Cambridge: Cambridge University Press. (Dt.: Geschichte der Macht. Bd. 1 und 2. Frankfurt a.M.: Campus, 1990/1991)
Mann, Michael (1993) The Sources of Social Power. Vol. 2: The Rise of Classes and Nation-States, 1760-1914. Cambridge: Cambridge University Press. (Dt.: Geschichte der Macht. Bd. 3/1 und 3/2: Die Entstehung von Klassen und Nationalstaaten. Frankfurt a.M.: Campus, 1998/2001)
Martin, Joanne (1992) Cultures in Organizations: Three Perspectives. New York: Oxford University Press.
Mauss, Marcel (1923/24) „Essai sur le don". Année Sociologique. 2. Serie, Bd. 1. (Dt.: Die Gabe. Form und Funktion des Austausches in archaischen Gesellschaften. 3. Aufl. Frankfurt a.M.: Suhrkamp, 1984; zuerst: 1968)
Mayo, Elton (1933) The Human Problems of Industrial Civilization. New York: The MacMillan Company.
McAdam, Doug, Sidney Tarrow & Charles Tilly (2001) Dynamics of Contention. Cambridge: Cambridge University Press.
McClintock, Martha (1971) „Menstrual Synchrony and Suppression." Nature 229: 244-245.
McPhail, Clark (1986) „Collective Behavior as Collective Locomotion." American Sociological Review 51: 447-463.
McPhail, Clark (1991) The Myth of the Madding Crowd. New York: Aldine de Gruyter.
McPhail, Clark & Ronald Wohlstein (1983) „Individual and Collective Behavior Within Gatherings, Demonstrations, and Riots." Annual Review of Sociology 9: 579-600.
Mead, George Herbert (1934) Mind, Self, and Society. Chicago: University of Chicago Press. (Dt.: Geist, Identität und Gesellschaft. 2. Aufl. Frankfurt a.M.: Suhrkamp, 1975; zuerst: 1968)

Merton, Robert King (1938) „Social Structure and Anomie." American Sociological Review 3: 672-682.
Merton, Robert King (1949) Social Theory and Social Structure. New York: Free Press. (Revidierte Fassungen: 1957, 1968. Dt.: Soziologische Theorie und soziale Struktur. Berlin: de Gruyter, 1995)
Merton, Robert K. (1957) „The Role Set." British Journal of Sociology 8: 106-120.
Mills, C. Wright (1959) The Sociological Imagination. Oxford: University Press. (1961: Evergreen Edition) (Dt.: Kritik der soziologischen Denkweise. Neuwied: Luchterhand, 1963)
Moore, Jerry D. (1997) Visions of Culture. An Introduction to Anthropological Theories and Theorists. Walnut Creek, CA: Alta Mira Press.
Moreno, Jacob L. (1934) Who Shall Survive? Washington, DC: Nervous and Mental Diseases Publishing Co. (Revidierte Fassung: New York: Beacon House)
Moreno, Jacob L. (1954) Die Grundlagen der Soziometrie. Opladen: Westdeutscher Verlag.
Müller, Hans-Peter (1989) „Lebensstile. Ein neues Paradigma der Differenzierungs- und Ungleichheitsforschung?" Kölner Zeitschrift für Soziologie und Sozialpsychologie 12: 53-71.
Müller, Hans-Peter (1992) Sozialstruktur und Lebensstile. Der neuere theoretische Diskurs über soziale Ungleichheit. Frankfurt a.M.: Suhrkamp.
Münch, Richard (1991) Dialektik der Kommunikationsgesellschaft. Frankfurt a.M.: Suhrkamp.
Oberschall, Anthony (1973) Social Conflicts and Social Movements. Englewood Cliffs, NJ: Prentice-Hall.
Oberschall, Anthony (1993) Social Movements. Ideologies, Interests, and Identities. New Brunswick, NJ: Transaction Publishers.
Ogburn, William F. (1922) Social Change. New York: Viking Press.
Olsen, Marvin E. (1991) Societal Dynamics. Exploring Macrosociology. Englewood Cliffs: NJ: Prentice-Hall.
Olsen, Marvin E. & Martin N. Marger (Hg.) (1993) Power in Modern Societies. Boulder, CO: Westview Press.
Otte, Gunnar (2004) Sozialstrukturanalysen mit Lebensstilen. Eine Studie zur theoretischen und methodischen Neuorientierung der Lebensstilforschung. Wiesbaden: VS Verlag für Sozialwissenschaften.
Parsons, Talcott (1967) Sociological Theory and Modern Society. New York: Free Press.
Parsons, Talcott & Edward A. Shils (1951) Toward a General Theory of Action. Cambridge, MA: Harvard University Press.
Perrow, Charles (1991) „A Society of Organizations." Theory and Society 20(6): 725-762.
Powell, Walter W. & Paul J. DiMaggio (Hg.) (1991) The New Institutionalism in Organizational Analysis. Chicago: University of Chicago Press.
Preisendörfer, Peter (2005) Organisationssoziologie. Grundlagen, Theorien und Problemstellungen. Wiesbaden: VS Verlag für Sozialwissenschaften.
Psathas, George (1995) Conversational Analysis. The Study of Talk-in-Interaction. Thousand Oaks, CA: Sage.
Rawls, John (1971) A Theory of Justice. Cambridge: Harvard University Press. (Dt.: Eine Theorie der Gerechtigkeit. Frankfurt a.M.: Suhrkamp, 1975)
Rex, John (1979) Race Relations in Sociological Theory. London: Weidenfeld & Nicolson.
Rex, John (1986) Race and Ethnicity. Milton Keynes: Open University Press.
Richter, Dirk (1997) „Weltgesellschaft". In: Georg Kneer, Armin Nassehi & Markus Schroer (Hg.), Soziologische Gesellschaftsbegriffe. Konzepte moderner Zeitdiagnosen. München: Fink (UTB): 184-204.
Robertson, Roland (1992) Globalization. Social Theory and Global Culture. London: Sage.
Roethlisberger, Fritz J. & William J. Dickson (1939) Management and the Worker. Cambridge, MA: Harvard University Press.
Rogers, Everett M. (1983) Diffusion of Innovations. 3. Aufl. New York: The Free Press. (Zuerst: 1962)
Ross, Edward A. (1922) Social Control. New York: MacMillan.
Roth, Gerhard (2003) Fühlen, Denken, Handeln. Wie das Gehirn unser Verhalten steuert. Frankfurt a.M.: Suhrkamp.
Ruse, Michael (2006) Darwinism and Its Discontents. Cambridge, New York: Cambridge University Press.
Sanderson, Stephen K. (1990) Social Evolutionism. A Critical History. Oxford: Blackwell.
Sanderson, Stephen K. (1995) Social Transformations. A General Theory of Historical Development. Oxford, Cambridge, MA: Blackwell.
Sanderson, Stephen K. (2001) The Evolution of Human Sociality. A Darwinian Conflict Perspective. Lanham, MD, Oxford: Rowman & Littlefield Publishers.
Sanderson, Stephen K. (2005) Revolutions. A Worldwide Introduction to Political and Social Change. Boulder, CO: Paradigm Publishers.
Saunders, P. (1990) Social Class and Stratification. London: Routledge.

Schäfers, Bernhard (1980) „Primärgruppen". In: Ders. (Hg.), Einführung in die Gruppensoziologie. Heidelberg: Quelle & Meyer: 68-82.
Schank, Roger & Robert P. Abelson (1977) Scripts, Plans, Goals and Understanding. Hillsdale, NJ: Erlbaum.
Schelsky, Helmut (1979) Auf der Suche nach Wirklichkeit. Gesammelte Aufsätze. München: Goldmann.
Schulze, Gerhard (1992) Die Erlebnisgesellschaft: Kultursoziologie der Gegenwart. Frankfurt a.M.: Campus.
Schulze, Hagen (1999) Staat und Nation in der europäischen Geschichte. München: Beck.
Scott, W. Richard (1995) Institutions and Organizations. Thousand Oaks, CA: Sage.
Seidman, Steven (1994) Contested Knowledge. Social Theory in the Postmodern Era. Cambridge, MA: Blackwell.
Shaver, Phillip, Cindy Hazan & Donna Bradshaw (1988) „Love as Attachment. The Integration of Three Behavioral Systems." In: Robert J. Sternberg & Michael L. Barnes (Hg.), The Psychology of Love. New Haven, CT, London: Yale University Press: 68-99.
Shibutani, Tamotsu (1955) „Reference Group as Perspectives." American Journal of Sociology 60: 562-569.
Shotter, John (1993) Conversational Realities. Constructing Life Through Language. London: Sage.
Simmel, Georg (1992) Soziologie. Untersuchungen über die Formen der Vergesellschaftung. (Gesamtausgabe Bd. 11, hg. von Otthein Rammstedt). Frankfurt a.M.: Suhrkamp. (Zuerst: Leipzig: Duncker & Humblot, 1908)
Simmel, Georg (1993) „Das Problem des Stiles". In: Ders., Aufsätze und Abhandlungen 1901-1908, Bd. II. (Gesamtausgabe Bd. 8, hg. von Otthein Rammstedt). Frankfurt a.M.: Suhrkamp: 374-384. (Zuerst: 1908)
Simmel, Georg (2001) „Soziologie der Geselligkeit." In: Ders., Aufsätze und Abhandlungen 1909-1918, Bd. I. (Gesamtausgabe Bd. 12, hg. von Otthein Rammstedt). Frankfurt a.M.: Suhrkamp: 177-193. (Zuerst: 1911)
Simon, Herbert (1957) Models of Men, Social and Rational. New York: Wiley.
Skocpol, Theda (1979) States and Social Revolutions. Cambridge: Cambridge University Press.
Spellerberg, Annette (1996) Soziale Differenzierung durch Lebensstile. Eine empirische Untersuchung zur Lebensqualität in West- und Ostdeutschland. Berlin: edition sigma.
Stark, Rodney (1989) Sociology. 3. Aufl. Belmont, CA: Wadsworth.
Stark, Rodney, Dabiel P. Doyle & Lori Kent (1980) „Rediscovering Moral Communities: Church Membership and Crime." In: Travis Hirschi & Michael Godfredson (Hg.), Understanding Crime: Current Theory and Research. Beverly Hills: Sage.
Stein, Lorenz von (1850) Geschichte der sozialen Bewegungen in Frankreich von 1789 bis auf unsere Tage. 3 Bde. Leipzig: Wigand. (München: Drei-Masken-Verlag, 1921)
Sumner, Colin (1994) The Sociology of Deviance. An Obituary. New York: Continuum.
Sumner, William G. (1906) Folkways: A Study of the Sociological Importance of Usages, Manners, Customs, Mores, and Morals. Boston: Ginn.
Sutherland, Edwin H. (1924) Principles of Criminology. Philadelphia: J.B. Lippincott Company. (Neuauflage: 1939)
Sztompka, Piotr (1993) The Sociology of Social Change. Oxford: Blackwell.
Tainter, Joseph A. (1988) The Collapse of Complex Societies. New York: Cambridge University Press.
Thomas, William Isaac (1923) The Unadjusted Girl. New York: Harper & Row.
Thomas, William Isaac (1972) „The Defintion of the Situation." In: Jerome G. Manis & Bernard N. Meltzer (Hg.), Symbolic Interaction. A Reader in Social Psychology. Boston: Allyn & Bacon: 331-336.
Tilly, Charles (1978) From Mobilization to Revolution. Reading, MA: Addison-Wesley.
Tilly, Charles (1993) Die europäischen Revolutionen. München: Beck. (European Revolutions, 1492-1992. Oxford: Blackwell, 1993)
Tilly, Charles (2004) Social Movements, 1768-2004. Boulder, CO: Paradigm Publishers.
Tilly, Charles (2005) Identities, Boundaries, and Social Ties. Boulder, CO: Paradigm Publishers.
Tilly, Charles (2006) Regimes and Repertoires. Chicago: The University of Chicago Press.
Tönnies, Ferdinand (1887) Gemeinschaft und Gesellschaft. Berlin. (Nachdruck: Darmstadt: Wissenschaftliche Buchgesellschaft, 1973)
Turner, Jonathan H. (1991) The Structure of Sociological Theory. 5. Aufl. Belmont, CA: Wadsworth Publishing.
Turner, Jonathan H. (1995) Marcodynamics. Toward a Theory on the Organization of Human Populations. New Brunswick, NJ: Rutgers University Press.
Turner, Ralph T. (1962) „Role Taking: Process versus Conformity." In: Arnold Rose (Hg.), Human Behavior and Social Processes. Boston: Houghton-Mifflin: 20-40.

Turner, Ralph T. (1990) „Role Change." Annual Review of Sociology 16: 87-110.
Turner, Ralph T. (2001) „Role Theory." In: Jonathan H. Turner (Hg.), Handbook of Sociological Theory. New York: Kluwer Academic/ Plenum Publishers: 233-254.
Tyler, Edward B. (1871) Primitive Culture. 2 vols. London: John Murray. (Dt.: Die Anfänge der Kultur. Untersuchungen über die Entwicklung der Mythologie, Philosophie, Religion, Kunst und Sitte. 2 Bde. Leipzig: C.F. Winter'sche Verlagshandlung, 1873)
Veblen, Thorstein (1899) The Theory of the Leisure Class. New York: The American Library. (Dt.: Theorie der feinen Leute. Köln: Kiepenheuer & Witsch, 1959)
Vester, Heinz-Günter (1988) Zeitalter der Freizeit. Eine soziologische Bestandsaufnahme. Darmstadt: Wissenschaftliche Buchgesellschaft.
Vester, Heinz-Günter (1991) Emotion, Gesellschaft und Kultur. Grundzüge einer soziologischen Theorie der Emotionen. Opladen: Westdeutscher Verlag.
Vester, Heinz-Günter (1993) Soziologie der Postmoderne: München: Quintessenz.
Vester, Heinz-Günter (1996) Kollektive Identitäten und Mentalitäten. Von der Völkerpsychologie zur kulturvergleichenden Soziologie und interkulturellen Kommunikation. Frankfurt a.M.: IKO-Verlag für Interkulturelle Kommunikation.
Vester, Heinz-Günter (1997) „Katastrophen". In: Dieter Nohlen, Peter Waldmann & Klaus Ziemer (Hg.), Lexikon der Politik. Bd. 4. Die östlichen und südlichen Länder. München: Beck: 270-276.
Vester, Michael, Peter von Oertzen, Heiko Geiling, Thomas Hermann & Dagmar Müller (2001) Soziale Milieus im gesellschaftlichen Strukturwandel. Zwischen Integration und Ausgrenzung. Frankfurt a.M.: Suhrkamp.
Villa, Paula-Irene (2006) Sexy Bodies. Eine soziologische Reise durch den Geschlechtskörper. 3. überarb. Aufl. Wiesbaden: VS Verlag für Sozialwissenschaften.
Weber, Max (2005) Wirtschaft und Gesellschaft. Grundriss der Verstehenden Soziologie. Frankfurt a.M.: Zweitausendeins. (Zuerst: Tübingen: Mohr [Siebeck], 1922)
Weimann, Gabriel (1989) „Social Networks and Communication." In: Molefi Kete Asante & William B. Gudykunst (Hg.), Handbook of International and Intercultural Communication. Newbury Park, CA: Sage: 186-203.
Wiese, Leopold von (1933) System der Allgemeinen Soziologie. München und Leipzig: Duncker & Humbloldt.
Williams, Simon J. & Gillian Bendelow (1998) The Lived Body. Sociological Themes, Embodied Issues. London: Routledge.
Wilson, Edward O. (1996) In Search of Nature. Washington, DC: Island Press. (Dt.: Darwins Würfel. München: Econ Ullstein List Verlag, 2000)
Wilson, Edward O. (1998) Consilience. The Unity of Knowledge. New York: Knopf. (Dt.: Die Einheit des Wissens. Berlin: Siedler, 1998)
Woodcock, Alexander & Monte Davis (1978) Catastrophe Theory. New York: Dutton.
Wright, Erik Olin (1997) Class Counts. Comparative Studies in Class Analysis. Cambridge. Cambridge University Press.
Yinger, J. Milton (1982) Countercultures. The Promise and the Peril of a World Turned Upside Down. New York: Free Press.
Zablocki, Benjamin & Rosabeth M. Kanter (1976) „The Differentiation of Life-Styles." Annual Review of Sociology 2: 269-298.
Zucker, Lynne G. (1987) „Institutional Theories of Organizations." Annual Review of Sociology 13: 443-464.
Zucker, Lynne G. (Hg.) (1988) Institutional Patterns and Organizations. Cambridge, MA: Ballinger.
Zurcher, Louis A. & David A. Snow (1981) „Collective Behavior. Social Movements." In: Morris Rosenberg & Ralph H. Turner (Hg.), Social Psychology. Sociological Perspectives. New York: Basic Books: 447-482.

Personenregister

Abelson, Robert P. 52
Adler, Freda 97
Ahrne, Göran 116
Ainsworth, Mary D.S. 74, 76
Albala-Betrand, J.M. 165
Aldrich, Howard E. 115f.
Allum, Percy 121, 124, 131
Ariès, Philippe 70
Asch, Solomon E. 93, 99
Ashmore, Richard D. 68
Bales, Robert F. 82
Balzac, Honoré de 18
Baum, Joel A.C. 115
Baumeister, Roy E. 67
Beck, Ulrich 42, 71, 129
Becker, Howard S. 99
Bell, Daniel 153
Bendelow, Gillian 66
Bendix, Reinhard 135
Berger, Peter 107
Berger, Peter A. 129f.
Blau, Peter M. 75f., 111, 135
Blumer, Herbert 48
Bolin, R. 165
Bolte, Karl Martin 128
Bös, Mathias 121
Boulding, Kenneth E. 139
Bourdieu, Pierre 41, 125, 129
Bowlby, John 74, 76
Bradshaw, Donna 74
Bühl, Walter Ludwig 46, 55, 146, 153, 157-159, 161, 166, 169f., 172
Burzan, Nicole 131
Cancian, Francesca M. 66
Carroll, Glenn R. 115f.
Castoriadis, Cornelius 107
Chafetz, Janet S. 68
Clausen, Lars 164
Clegg, Stewart R. 145

Cloward, Richard A. 95
Cohan, Alvin S. 161
Cohen, Albert K. 94
Cohen, Michael D. 112
Collins, Randall 132, 134, 146, 148f.
Comte, Auguste 19, 21, 175f.
Cooley, Charles Horton 60, 68, 84f.
Coser, Lewis A. 148
Crook, Stephen 153
Crutchfield, Robert 97
Dahrendorf, Ralf 53, 128f., 146, 149
Darwin, Charles 27, 170
Davis, Monte 161
Davis, Nanette J. 92
Descartes, René 26
Dickson, William J. 113
DiMaggio, Paul J. 109
Dostojewski, Fjodor 18
Doyle, Daniel P. 97
Drabek, Thomas E. 161, 165
Duncan, Otis Dudley 135
Durkheim, Emile 28, 30, 36f., 41, 76, 95-97, 100, 156
Elias, Norbert 41, 93, 143
Emerson, Richard 75
Erikson, Robert 135f.
Etzioni, Amitai 82
Farrel, Susan A. 68
Faulkner, William 18
Featherman, David L. 136
Feigenbaum, Kenneth 130
Feldman, Saul D. 130
Ferguson, R. Brian 166
Fiske, Alan Page 77-79
Flaubert, Gustave 18
Foucault, Michel 143f.
Freeman, John H. 115f.
Frost, Peter J. 114
Geerken, Michael 97
Gehlen, Arnold 106
Geiger, Theodor 125f., 129f.
Geißler, Rainer 120, 123, 126, 128-131, 134, 136
Giddens, Anthony 79f., 91
Goffman, Erving 49f., 55, 57, 62-64, 92, 98f., 109

Goldstein, Joshua S. 168
Goldstone, Jack 163f.
Goldthorpe, John H. 135f.
Goode, William J. 57
Gottfredson, Michael R. 95
Gouldner, Alvin W. 111
Gove, Walter R. 97
Grass, Günter 18
Greenfeld, Liah 142
Griswold, Wendy 38
Gukenbiehl, Hermann L. 85
Gumbrecht, Hans Ulrich 130
Haas, Ernst B. 142
Habermas, Jürgen 49, 153
Han, Petrus 136
Hannan, Michael T. 115f.
Harris, Marvin 170
Hauser, Robert M. 136
Havighurst, Roert J. 130
Hazan, Cindy 74
Hendrick, Clyde 66
Hendrick, Susan S. 66
Hirschi, Travis 95
Hobbes, Thomas 29
Homans, George Caspar 45, 75
Hradil, Stefan 128-130, 155
Hrdy, Sarah Blaffer 30
Huntington, Samuel P. 41
Hyman, Herbert H. 85
Ibn Khaldoun 19
Inkeles, Alex 152
Jackson, Elton F. 126
Jansen, Dorothea 88f.
Jones, F.L. 136
Kanter, Rosabeth M. 130
Kappe, Dieter 128
Kent, Lori 97
Kimberly, John R. 116
Kluckhohn, Clyde K.M. 38
Kneer, Georg 31
Knottnerus, J. David 119
Kolko, Gabriel 166
Kondratieff, Nikolai D. 168

Konfuzius 19
Konietzka, Dirk 130
Kriesberg, Louis 148
Kroeber, Alfred Louis 38
Lamnek, Siegfried 94
Laufer, William S. 97
Lawrence, Paul R. 115
Lemert, Charles 38
Lemert, Edwin 98
Lenski, Gerhard 127, 172
Linton, Ralph 52
Lipset, Seymour Martin 135
Lofland, John 160
Lopata, Helena Z. 58
Lorber, Judith 68
Lorsch, Jay W. 115
Luckmann, Thomas 107
Luhmann, Niklas 33f., 49f., 157
Malthus, Peter Thomas 156
Mann, Michael 140-142, 144f., 149, 169, 172
Mann, Thomas 18
March, James G. 112
Marger, Martin N. 139
Martin, Joanne 114
Marx, Karl 108, 124f., 156f.
Mauss, Marcel 76
Mayo, Elton 113
McAdam, Doug 142
McClintock, Martha 30
McPhail, Clark 160
Mead, George Herbert 59-62, 64-66, 68
Merton, Robert King 56, 85, 97, 110f.
Miles, Robert H. 116
Mills, C. Wright 15-17
Moore, Jerry D. 38
Moreno, Jacob L. 87
Morris, Charles W. 59
Müller, Hans-Peter 130
Münch, Richard 49
Musil, Robert 18
Nassehi, Armin 31
Neidhardt, Friedhelm 128
Nietzsche, Friedrich 143

Oberschall, Anthony 160
Ogburn, William F. 156
Ohlin, Lloyd 95
Olsen, Johan P. 112
Olsen, Marvin E. 30f., 139
Orwell, George 92
Otte, Gunnar 130
Pakulski, Jan 153
Parsons, Talcott 50, 152, 156f.
Perrow, Charles 116
Pfeffer, Jeffrey 115
Pfeiffer, K. Ludwig 130
Powell, Walter W. 109
Preisendörfer, Peter 112
Prendergast, Christopher 119
Proust, Marcel 18
Psathas, George 48
Puschkin, Alexander 18
Rawls, John 137
Rex, John 121
Richter, Dirk 42
Robertson, Roland 42
Roethlisberger, Fritz J. 113
Rogers, Everett M. 159
Ross, Edward Allsworth 92
Roth, Gerhard 62, 67
Roth, Philip 18
Ruse, Michael 171
Saint-Simon, Claude 19
Sanderson, Stephen K. 161, 170f.
Saunders, P. 131
Schäfers, Bernhard 84
Schank, Roger 52
Schelsky, Helmut 129
Schmidt, Holger 129
Schoenherr, Richard A. 111
Schroer, Markus 31
Schulze, Gerhard 130
Schulze, Hagen 142
Scott, W. Richard 109, 111
Seidman, Steven 145
Shaver, Phillip 74, 76
Shibutani, Tamotsu 87

Shils, Edward A. 50
Shotter, John 48
Simmel, Georg 25f., 32f., 61, 130, 148
Simon, Herbert 112
Singh, Jitendra V. 115
Skocpol, Theda 162
Slater, Philip E. 82
Smith, Adam 156f.
Smith, David H. 152
Snow, David A. 160
Spellerberg, Annette 130
Spencer, Herbert 156
Stanford, L. 165
Stark, Rodney 97
Stasz, Clarice 92
Stein, Lorenz von 159
Sumner, Colin 102
Sumner, William G. 84
Sutherland, Edwin H. 94
Sztompka, Piotr 166
Tainter, Joseph A. 171
Tarrow, Sidney 142
Thielbar, Gerald W. 130
Thomas, William Isaac 98
Tice, Dianne M. 67
Tilly, Charles 102, 114, 123, 142, 160, 162-164
Tolstoi, Lew 18
Tönnies, Ferdinand 34, 36f.
Turner, Jonathan H. 87, 119
Turner, Ralph T. 54, 57f.
Tyler, Edward B. 40
Updike, John 18
Veblen, Thorstein 130
Vester, Heinz-Günter 66, 130, 153, 165f.
Vester, Michael 130
Villa, Paula-Irene 66
Waters, Malcolm 153
Weber, Alfred 16
Weber, Max 16, 22, 34-37, 46-48, 56, 88, 110-113, 116f., 124f., 130, 139-141, 156
Weimann, Gabriel 89
Wiese, Leopold von 33
Williams, Simon J. 66
Wilson, Edward O. 27f., 38f.

Wohlstein, Ronald 160
Woodcock, Alexander 161
Wright, Erik Olin 125
Yinger, J. Milton 41
Zablocki, Benjamin 130
Zucker, Lynne G. 109
Zurcher, Louis A. 160

Sachregister

Alter 70, 120-123
Anomie 30, 95-97, 103
Arbeitsteilung 34-37, 156f.
Armut 95, 130f.
Attachment 74-76
Austausch, sozialer 75-79
Begegnung, soziale 49-51
Bevölkerung 96, 119-123, 156, 159, 166, 172
Bewegung, soziale 159f.
Beziehungen, soziale 73-80, 87-89, 155
Bezugsgruppe 85-87
Biologie 26-28, 39, 75, 100, 115, 121
Bindung 73-76
Bürokratie 110-113, 116, 141
Control theory 94
Cultural lag 156
De-Institutionalisierung 108
Desozialisation 69f.
Devianz 91-103
Devianz, primäre 98f.
Devianz, sekundäre 98f.
Differential association 94
Differenzierung, funktionale 82
Differenzierung, soziale 156
Diffusion 145, 159, 173
Diskriminierung 121f.
Diskurs 143f.
Diversifikation 119-122
Ehe 108
Emotionen 45, 66f., 82
Encounter 49-51
Erwartungen 50-58, 91, 98, 100
Ethnie 120f.
Ethnizität 120
Ethnozentrismus 84f.
Ethologie 68
Evolution 26-28, 39, 78, 115f., 151, 157f., 169-174
Exklusion 85

Familie 65, 82, 105f.
Fluktuation 157-161, 169
Freizeit 130
Formale Soziologie 32f.
Front stage/ back stage 63
Führung 82f.
Funktion (von Devianz) 100f.
Funktionalismus 100, 156
Gefühle 34f., 45, 47, 66f., 78
Gegenkultur 41
Gemeinschaft 34-37
Gender 58, 68
Geschlecht 55f., 67f., 85, 120-123
Geselligkeit 32
Gesellschaft (*Begriffsdefinition*) 25-43, (*ansonsten* auf fast jeder Seite)
Gewalt 102f.
Globalisierung 42
Gruppe 68, 73, 80-89, 91, 93, 98, 148
Gruppe, primäre 68, 84-86
Gruppe, sekundäre 68, 84-86
Handeln 22, 45-58, 88, 107, 110
Handeln, kollektives 160f.
Handlungstheorie 22, 46
Hawthorne-Experimente 113
Herrschaft 139-142
Homo oeconomicus 76
Human Relations 114
Idealtypus 47, 111-113
I und me 60-62
Impression management 63
Individualisierung 25, 64, 71, 129
Individualismus 26f.
Individualität 25-27, 42, 60-62, 64
Individuum 25-28, 70, 88
In-group 81, 84f.
Inklusion 85
Institution 16, 54, 65, 92, 98f., 105-109, 117, 144f., 147
Institutionalisierung 107-109, 144, 147
Interaktion 45, 48-58, 81, 84, 87-89
Jugend(liche) 70, 85, 94
Kapitalismus 142, 153
Kaste 124
Katastrophe 157f., 161-166, 169
Katastrophensoziologie 161, 165

Katastrophentheorie 161, 166
Kindheit 70
Klasse 24, 117, 122-126, 129, 133, 140, 142, 144, 147, 152, 156
Klimawandel 165, 172
Ko-Evolution 39, 67, 174
Kohäsion 82f.
Kommunikation 45, 48f., 81
Konflikt 82, 139, 146-149, 163f., 166
Konfliktsoziologie 148
Konformität und Nonkonformität 93, 101f.
Kontingenz (doppelte) 49-52
Kontrolle, soziale 92-95, 102, 144
Konversationsanalyse 48
Körper(lichkeit) 66f., 85, 143f.
Kreuzung sozialer Kreise 25f., 61
Krieg 142, 155, 166-168
Kriminalität 94-103, 158, 168
Krise 152f., 164
Kritische Theorie 49, 153
Kultur 26, 37-43, 55, 67f., 79, 114f., 121, 131, 141f., 156f., 159
Kulturanthropologie 38, 40
Labelling, labelling theory 97-99, 102
Lage, soziale 129f.
Lebensalter 69-71
Lebenslauf 70f., 130
Lebensstil 130
Legitimationskrise 153
Legitimierung 107
Legitimität 141f.
Lokomotion 82f.
Looking glass self 60
Macht 76, 88, 92, 99, 123, 139-149, 161-164, 166f.
Machtdiffusion 145
Machtkreisläufe 145
Makrosoziologie 119, 133
Marginalität 131
Marxismus 124, 140, 147f., 152f.
Menstruation 29f.
Mentalität 130
Midlife crisis 71
Migration 132, 136
Mikromacht 142f.
Milieu, soziales 129f.
Mobilität (soziale) 131-137

Mobilität, individuelle 132
Mobilität, intergenerationale 133, 135
Mobilität, intragenerationale 133, 135
Mobilität, kollektive 132f.
Mobilität, räumliche 132
Mode 102, 151, 158
Moderne, moderne Gesellschaft 110, 116, 142, 145, 152
Modernisierung 152
Multikulturalität, multikulturelle Gesellschaft 41f.
Nation 142
Nationalismus 142
Nationalstaat 33f., 140-142
Natur 26f., 38-40, 42, 67f.
Netzwerk, soziales 87-89
Non-governmental organization 116
Norm, soziale 55f., 59, 64-66, 81, 91-103, 158
Organisation (als Gebilde) 54, 105f., 109-117, 168
Organisation (als Prozess) 28-31, 36f., 100-102, 143, 155, 170
Organisation, formale 109, 113
Organisation, informelle 113f.
Organisationsgesellschaft 116f.
Organisationskultur 114f.
Organisationssoziologie 112, 115
Organisationsumwelt 115f.
Organisationswandel 115f.
Organisationszyklus 168
Organizational man 116
Oszillation 157f., 160f., 169
Out-group 81, 84f.
Peer group 65, 85f., 94
Perspektivismus 15
Play und game 60f.
Position 52f., 57, 88, 94f., 109, 132-136
Postindustrielle Gesellschaft 153
Postmoderne, postmoderne Gesellschaft 70f., 116, 145, 153
Psychologie 28, 45, 66, 75
Pure relationship 79f.
Randgruppen 130f.
Rasse 55f., 121f.
Rational Choice 76
Rational choice theory 156
Rationalisierung 156
Raum 29f.
Regionale Herkunft 120-123

Religion 107, 145
Resource mobilization theory 162
Resozialisation 69f., 99
Revolution 19, 161-164
Reziprozität, soziale 75-79, 88
Role set 56
Rolle 22, 51-66, 69, 81f., 109
Rollendistanz 56f.
Rollenkonfiguration 56
Rollenkonflikt 56f.
Rollenstress 57
Rollentheorie 17, 22, 52, 56f.
Rollenwandel 58
Sanktionen, Sanktionierung 55, 91f., 103
Schicht 122-131, 134f.
Schichtung 119-137, 167
Selbst (Identität) 58-71, 79f., 85f., 88
Selbstmord 30, 95-97, 158, 168
Self-fulfilling prophecy 98
Sexualität 67-69, 85, 100-102, 144f., 159
Signifikanter Anderer (significant other) 60f., 68
Single 155
Sinn 46, 48, 50, 88, 106-108
Skripts 52
Solidarität 36f., 41, 100
Solidarität, mechanische 36f.
Solidarität, organische 36f., 41
Sozialisation 58-73, 85, 92, 94, 108
Sozialisation, berufliche 70f.
Sozialisation, primäre 68f.
Sozialisation, sekundäre 68f.
Sozialisationsinstanzen 65, 85
Sozialität 25, 29, 33, 42, 60, 64-68, 73, 174
Sozialpsychologie 62
Sozialstruktur 16f., 94, 119-137, 164-166
Soziobiologie 27f., 39, 68
Soziogramm 87
Soziometrie 87
Staat 33f., 140-142, 162-164, 168
Stand 124f.
Status 53, 85f., 120, 126f., 132-136, 167
Status(in)konsistenz 126f.
Stereotypisierung 84f.
Stigmatisierung 98f.

Stratifikation 119-137
Structural strain theory 94f.
Struktur 16, 28, 58, 73, 76, 87f., 113, 119, 139, 151, 167
Strukturfunktionalismus 55, 57, 152
Subkultur 41f., 70, 85, 92, 94
Symbolischer Interaktionismus 48, 62
Systemtheorie 34, 49, 156f.
Thomas-Theorem 98
Todesstrafe 103
Totale Institution 70, 92, 98f., 109
Typisierung 107f.
Ungleichheit(en), soziale 122-137
Verallgemeinerter Anderer (generalized other) 61
Vergemeinschaftung 34-37
Vergesellschaftung 34-37
Verhalten 22, 45-58, 88, 155
Verhalten, abweichendes 91-103, 158
Verstehende Soziologie 46
Voluntary organizations 116
Wandel, sozialer 101f., 106, 147f., 151-175
Weltgesellschaft 33f., 42
Weltkultur 42
Werte 37, 55f., 59, 64-66, 81, 91, 97, 101f., 114, 156f., 159, 161
Wertewandel 154, 156, 159
Zeit 29f., 157
Zivilisation 40, 168f.
Zivilisierung 93, 143
Zyklus 157f., 167-169

Theorie

Dirk Baecker (Hrsg.)
Schlüsselwerke der Systemtheorie
2005. 352 S. Geb. EUR 24,90
ISBN 978-3-531-14084-1

Ralf Dahrendorf
Homo Sociologicus
Ein Versuch zur Geschichte, Bedeutung und Kritik der Kategorie der sozialen Rolle
16. Aufl. 2006. 126 S. Br. EUR 14,90
ISBN 978-3-531-31122-7

Shmuel N. Eisenstadt
Die großen Revolutionen und die Kulturen der Moderne
2006. 250 S. Br. EUR 34,90
ISBN 978-3-531-14993-6

Shmuel N. Eisenstadt
Theorie und Moderne
Soziologische Essays
2006. 607 S. Geb. EUR 49,90
ISBN 978-3-531-14565-5

Axel Honneth / Institut für Sozialforschung (Hrsg.)
Schlüsseltexte der Kritischen Theorie
2006. 414 S. Geb. EUR 34,90
ISBN 978-3-531-14108-4

Niklas Luhmann
Beobachtungen der Moderne
2. Aufl. 2006. 220 S. Br. EUR 24,90
ISBN 978-3-531-32263-6

Uwe Schimank
Differenzierung und Integration der modernen Gesellschaft
Beiträge zur akteurzentrierten Differenzierungstheorie 1
2005. 297 S. Br. EUR 29,90
ISBN 978-3-531-14683-6

Uwe Schimank
Teilsystemische Autonomie und politische Gesellschaftssteuerung
Beiträge zur akteurzentrierten Differenzierungstheorie 2
2006. 307 S. Br. EUR 29,90
ISBN 978-3-531-14684-3

Jürgen Raab / Michaela Pfadenhauer / Peter Stegmaier / Jochen Dreher / Bernt Schnettler (Hrsg.)
Phänomenologie und Soziologie
Theoretische Positionen, aktuelle Problemfelder und empirische Umsetzungen
2008. 415 S. Br. EUR 29,90
ISBN 978-3-531-15428-2

Erhältlich im Buchhandel oder beim Verlag.
Änderungen vorbehalten. Stand: Juli 2008.

www.vs-verlag.de

VS VERLAG FÜR SOZIALWISSENSCHAFTEN

Abraham-Lincoln-Straße 46
65189 Wiesbaden
Tel. 0611.7878-722
Fax 0611.7878-400

Soziologie

Hans Paul Bahrdt
Die moderne Großstadt
Soziologische Überlegungen
zum Städtebau
Hrsg. von Ulfert Herlyn
2. Aufl. 2006. 248 S. Br. EUR 34,90
ISBN 978-3-531-14985-1

Jürgen Gerhards
**Kulturelle Unterschiede
in der Europäischen Union**
Ein Vergleich zwischen Mitgliedsländern,
Beitrittskandidaten und der Türkei
2., durchges. Aufl. 2006. 316 S.
Br. EUR 29,90
ISBN 978-3-531-34321-1

Andreas Hadjar / Rolf Becker (Hrsg.)
Die Bildungsexpansion
Erwartete und unerwartete Folgen
2006. 362 S. Br. EUR 29,90
ISBN 978-3-531-14938-7

Ronald Hitzler /
Michaela Pfadenhauer (Hrsg.)
Gegenwärtige Zukünfte
Interpretative Beiträge zur sozialwissen-
schaftlichen Diagnose und Prognose
2005. 274 S. Br. EUR 19,90
ISBN 978-3-531-14582-2

Andrea Mennicken /
Hendrik Vollmer (Hrsg.)
Zahlenwerk
Kalkulation, Organisation
und Gesellschaft
2007. 274 S. (Organisation und
Gesellschaft) Br. EUR 29,90
ISBN 978-3-531-15167-0

Armin Nassehi
Soziologie
Zehn einführende Vorlesungen
2008. 207 S. Geb. EUR 16,90
ISBN 978-3-531-15433-6

Gunter Schmidt / Silja Matthiesen /
Arne Dekker / Kurt Starke
Spätmoderne Beziehungswelten
Report über Partnerschaft und Sexualität
in drei Generationen
2006. 159 S. Br. EUR 24,90
ISBN 978-3-531-14285-2

Georg Vobruba
**Entkoppelung von Arbeit
und Einkommen**
Das Grundeinkommen in der
Arbeitsgesellschaft
2., erw. Aufl. 2007. 227 S. Br. EUR 24,90
ISBN 978-3-531-15471-8

Erhältlich im Buchhandel oder beim Verlag.
Änderungen vorbehalten. Stand: Juli 2008.

www.vs-verlag.de

VS VERLAG FÜR SOZIALWISSENSCHAFTEN

Abraham-Lincoln-Straße 46
65189 Wiesbaden
Tel. 0611.7878-722
Fax 0611.7878-400

Das Grundlagenwerk für alle Soziologie-Interessierte

> in überarbeiteter Neuauflage!

Werner Fuchs-Heinritz /
Rüdiger Lautmann /
Otthein Rammstedt /
Hanns Wienold (Hrsg.)

Lexikon zur Soziologie
4., grundl. überarb. Aufl.
2007. 748 S. Geb. EUR 39,90
ISBN 978-3-531-15573-9

Erhältlich im Buchhandel
oder beim Verlag.
Änderungen vorbehalten.
Stand: Juli 2008.

Das Lexikon zur Soziologie ist das umfassendste Nachschlagewerk für die sozialwissenschaftliche Fachsprache. Für die 4. Auflage wurde das Werk völlig neu bearbeitet und durch Aufnahme zahlreicher neuer Stichwortartikel erheblich erweitert.

Das Lexikon zur Soziologie bietet aktuelle, zuverlässige Erklärungen von Begriffen aus der Soziologie sowie aus Sozialphilosophie, Politikwissenschaft und Politischer Ökonomie, Sozialpsychologie, Psychoanalyse und allgemeiner Psychologie, Anthropologie und Verhaltensforschung, Wissenschaftstheorie und Statistik.

Die Herausgeber:

Dr. Werner Fuchs-Heinritz ist Professor für Soziologie an der FernUniversität Hagen.

Dr. Rüdiger Lautmann ist Professor an der Universität Bremen und Leiter des Instituts für Sicherheits- und Präventionsforschung (ISIP) in Hamburg.

Dr. Otthein Rammstedt ist Professor für Soziologie an der Universität Bielefeld.

Dr. Hanns Wienold ist Professor für Soziologie an der Universität Münster.

www.vs-verlag.de

Abraham-Lincoln-Straße 46
65189 Wiesbaden
Tel. 0611.7878-722
Fax 0611.7878-400

DIE NEUE BIBLIOTHEK DER SOZIALWISSENSCHAFTEN IM VS VERLAG

Weitere Infos
unter www.vs-verlag.de

VS Verlag für Sozialwissenschaften
Abraham-Lincoln-Straße 46 | 65189 Wiesbaden
Telefon 0611. 7878-245 | Telefax 0611. 7878-420

VS VERLAG

Printed in Germany
by Amazon Distribution
GmbH, Leipzig